权威·前沿·原创

皮书系列为
"十二五""十三五"国家重点图书出版规划项目

B

BLUE BOOK

智库成果出版与传播平台

生态林业蓝皮书
BLUE BOOK OF ECOLOGICAL FORESTRY

中国特色生态文明建设与林业发展报告
（2020~2021）

REPORT ON THE DEVELOPMENT OF ECOLOGICAL CIVILIZATION WITH CHINESE
CHARACTERISTICS AND FORESTRY (2020-2021)

主　编／王　浩　李　群

副主编／缪子梅　高晓琴　刘　涛

研创／中国特色生态文明建设与林业发展研究院

社会科学文献出版社
SOCIAL SCIENCES ACADEMIC PRESS（CHINA）

图书在版编目（CIP）数据

中国特色生态文明建设与林业发展报告. 2020－2021/
王浩，李群主编. －－北京：社会科学文献出版社，
2021.9
（生态林业蓝皮书）
ISBN 978－7－5201－8908－8

Ⅰ.①中⋯ Ⅱ.①王⋯ ②李⋯ Ⅲ.①林业经济－经
济发展－研究报告－中国－2020－2021 Ⅳ.①F326.23

中国版本图书馆 CIP 数据核字（2021）第 169918 号

生态林业蓝皮书

中国特色生态文明建设与林业发展报告（2020~2021）

主　　编／王　浩　李　群
副 主 编／缪子梅　高晓琴　刘　涛
研　　创／中国特色生态文明建设与林业发展研究院

出 版 人／王利民
组稿编辑／周　丽
责任编辑／徐崇阳　张丽丽
文稿编辑／李惠惠　王　娇　刘　燕　李小琪
责任印制／王京美

出　　版／社会科学文献出版社·城市和绿色发展分社（010）59367143
　　　　　地址：北京市北三环中路甲 29 号院华龙大厦　邮编：100029
　　　　　网址：www.ssap.com.cn
发　　行／市场营销中心（010）59367081　59367083
印　　装／天津千鹤文化传播有限公司

规　　格／开　本：787mm×1092mm　1/16
　　　　　印　张：22.25　字　数：330 千字
版　　次／2021 年 9 月第 1 版　2021 年 9 月第 1 次印刷
书　　号／ISBN 978－7－5201－8908－8
定　　价／168.00 元

中国特色生态文明智库 2021 年度成果

生态林业蓝皮书编委会

主要编撰者简介

王　浩　教授（二级），博士生导师。南京林业大学党委副书记、校长，中国特色生态文明建设与林业发展研究院院长。1983年毕业于同济大学建筑系风景园林专业，获工学学士。1983年参加工作，2001年获南京林业大学理学博士。2004～2006年是南京林业大学林业工程博士后研究人员。主持的项目获国家级教学成果二等奖3项，江苏省优秀教学成果特等奖1项、一等奖3项，担任园林规划设计国家级优秀教学团队带头人、园林规划设计国家精品课程负责人、《园林规划设计》国家"十二五"规划教材主编。以第一作者出版专著教材12部，发表论文80余篇。主持国家自然科学基金、"十一五"国家科技支撑计划子课题等项目。主持的项目获江苏省科学技术奖二等奖1项、梁希林业科学技术奖二等奖1项。主持扬州市等30余个城市的绿地系统规划、徐州市云龙湖风景名胜区、紫金山国家森林公园、浙江下渚湖国家湿地公园等规划项目50余项。

获江苏省有突出贡献的中青年专家、江苏省优秀教育工作者、江苏省高等学校教学名师、江苏省高校优秀共产党员等荣誉；享受国务院政府特殊津贴，是江苏省333工程中青年领军人才、江苏省青蓝工程学术带头人、江苏省"六大人才高峰"基金资助对象。中国林学会副理事长、中国林业教育学会副会长、国家林业和草原局科技委常务委员、住建部风景园林专家、国家湿地科学技术专家、国务院学位委员会风景园林硕士学位指导委员会委员。主要研究方向为风景园林规划设计、生态园林与绿地系统规划。

李　群　1982 年 7 月参加工作，应用经济学博士后，1998 年晋升为教授，中国社会科学院数量经济与技术经济研究所大数据与经济模型研究室主任、研究员（二级）、博士后合作导师，中国社会科学院大学教授、博士生导师。中国林业生态发展促进会副会长，全国工商联智库委员会委员，南京林业大学中国特色生态文明建设与林业发展研究院特聘智库专家。主要从事不确定性经济预测与评价、人才资源与经济发展、国家治理、林业生态评价等领域的研究，以及党建引领、生态治理、林草业发展等重大经济社会现实问题方面的咨政建言报告研究。

　　国家统计局中国百名经济学家信心调查成员。科技部、中组部、人事部、全国妇联、全国总工会、北京市科委等部门有关领域的咨询专家，教育部硕士学位点评审专家及研究生优秀毕业论文评审专家，国家博士后科学基金评审专家，2016 年以来国家社科基金一般项目及重大项目会议评审专家，部分省市社科基金评审专家，北京市自然科学基金、科普专项基金评审专家，中国社会科学院人事教育局人事人才政策"废改立"咨询服务特聘专家，北京市科技传播中心首席科普专家，社会科学文献出版社皮书研究院高级研究员，《数量经济技术经济研究》（编委）、《南开管理评论》、《中国科技论坛》（编委）、《系统工程理论与实践》、《数学的实践与认识》等杂志审稿专家。

　　主持国家社科基金、国家软科学项目、中国社科院重大国情调研项目等课题 6 项，主持省部级课题 31 项。构建了一些学术创新模型，例如 L-Q 灰色预测模型、扰动模糊集合和评价模型获得一定的社会反响，在经济社会领域得到了广泛的应用。出版专著 6 部，其中《不确定性数学方法研究及其在社会科学中的应用》被纳入中国社会科学博士论文文库；主编"公民科学素质蓝皮书""科普蓝皮书""生态治理蓝皮书""生态林业蓝皮书"等；发表国内外论文、报纸理论文章、中国社科院要报等成果 200 余篇（部）。

　　完成了国家和部委交办的多项研究任务，发挥国家智库成员的重要作用，近年来得到中央首长及中央领导的批示 20 余次，为制定国家政策提供了有力借鉴，并产生一定的影响。

曾获得省部级青年科技奖和科技进步奖，全国妇联优秀论文一等奖、特等奖，中国社科院信息对策研究成果近 20 次获得三等奖、二等奖、一等奖、特等奖奖励。2016 年获得中宣部、科技部、中国科协"全国科普工作先进工作者"联合表彰。

序

　　"美丽中国"是中国共产党第十八次全国代表大会提出的新概念，强调把生态文明建设放在突出地位。党的十九大报告进一步提出"加快生态文明体制改革，建设美丽中国"。因此，大力发展森林保护事业，推进生态林业发展，是促进资源节约、调整产业结构、推动绿色发展、落实"美丽中国"的重要举措。特别是2020年9月22日，习近平总书记在第七十五届联合国大会上承诺，中国二氧化碳排放力争于2030年前达到峰值，努力争取2060年前实现碳中和。这让我们更加深刻地认识到，深化生态文明建设，提升生态系统碳汇能力和发挥森林的生态功能具有重要的生态价值和现实意义。

　　大家知道，从工业文明走向生态文明，是人类文明发展的总体规律，也是中国社会经济发展的必由之路。在党中央的坚强领导下，一代又一代林业人将青春与汗水奉献给森林保护事业。特别是党的十八大以来，随着大规模造林和天然林保护修复工作的不断推进，我国森林资源得到了有效的保护和发展，森林面积和蓄积均有较大幅度增长，森林保护制度和生态环境保护政策逐步完善。"天行有常""应之以治则吉"所倡导的森林保护促进生态林业发展，生态林业发展回馈森林保护的良性循环初步显现。

　　对新时代中国森林保护事业进行总结，是"十四五"时期提高生态林业发展水平的重要工作，把握政策，总结地方先进案例，回顾依法严格保护森林历程，研究稳步扩大森林面积、提升森林质量路径，提出增强生态功能的措施，为世界贡献中国森林保护和生态治理经验，是进一步巩固来之不易的生态成果、强化生态基础的理论研究工作。进入新发展阶段，我们还需要针对"碳达峰""碳中和"新任务，对提高森林质量、巩固治理成果进行进一步分析研究。

南京林业大学中国特色生态文明建设与林业发展研究院编写出版的《中国特色生态文明建设与林业发展报告（2020～2021）》根据最新的统计数据，对中国生态林业发展进行了综合评价，对生态林业建设的最新情况进行了科学、全面的分析，细致地研究了森林资源总量、森林保护力度、生态林业产出规模和效率以及社会对生态林业的重视程度的最新变化和其中存在的问题与短板。全书以分报告多角度的形式开展系列专题研究，这是"生态林业蓝皮书"系列丛书的又一力作。

该书在贯彻学习习近平生态文明思想，探索生态林业发展规律，发布生态林业发展指数、量化分析发展趋势等方面做了不懈努力，其中对"全国三亿青少年进森林"、林草融合高质量发展和中国林草国际合作、林业生态扶贫、成功经验案例等进行了亮点分析。我认为该书可以为致力于中国生态林业建设服务的专家、学者研判中国林业发展形势与重点任务，进一步开展深入研究提供借鉴，并希望该书能为促进我国生态林业发展提供有价值的思考和帮助。

南京林业大学党委书记、教授

2021年3月

摘　要

　　森林是陆地生态的主体，在中国实现碳达峰、碳中和目标的过程中发挥着不可替代的作用。2021 年是"十四五"开局之年，是中国生态建设与经济发展全面转向高质量发展的新阶段。在建设绿色中国、美丽中国的全新理念下，中国森林生态保护取得了一系列举世瞩目的成就。构建能够反映生态林业各项内容发展变动趋势的指标体系，并以合理方法进行综合评价，是制定生态林业发展政策、开展生态林业学术研究的前提工作。

　　总报告总结了"十三五"时期《森林法》修订与实施、国有林区改革和林业扶贫与产业发展等成绩。依据最新统计数据对生态林业发展情况进行综合评价，2018 年中国生态林业发展指数进一步提高，2018 年较 2017 年提高了 2.38 个点，增长率为 4.6%，中国森林生态状况持续改善，森林蓄积量、面积和自然保护区建设推动全国森林生态发展指数从 2017 年的 7.0 增长至 2018 年的 7.78，增长幅度为 6.6%，为 2013 年以来最大增幅。2018 年中国林业产出指数快速提升，从 2017 年的 15.64 上升至 2018 年的 17.92，增长幅度为 14.58%。根据综合评价结果，给出"十四五"时期全面贯彻落实新《森林法》，聚焦高质量生态建设，推动林草地区生态文明建设林业发展的建议。

　　教育篇对青少年参与生态文明建设的成效进行归纳总结，对"全国三亿青少年进森林"这一亮点林业教育活动的研学体系展开专题研，对生态文明视域下的林业学科高等教育改革与创新进行探讨。

　　分报告对中国生态治理的全局性问题及其优化方式方法开展研，对构建现代化林业治理体系、完善森林生态效益补偿制度、中国林草国际合作与交流和林草融合高质量发展进行了深入的理论研究。

专题篇对中国林权法律法规现状、问题及应对措施，实现天然林保护全覆盖，国有林场做大做强生态林业产业和产品，林业生态扶贫成效、问题与不返贫应对，行业协会在促进林草产业高质量发展和边疆地区林业生态建设的现状进行归纳，并给出政策建议。

案例篇对南方集体林区建立武夷山国家公园体制试点、山西右玉县植树造林、库布齐沙漠治理、黄河流域水资源节约集约利用和山东原山林场的成功案例展开分析，总结其模式、做法与成效。

总体而言，全书围绕中国生态林业在"十三五"时期在环境保护、产业发展、扶贫帮扶、国际交流等方面促进中国生态林业全面发展进行总结和综合评价，同时对"十四五"时期进一步开展生态林业高质量发展提供了总体发展建议，为专家学者、管理部门、各类林业企事业单位研究制定生态林业发展规划提供了参考依据。

关键词： 林业　综合评价　生态文明　生态建设

目 录

Ⅰ 总报告

Ⅱ 教育篇

Ⅲ 分报告

Ⅳ 专题篇

Ⅴ 案例篇

皮书数据库阅读**使用指南**

总 报 告

General Report

B.1
中国生态林业发展报告

王 浩　李 群　缪子梅　高晓琴　刘 涛[*]

摘　要： 本报告总结了"十三五"时期新《森林法》的修订与实施，
国有林区改革和林业扶贫与产业发展等成绩，对生态林业发
展情况进行综合评价，2018年中国生态林业发展指数进一步
提高，2018年较2017年提高了2.38个点，增长率为4.6%。中
国森林生态状况持续改善，森林蓄积量、面积和自然保护区
建设推动全国森林生态发展指数从2017年的7.30增长至2018年
的7.78，增长幅度为6.6%，为2013年以来最大增幅。2018年
中国林业产出指数进一步快速提升，从2017年的15.64上升至

* 王浩，理学博士，南京林业大学党委副书记、校长，中国特色生态文明建设与林业发展研究
院院长，研究方向为生态园林与绿地系统规划；李群，应用经济学博士后，中国社会科学院
数量经济与技术经济研究所研究员、博士研究生导师、博士后合作导师，中国特色生态文明
建设与林业发展研究院特聘智库专家，研究方向为经济预测与评价；缪子梅，南京林业大学
副校长，中国特色生态文明建设与林业发展研究院常务副院长、研究员，研究方向为水资源
规划和农业水土环境；高晓琴，中国特色生态文明建设与林业发展研究院副研究员，研究方
向为林业生态工程；刘涛，经济学博士，河北科技大学经济管理学院，研究方向为综合评价。

2018年的17.92，增长幅度为14.58%。根据综合评价结果，给出"十四五"时期全面贯彻落实新《森林法》、聚焦高质量生态建设、推动林草地区生态文明建设与林业发展的建议。

关键词：　绿水青山　生态林业　森林保护　生态综合评价

森林是陆地生态的主体，在中国实现碳达峰、碳中和目标过程中发挥着不可替代的作用。推动中国森林保护事业持续进步，加快生态林业高质量发展，对践行习近平总书记"两山"理念，建设美丽中国有重要意义。

2021年是"十四五"开局之年，也是中国生态建设与经济发展全面转向高质量发展的新阶段。加强森林保护，恢复森林生态系统，保护森林资源，恢复森林生态，发展生态林业，需要采用科学方法对中国生态林业开发进行准确评估。回顾生态林业在"十三五"时期的成就，剖析现存的问题与挑战，采用综合评价方法进行定量分析，是全面加强下一阶段制定生态林业发展政策的基础性工作。

一　"十三五"时期生态文明建设与林业发展成就

（一）新《森林法》修订与实施

《森林法》的修改完善工作于2014年3月被列入"十三五"立法规划。新《森林法》通过表决并于2020年开始实施，这是中国生态保护事业和森林事业发展进程中具有里程碑意义的事件。新《森林法》体现了党的十九大提出的创新、协调、绿色、开放、共享的新发展理念。新《森林法》为构建高质量森林生态系统，保障林业健康稳定发展，满足人民群众日益提高的生态需求和环境保护公共服务提供了法律保障。新《森林法》首次将实现人与资源和谐共生、"两山"理论、建设生态文明国家等重要可持续发展原则融入其中，其重要意义在于为森林资源的生态利用提供了明确的法律规范。新《森林法》明确了森林是林区人民群众赖以生存的基础资源，对森林的生态利用和发展生态林业，能够最大限度发挥森林资源的生态、社会和经济效益，同时确立了森林作为陆地生态主体所体现的重要公共服务价值。

新《森林法》的重要突破在于落实森林资源保护责任主体，明确森林保护和合理开发利用的目标，确保生态保护的措施具备可操作性。其中包括国家各级森林治理机关的考核制度、考核指标与考核责任。考核指标涵盖森林资源修复、生态林业治理、国有林场改革发展等方面，为中国森林事业发展提供了法律保障。其中以"林长制"为代表的分级分类治理体系，对各级森林治理机构建立有效的负责、考核、监管机制提出了新的要求。新《森林法》对打击森林生态破坏犯罪，协调森林生态资源保护与利用，强化国家资源管理意识等工作提出了可操作、可执行的要求。

此外，加大森林保护力度，为森林保护和林业主管部门提供进一步细化的执法依据，赋予林业主管部门森林生态资源的修复、保护、利用的监督检查权限是新《森林法》的重要职能。新《森林法》为林业主管部门提供了规范化的约谈制度，对约谈的适用范畴、对象和主体做出明确规范。对破坏森林资源行为提起诉讼进行规范，明确了森林主管部门对破坏森林生态资源的对象提起诉讼、要求损坏赔偿的权利，重新梳理原有《森林法实施条例（2018 修订）》《行政强制法》中林业主管部门在对违法行为的执法过程中，查扣木材、查封涉案场所的权力。

森林旅游的法律地位进一步明确。新《森林法》首次将"森林旅游"纳入法律调整范围，填补了长期以来的空白，赋予了森林旅游科教、步道健身等功能，从法律上加大了建设森林旅游基础设施的力度。

（二）体制机制改革

1. 国有森林草原有偿使用制度

国家生态资源的有偿使用是各项生态资源保护与开发的重要一环。根据宪法的规定，国有森林、草原资源同国土资源、矿产资源、水资源和海岛资源同属于全民所有的自然资源。"十三五"期间，国务院发布《关于全民所有自然资源资产有偿使用制度改革的指导意见》（以下简称《意见》），对全民所有森林、草原资源的有偿使用、收益等给出了指导意见。森林草原有偿使用制度是生态林业草业体系中的核心制度。

《意见》总体表明了作为陆地生态主体，森林生态资源在生态建设中的主体作用。为森林生态保护画出红线，其中森林公园、国有天然林和公益林、自然保护区、国家湿地公园、国家沙漠公园、风景名胜区的国有林地和林木资源资产不得以任何方式向各类主体出让。同时对确需经营利用的森林资源资产，确定有偿使用的范围、期限、条件、程序和方式。《意见》要求国有森林经营单位应采用划拨用地的方式管理，以国有森林资源的使用权确权登记为核心工作，梳理、规范林地过往的国有森林资源流转行为，确保国有林场的产权合法性、权威性，并进一步研究制定新一轮国有林区的租赁、特许经营等资源开发方式。

在草原资源有偿使用制度上，基于草原生态的脆弱性，《意见》要求国有草原利用需要依据相关法律法规，严格保护草原生态，完善草原保护制度，严格控制草原被建设用地占用，禁止擅自改变草原基本用途。加快国有草原确权登记工作，确保国有草原资源利用的合法有序。在国有草原资源利用方面，依据国家农业用地规范实现草原用地的有偿使用，对原有的草原承包经营制度进行完善，保障国有草场的经营承包权流转，本着尊重历史的原则，继续对农村集体经济已经使用的国有草原实施现有承包方式确保经营权。向农村集体经济以外的经济主体出让，应确定有偿使用原则。

2. 国有林区改革

中国国有林区主要集中在北方和西南地区，主要分布在黑龙江、吉林、内蒙古、陕西、甘肃、新疆、青海、四川、云南九个省区，林区内木材企业有 100 多家。其中东北、内蒙古重点国有林区森林资源丰富，生态意义重大。根据第八次全国森林资源清查结果，东北、内蒙古重点国有林区内包含国有林区 32.7 万公顷，林区森林覆盖率 79.38%，蓄积量近 26 亿立方米，是中国重要的生物多样性宝库和林产品战略贮藏基地，是东北地区水资源的发源地，也是东北、内蒙古的重要生态屏障。在黑龙江、吉林、内蒙古的三个重点国有林区中，有龙江森工集团、大兴安岭林业集团、吉林森工集团、长白山森工集团、内蒙古森林集团五家企业，拥有近 35 万名林业职工。

"十三五"初期，国有林区面临林区过度开发造成的森林资源利用不合理，森林生态涵养功能遭到破坏，林区职工和林区群众生活困难的局面。同时由于长久以来国有林区企业与政府职能划分不清，林区企业承担了大量政府职能，形成了政企不分的局面，阻碍林区企业的改革发展。中共中央、国务院针对国有林区长期存在的森林资源过度开发导致的生态破坏，国有林区人民群众生活、发展等问题，印发了《国有林区改革指导意见》，要求在"十三五"末期进一步完善国有林区管理体制，重新理顺政府主管部门和林业集团企业、中央和地方发展等关系。明确政府和企业的责任边界，进一步实现政企分离，增强政府社会管理和提供公共服务的能力。建立清晰完善的森林资源保护的监管体系。

"十三五"期间，根据《国有林区改革指导意见》，国有林区改革取得了显著进展和一系列突破。国家森林主管部门坚持"保生态、促民生"的原则，积极协调国土、人社、国资等部门，推进生态林业发展战略，取得了一系列成绩。2014 年，龙江森工集团、大兴安岭林业集团试点实施了全面停止天然林砍伐。2015 年，重点国有林区实现了全面停止天然林商业砍伐。国有林场每年木材蓄积量减少消耗 630 万立方米，东北、内蒙古重点国有林区进入森林生态全面保护阶段，以消耗森林生态换取经济发展的时代彻底结束。为确保生态林业产业各项目的顺利实施，国有林场在"十三五"期间进行了有偿出让和可持续经营的尝试，并对林区的生态资源保护采取了监督措施。在保护资源的同时，积极在国有林场设立森林保护岗位，发展特色森林旅游、林下经济吸纳就业和劳务转移，对全面停止天然林砍伐后的国有林场职工进行妥善安置。同时国家进一步加强对林区替代产业的资金支持，扩大林区职工的社会保险覆盖面，并对近 17 万户的棚户区进行改造，林场职工的年收入从改革前人均 2.6 万元增长至 2017 年的 3.7 万元，切实提高了林场职工的获得感。此外，林区企业加快产业升级改造，优化产业结构，增加林业第三产业比重，加大高附加值、生态友好林产品的开发力度。

国有林场是"生态产品"生产的主要阵地，也是林业资源的重要组成部分，国有林场生态林业产业的完善有助于带动当地经济发展，"绿水青山就是金山银山"的理念为国有林场的未来发展指明了方向。目前，在人民生活水平不断提高，对生态产品和服务的需求日益增长的现实条件下，已有一些国有林场开始向开发生态产品、森林旅游、生态疗养等方向发展，且收益良好，不仅满足了周边群众对生态产品多样化的需求，也提高了居民的收入水平。国有林场在发展林业生态产品过程中实行产业化经营，带动周边其他产业如旅游业、零售业等的发展。林业产业各项目的顺利实施，也能够辐射带动周边林区群众开展农家乐、森林健康旅游等活动，为农民增收开辟新途径。

3. 森林草原生态补偿制度

森林草原生态补偿机制是"十三五"时期生态林业发展的重要成就。根据当地森林的生态效益，对各级财政进行生态补偿标准动态化调整。

"十三五"期间，中央财政对 13 个草原生态省份、新疆生产建设兵团及黑龙江农垦总局的草原生态保护进行补助奖励，对禁牧和封育的牧民给予每亩每年 7.5 元的生态保护补助奖励，对未超载放牧的牧民进行每亩每年 2.5 元的生态奖励，并在南水北调工程、京津冀水源地等流域进行生态保护试点。此外，设立生态保护相关岗位，实现了政府对生态保护服务的购买，同时，在国家森林公园、森林自然保护区所在的区域内安排建档立卡贫困人口从事防火、护林等森林生态保护工作。例如，全国共选取 110.2 万人作为生态护林员，实现 300 万人的脱贫增收。森林草原生态保护事业和生态林业草原是当地居民脱贫的重要驱动因素。在生态补偿扶贫、绿化扶贫等工作和生态产业促进当地经济发展的合力下，"十三五"期间共帮助2000万贫困人口增收。

（三）森林生态建设

"十三五"期间，中国森林资源得到了快速修复，成为2015~2020年全世界森林资源增长最快的国家。2015~2020年，国土森林覆盖率达到23.04%，木材蓄积量达到175亿立方米，其中人工造林达5.45亿亩。"十三五"时期试行的禁牧草原补偿奖励、草畜平衡奖励和生态绩效奖励加快了草原生态恢复，草原退化、荒漠化得到遏止。森林生态价值逐渐凸显，三北防护林工程、人工植草试点工程和防沙治沙工程的推进，累计治理沙化土地1.8亿亩，建立草原保护区2660万亩。内蒙古四大重点沙地实现绿化。北方沙尘天气明显减少。通过林草资源修复，基本缓解了重点国有林区森林资源过度消耗，森林生态功能下降，水土涵养功能、生态多样性功能不足的局面。随着森林草原生态资源修复，森林旅游、森林康养和高附加值的林下经济成为林业新的增长点。"十三五"期间，"绿水青山就是金山银山"的理念在国有林区、草原落地生根，经过了实践的检验，已经成为全党全社会的共识。

（四）生态林业扶贫效果显著

《"十三五"脱贫攻坚规划》为林区草原脱贫指出了方向，规划要求应依托贫困地区的特色林产品、草产品和自然、人文景观等生态环境资源，积极发展森林旅游、康养、休闲等第三产业，带动贫困地区人口增收，加快林区乡村振兴，丰富当前乡村旅游资源，推动林区、草原的第三产业基础设施与配套资源建设，提高森林旅游经营主体的产业水平。以林业第三产业促进林业草业现代化，发挥森林草原旅游、健康养老、传统林业草业产业升级的融合促进作用，推动社会资本进入各类新型林业产业。

在森林旅游资源开发中，推动生态扶贫与产业扶贫。"十三五"时期，中央提供生态保护补偿资金，在林区草原贫困县设立大量生态保护工作岗位，在国家森林公园、森林草原自然保护区和风景名胜区设立管理维护岗位，充分调动贫困人口中有劳动能力人员的劳动积极性，对维护国家森林生态资源，进一步发展旅游等可持续的经济起到促进作用。在林区打造如"森林人家"的旅游产品，在扶贫示范市、示范县、示范景区规划建设了一批森林旅游线路。通过森林种植养殖、林地租赁、旅游项目带动就业等多种形式，帮助贫困地区脱贫、林区群众增收。2016 年初，森林旅游覆盖了中国建档立卡贫困人口 110 万人，2019 年上升至 147.5 万人，森林地区贫困人口年均收入上升了 5500 元。

（五）森林产业快速发展

中国林业发展总体上呈现一片欣欣向荣的景象，林业产业的发展态势持续向好，优质林产品的供给能力持续增强，林下经济产品的种类不断丰富，绿色及有机产品的比重持续提升，2018 年各类经济林产品出产量达 1.57 亿吨，全国各地共建成林下经济示范基地 7000 余个，国家级林下经济示范基地 374 个，林产业投资基金项目获批 289 个，总投资额达 1353 亿元人民币，林业产业的年产值达 73300 亿元人民币，林产品进出口贸易额达 1600 亿美元。

"十三五"时期，中国森林旅游发展迅速。2016～2019 年，森林旅游年均游客数量达到 15 亿人次。2019 年，中国森林旅游共产出 1.75 万亿元，全年参加森林旅游游客达 18 亿人次，森林旅游成为极具特色的生态林业重要产业。受 2020 年新冠肺炎疫情影响，至 2020 年 10 月，森林旅游共接纳游客 5000 万人次。森林旅游客流量年均增长幅度为 14.5%，远高于中国经济增长速度。森林旅游总产值从"十三五"初期的 27% 增长至末期的 30%。2017 年，森林旅游的产出突破万亿元大关，成为林业草业的支柱产业。截至 2020 年，森林旅游总客流量为 75 亿人次，总计创造价值6.8 万亿元。

"十三五"时期森林旅游行业监管进一步加强。《"十三五"旅游业发展规划》《林业发展"十三五"规划》的制定与实施，为森林旅游管理明确了责任主体。据此，国家林草局设立生态旅游工作领导小组统筹森林旅游管理事业，成立生态旅游标准化技术委员会，制定一系列行业标准，为引导森林生态旅游低碳化、科教融合、新业态培育等高质量发展提供了依据。

森林旅游行业通过品牌建设、标准建设，实现高质量发展。2016 年，国家林业局下发《关于大力推进森林体验和森林养生发展的通知》，标志着森林旅游开始向复合功能发展。通过一系列标准、管理办法、指导意见推进森林康养、户外体育的发展，推进森林旅游示范县、体验基地、重点建设基地、中小学研学实践教育基地等建设工作。其中，国家森林步道建设是森林旅游高级化的重要工程。"十三五"时期，建设国家森林步道 22000 公里，启动森林步道的规划、标准制定和示范道建设。以 12 条国家森林步道、3 条示范段推动森林旅游品牌建设，梳理森林旅游品牌基地、森林旅游示范县、扶贫典型等，开展一系列森林旅游品牌化建设工作，提升森林旅游品牌的社会认知度。

（六）生态草原事业持续进步

"十三五"期间，中国草原建设进行组织结构改革，初步建立监管有效、规则较为完善、产权明确、落实保障有力的草原有偿使用制度。草原有偿使用制度通过不断增强发挥草原资源的生态功能，确保必要的草原资源的基本生产，为牧区人民的生活和国家的生态安全机制提供了双重保障，实现生态草原的持续良好发展，促进牧区社会效益和经济效益协调发展。

在 2018 年开展的草原改革和保护重大问题研究中，对新疆、西藏、云南、甘肃等草原大省（区）开展调研，涉及 39 个样本地区，通过走访牧民、实地调查、座谈、听取汇报等方式，了解草原改革发展情况。在中国 23 个主要草原省区开展草原地面监测调查，共采集入户调查数据 7000 余条，报送样本 15000 余个，对草原气象条件、草原畜牧的压力测算、草原产品生产能力、草原长势等进行了全面的技术分析和服务支持。

2018 年中国草原鲜草总产量约为 11 亿吨，畜牧承载能力 2.6 亿羊单位，增长幅度为 3.32%。2018 年中国持续推行退牧还草、京津风沙源治理、西南草原生态修复工程，实施范围包括河北、山西、内蒙古、黑龙江等的 260 多个县（旗、团场），采取播种改良、人工抚育、围栏建设等生态修复措施。

草原植被逐步恢复，草原生态环境明显改善。在草原生态工程区内部，草原植被覆盖率提升了 11 个百分点，单位面积产草量提高 50% 以上。退牧还草工程区内植被覆盖率为 64.7%，比非工程区植被覆盖率提高 31 个百分点。全国重点天然草原平均畜牧超载率为 10.2%，较上年下降 1 个百分点左右。

在全国 268 个牧区中，2018 年半牧区天然草原牲畜超载率为 12.6%，较 2017 年下降 1.5 个百分点。其中半牧区牲畜超载率为 8.5%，牧区县平均牲畜超载率为 13.9%。草原虫鼠危害面积小幅下降，2018 年草原鼠害面积为 2578.77 万公顷，约占全国草原总面积的 6.6%，较上年下降 9.3 个百分点。

二　生态林业发展综合评价

以科学的方法开展定量评估，是森林生态保护和林业产业发展相关成果评估的重要工作。构建能够反映生态林业各项内容发展变动趋势的综合评价体系，是制定生态林业发展政策，开展生态林业学术研究的前提工作。本报告根据 2011～2017 年《中国林业统计年鉴》、《中国林业和草原统计年鉴 2018》、历年《中国社会统计年鉴》相关数据，以综合反映中国森林生态建设和林业可持续发展状况为目标，开展中国生态林业发展综合评价。

（一）指标体系构建

生态林业发展指数的测算，应当从生态林业发展的基本内涵即森林资源对人类的价值出发。本报告认为，森林资源对人类的价值主要来自两个方面：森林生态价值与森林使用价值。森林生态价值是指人类保护森林，将森林作为宝贵的自然遗产留给子孙后代的价值和森林生态系统存在所产生的价值，其内涵可以描述为"为子孙后代留下绿水青山，发挥森林在保护生物多样性和涵养水土、固碳等方面的生态作用"。森林使用价值包括森林的直接使用价值如木竹资源、林产品等和间接使用价值如森林旅游及带动性收入等。

基于森林对人类的价值，本报告通过五个方面衡量生态林业发展，即对森林存在现状的维持与发展，对绿色发展理念的践行，林业发展过程中对生态保护的重视程度，林业产出总量，结构优度和效率。据此，生态林业指标体系包含森林生态、森林保护、生态林业受重视程度、林业产出、林业产出效率5个一级指标，21个二级指标（见表1）。

表 1　生态林业指标体系

一级指标	二级指标
A_1森林生态	B_1森林面积
	B_2森林蓄积量
	B_3森林覆盖率
	B_4碳汇量 *
	B_5林业自然保护区发展 **
A_2森林保护	B_6退耕还林面积
	B_7人工造林面积
	B_8森林公园比例
	B_9森林病虫害防治面积
	B_{10}火灾受害森林比例
	B_{11}有害生物发生防治率
A_3生态林业受重视程度	B_{12}生态建设与保护投入在林业总投资中的比重
	B_{13}改建与技术改造固定资产投入
	B_{14}单位面积林业工作站数量
	B_{15}单位面积林业工作站管理人员、专业技术人员

一级指标	二级指标
A₄林业产出	B₁₆林业总产值
	B₁₇林业旅游与休闲产业收入
	B₁₈森林旅游直接带动其他产业产值
A₅林业产出效率	B₁₉林业全要素生产率（TFP）***
	B₂₀林业第三产业比重
	B₂₁林下经济产值

注：*碳汇量指标为当地森林蓄积量及林地气候的推算数据；**林业自然保护区发展指数为当地林业自然保护区数量、面积、专业技术人员的发展指数综合测算结果；***林业全要素生产率（TFP）是对2011～2018年林业资本投资、劳动力投入和产出经索洛残差法测算所得。

（二）权重设定

林业发展指标体系使用主观、客观相结合的方法进行权重设定。本报告邀请多名数量经济学、生态保护、林业产业发展等方面的学者，在完成对生态林业发展情况背景介绍后，发放专家打分表，分别对一级指标、二级指标进行排序式赋权。回收打分表后进行信度分析并测算第一轮打分结果，通过背靠背两轮打分后，打分表通过一致性检验。在客观赋权后，综合评价组结合当前森林生态保护和林业产业发展的突出问题和热点议题，进行权重调整，获取最终生态林业指标权重（见表2）。

表2　生态林业指标权重

一级指标	一级权重	二级指标	二级权重
A₁森林生态	0.2302	B₁森林面积	0.06906
		B₂森林蓄积量	0.04604
		B₃森林覆盖率	0.04604
		B₄碳汇量	0.02302
		B₅林业自然保护区发展	0.04604

续表

一级指标	一级权重	二级指标	二级权重
A₂ 森林保护	0.2288	B₆ 退耕还林面积	0.02288
		B₇ 人工造林面积	0.06864
		B₈ 森林公园比例	0.04576
		B₉ 森林病虫害防治面积	0.02288
		B₁₀ 火灾受害森林比例	0.04576
		B₁₁ 有害生物发生防治率	0.02288
A₃ 生态林业受重视程度	0.2337	B₁₂ 生态建设与保护投入在林业总投资中的比重	0.07011
		B₁₃ 改建与技术改造固定资产投入	0.04674
		B₁₄ 单位面积林业工作站数量	0.04674
		B₁₅ 单位面积林业工作站管理人员、专业技术人员	0.07011
A₄ 林业产出	0.1369	B₁₆ 林业总产值	0.04107
		B₁₇ 林业旅游与休闲产业收入	0.05476
		B₁₈ 森林旅游直接带动其他产业产值	0.04107
A₅ 林业产出效率	0.1704	B₁₉ 林业全要素生产率（TFP）	0.06816
		B₂₀ 林业第三产业比重	0.06816
		B₂₁ 林下经济产值	0.03408

指标体系数据中全国各个省份的碳汇量根据当地森林面积、气候环境和主要树木种类的碳吸收能力关系比例进行推算[1]。为综合体现各省林业自然保护区的发展规模与质量，表现森林大省和森林强省的不同特征，林业自然保护区发展指数是当地林业系统所设立的自然保护区的总体面积、设立数量和保护区内各类专业技术人员发展指数的综合测算结果。在林业产出效率中，为体现林业的发展质量，引入林业全要素生产率（TFP）。由于林业细分产业内部差异性较小，故采取较为成熟、稳定的索洛残差法进行测算，林业产业当年总体产出为 Y，林业投资总额为 K，林业产业从业人员数量为 L，采取 C-D 生产函数并经 OLS 方法估计林业 TFP。相对于工业、服务业，林

---

[1]　张春华等：《2004—2013 年山东省森林碳储量及其碳汇经济价值》，《生态学报》2018 年第 5 期。

业固定资产折旧率较低，根据王留鑫等①与孔凡香②对农业和林业企业的测算结果，认为林业固定资产折旧率为11%。

（三）指数测算

为综合体现林业发展的规模与质量，提高林业发展指数的政策参考依据价值，指数测算方法必须具备以下特点。

1. 综合性

林业发展综合评价能够反映各个地区在一段时期内森林生态保护、产业发展规模、产业优化等多维度的进步情况。

2. 连续性

林业发展指数能够根据新增数据不断延续，在获取新增数据后，无须对过往数据进行调整。

3. 稳定性

综合考虑指标体系中绝对值指标、逆向指标、比率性指标的关系，避免出现五大林区所在省份指标过大，西部地区、直辖市等森林面积较小，面积较小的地区森林事业的发展体现不足的情况，并确保在出现异常数据、缺失数据的情况下，指标测算结果保持稳定。生态林业发展指数测算有三个步骤。

（1）原始数据处理：对原始数据中逆向指标正向化，并填充缺失数据，经过整理后数据形式如式①，二级指标数据矩阵 B 纵向为空间轴，横向为时间轴：

$$B = \begin{bmatrix} b_{2011,北京} & b_{2012,北京} & & b_{2018,北京} \\ b_{2011,天津} & b_{2012,天津} & & b_{2018,天津} \\ \cdots & \cdots & \cdots & \cdots \\ b_{2011,新疆} & b_{2012,新疆} & & b_{2018,新疆} \end{bmatrix} \qquad ①$$

---

① 王留鑫等：《碳排放、绿色全要素生产率与农业经济增长》，《经济问题探索》2019年第2期。

② 孔凡香：《小议林业企业的固定资产折旧》，《现代审计与会计》2013年第12期。

$$A_1 = [\begin{array}{ccccc} B_1 & B_2 & B_3 & B_4 & B_5 \end{array}] \tag{②}$$

$$\cdots$$

$$A_5 = [\begin{array}{ccc} B_{19} & B_{20} & B_{21} \end{array}]$$

$$I = [\begin{array}{ccc} A_1 & \cdots & A_5 \end{array}] \tag{③}$$

（2）分指标发展指数测算：根据统计年鉴资料的可得性和中国森林相关生态保护形势，认为2011年是合理的基期年，对整理后数据 $B_1 \sim B_{21}$ 除以基期年均值，如式④~⑥：

$$V_{reference} = (\begin{array}{cccc} b_{2011,\text{北京}} & b_{2011,\text{天津}} & \cdots & b_{2011,\text{新疆}} \end{array}) \tag{④}$$

$$r = \frac{\sum V_{reference}}{31} \tag{⑤}$$

$$B^* = \frac{B}{r} \tag{⑥}$$

经式④~⑥处理后，获得各地区 2011~2018 年二级指标发展指数，以 2018 年 H 省的森林面积指数计算为例：

$$2018 年森林面积指数_{\text{森林面积}}^{H省} = \frac{2018 年 H 省森林面积}{2011 年全国各省平均森林面积} \tag{⑦}$$

（3）指数综合：根据所得指标权重向量 W，进行 n 次幂指数变换并进行归一化处理，获得调整后权重向量 $W(n)^*$，公式如式⑧：

$$W = (\begin{array}{cccc} \omega_1 & \omega_2 & \cdots & \omega_{21} \end{array}) \tag{⑧}$$

其中，$\sum_{i=1}^{21} \omega = 1$，$W$ 的 n 次幂调整如式⑨：

$$W(n)^* = \frac{(\begin{array}{cccc} \omega_1^n & \omega_2^n & \cdots & \omega_{21}^n \end{array})}{\sum_{i=1}^{21} W_i^n} \tag{⑨}$$

通过对权重向量进行幂指数转化，随着 n 的提高，优势权重变量在指数中突出，通过试验对比，$W(2)^*$ 的生态林业发展指数测算结果稳定合理，符合预期，故使用 $W(2)^*$ 作为指标综合权重。对一级指标对应的二级指标发展指数矩阵进行加权求和，以点积形式表现如式⑩：

$$A_1^* = \begin{bmatrix} B_1^* & B_2^* & B_3^* \end{bmatrix} \cdot \begin{bmatrix} \omega_1^n \\ \omega_2^n \\ \omega_3^n \end{bmatrix}$$

$$\cdots \qquad\qquad ⑩$$

$$A_5^* = \begin{bmatrix} B_{19}^* & B_{20}^* & B_{21}^* \end{bmatrix} \cdot \begin{bmatrix} \omega_{19}^n \\ \omega_{20}^n \\ \omega_{21}^n \end{bmatrix}$$

总体发展指数如式⑪：

$$I^* = \sum A^* \qquad\qquad ⑪$$

（四）指数测算结果及分析

经测算，2018 年中国生态林业发展指数进一步提高，2018 年较 2017 年提高了 2.38 个点，增长率为 4.6%，增长率较 2017 年的 7.5% 有所下降，从中高速增长转入中速增长。2011 ~ 2018 年，中国生态林业发展指数增长了 71%，体现了中国生态保护和林业产业发展的长足进步（见图 1）。

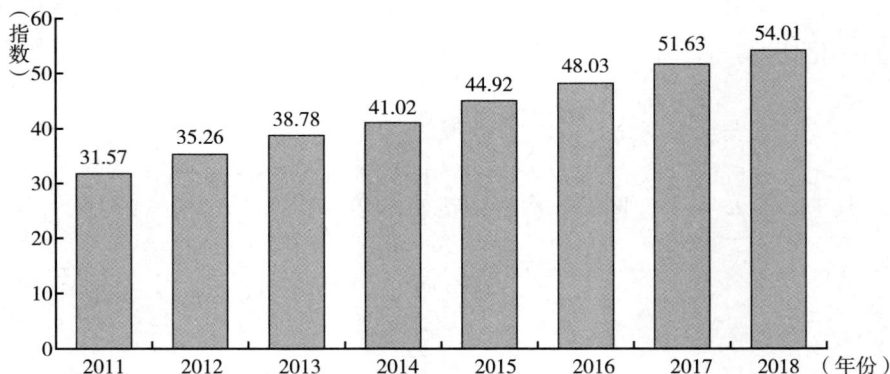

图 1　2011 ~ 2018 年中国生态林业发展指数

2018 年中国 31 个省（区、市）生态林业发展指数呈现与经济发展正相关的特征。整体上看，长江流域、珠江流域、沿海防护林省份的生态林业发展指数较高，东北、西北地区生态林业发展指数较低。生态林业发展指数达到或接近3.0的省区有江西（3.81）、浙江（3.65）、四川（3.30）、广东（3.19）、广西（3.00）、贵州（2.99）。北方省区中，黑龙江、内蒙古、吉林、辽宁的生态林业发展指数分别为1.74、1.65、1.15和0.96（见图2），黑龙江、吉林的生态林业发展指数较2017年均有下降。

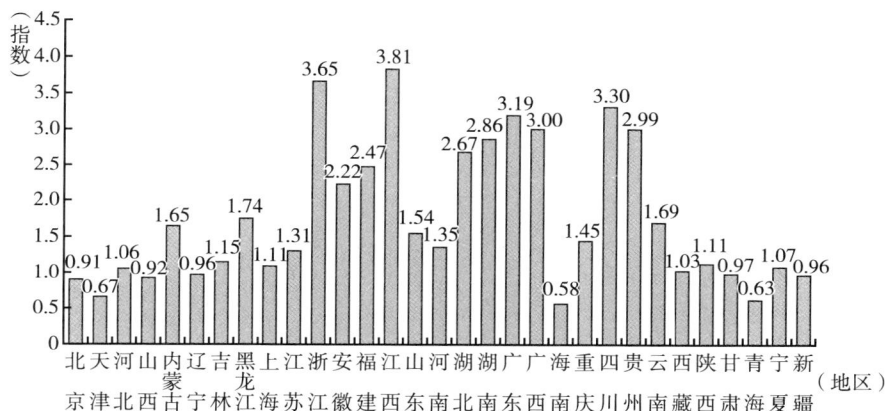

图2　2018年中国31个省（区、市）生态林业发展指数

全国生态林业发展指数变化幅度较大的省份中，福建、浙江在2018年增长幅度较大，分别从2017年的1.47和2.91增长至2018年的2.47和3.65，重庆、宁夏、西藏、江苏、安徽均实现了较大幅度增长，但2018年天津、广西出现了生态林业发展指数较大幅度下降，其中广西从2017年的3.75降至3.00，天津从2017年的1.17下降至0.67（见图3）。

中国森林生态状况持续改善，森林蓄积量、面积和自然保护区建设推动全国森林生态发展指数从2017年的7.30增长至2018年的7.78，增长幅度为6.6%，为2013年以来最大增幅（见图4）。

2018年中国31个省（区、市）森林生态发展指数增幅中，上海、北京、天津、贵州实现了较大增幅，分别为28%、21%、18%、17%，表明这些地区在森林面积、蓄积量和保护区数量上领先。全国大部分地区森林生态发展指数增幅均高于全国总体指数的增幅，但江苏的森林生态发展指数增

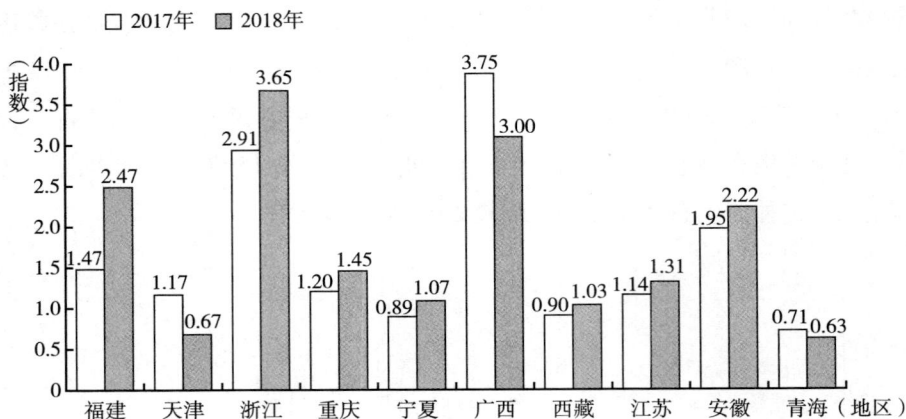

图3 2018年生态林业发展指数变化较大的10个省（区、市）

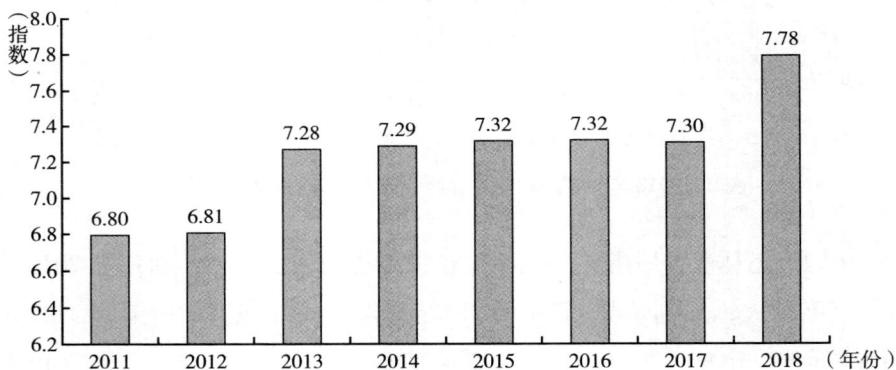

图4 2011～2018年中国31个省（区、市）森林生态发展指数

幅为负（见图5）。

退耕还林、人工造林面积有所下降，2018年中国森林保护发展指数为6.90，较2017年的7.32有所下降，在森林保护发展指数中，超过0.3的地区有河北、山西、内蒙古、湖南、四川、云南、甘肃和新疆（见图6）。

中国森林生态保护已经从退耕还林和人工造林转向了对现有林地的生态质量建设上。从31个省（区、市）森林保护发展指数的各项构成来看，人

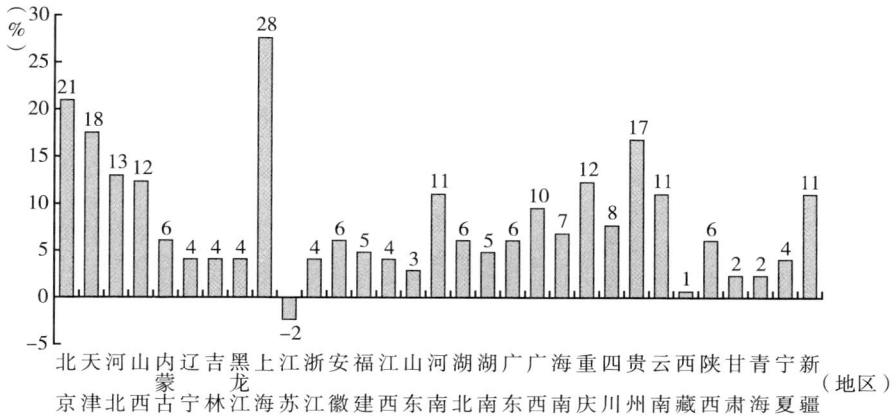

图5　2018年中国31个省（区、市）森林生态发展指数变化率

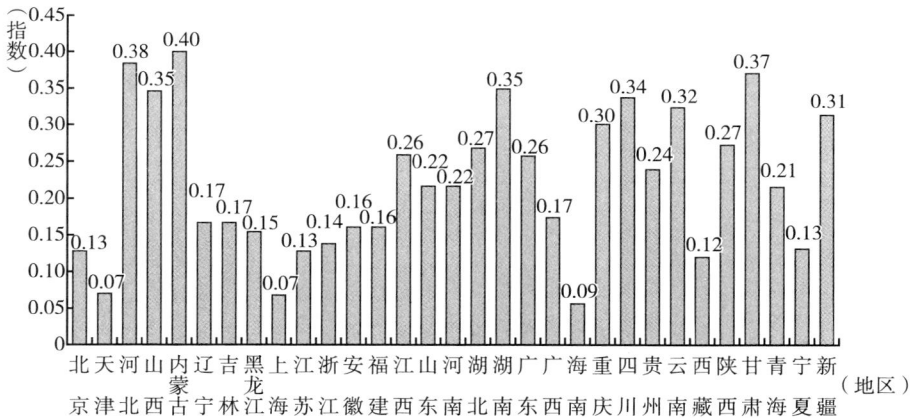

图6　2018年中国31个省（区、市）森林保护发展指数

工造林是生态保护工作的主要驱动因素，其次是森林火灾防治和森林公园建设。2018年全国人工造林指数为3.34，较2017年的3.52下降了5.1%，森林保护工作进一步加强，森林火灾防治指数从2017年的1.25上升至1.26，森林病虫害防治指数从2017年的0.37上升至0.36，森林防治面积指数从2017年的0.39上升至0.52（见图7）。

2018年中国林业产出指数快速提升，从2017年的15.64上升至17.92，

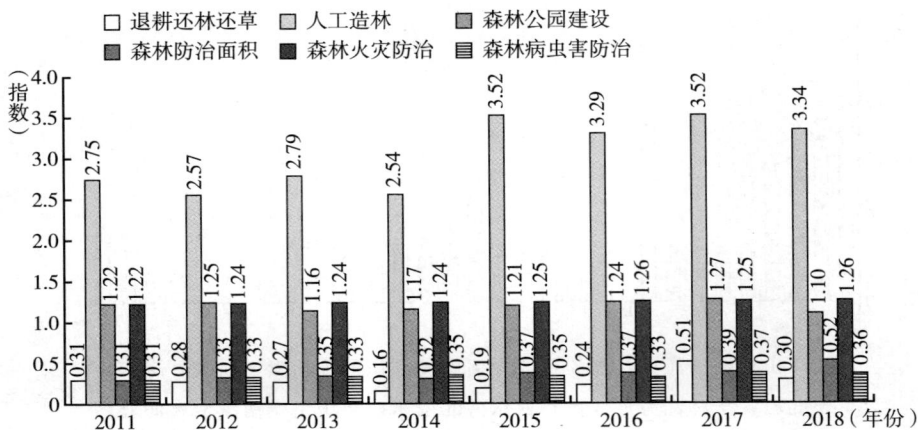

图7 2011~2018年森林保护分指数变化情况

增长率为14.58%，远高于中国各类产业的平均发展水平。2011~2018年中国林业产出指数的年均增长率为25%（见图8）。

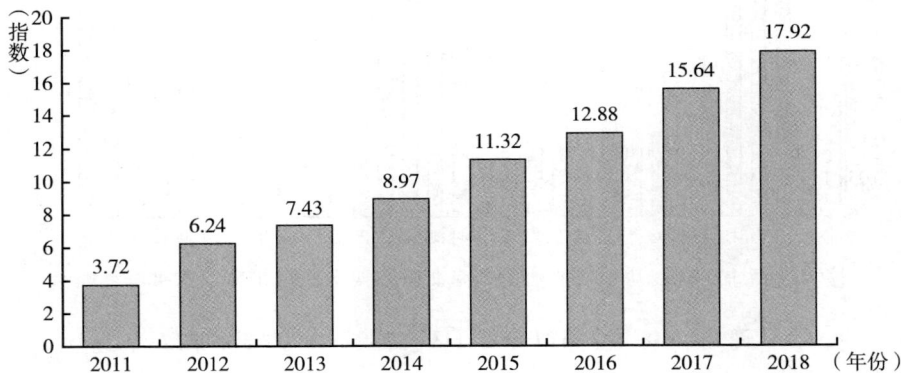

图8 2011~2018年中国林业产出指数

2018年，广东省是中国林业产出最高的省份，林业产出指数为2.04。林业产出指数前十位主要集中在中国南方地区，北方仅有山东省林业产出达到0.71。林业产出和经济发展情况高度重合，华中、西南地区如贵州、江西得益于林业产量，经济发展水平较高。中国北方森林资源大省和西藏森林产出不足，如黑龙江林业产出指数为0.21，内蒙古为0.12（见图9~10）。

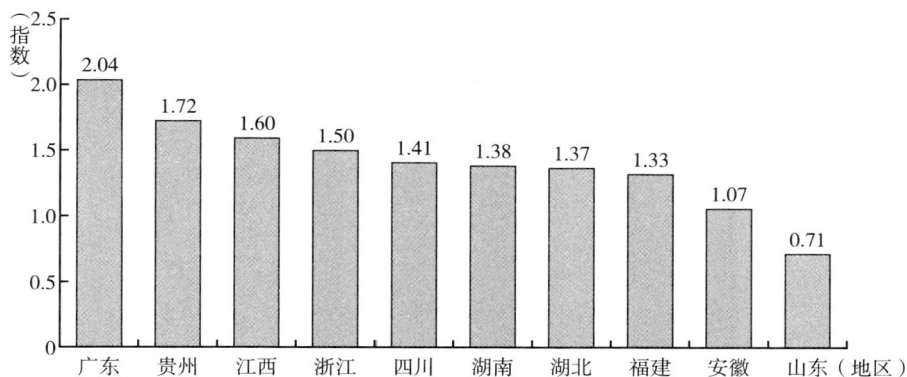

图9　2018年中国林业产出指数前十位

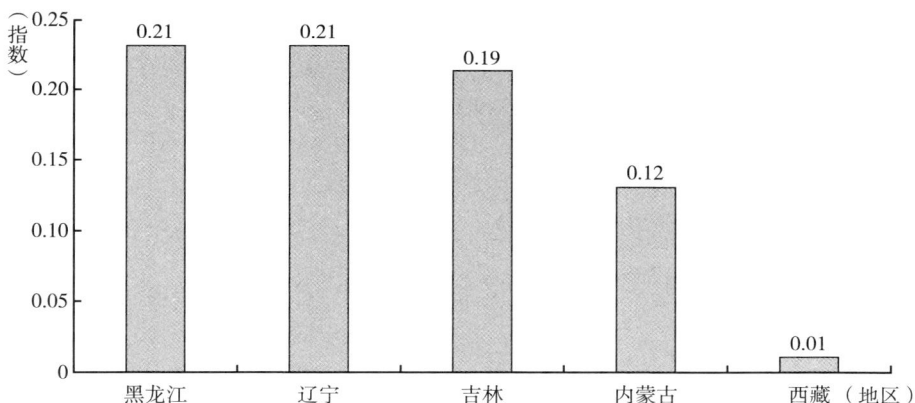

图10　2018年中国森林资源大省的林业产出指数

中国林业 TFP 继续提高，从 2017 年的 2.87 上升至 2018 年的 3.20，增速为 11.5%。"十三五"时期中国林业产业增长模式从规模增长驱动转变为结构优化和科技管理提高驱动。从 2015 年开始，中国林业 TFP 稳步上升，2015～2018 年林业全要素生产率年均增速为 6.4%（见图 11）。

2018 年生态林业发展指数的提高主要来自林业产出和林业产出效率两个指标的贡献，分别从 2017 年的 15.64 和 13.33 上升至 2018 年的 17.92 和

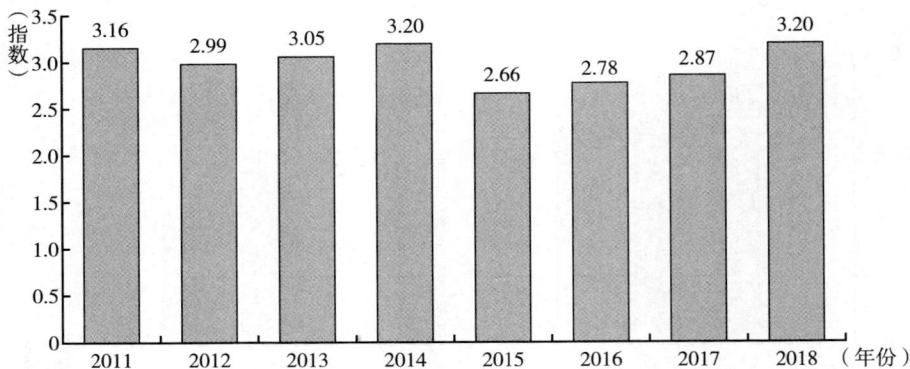

图11　2011～2018年中国林业全要素生产率

14.55；森林生态指标小幅度上升，从 2017 年的 7.30 增长至 2018 年的7.78；森林保护和生态林业受重视程度两个指标有所下降，分别从 2017 年的 7.32 和 7.91 下降至 2018 年的 6.90 和 6.72（见图12）。

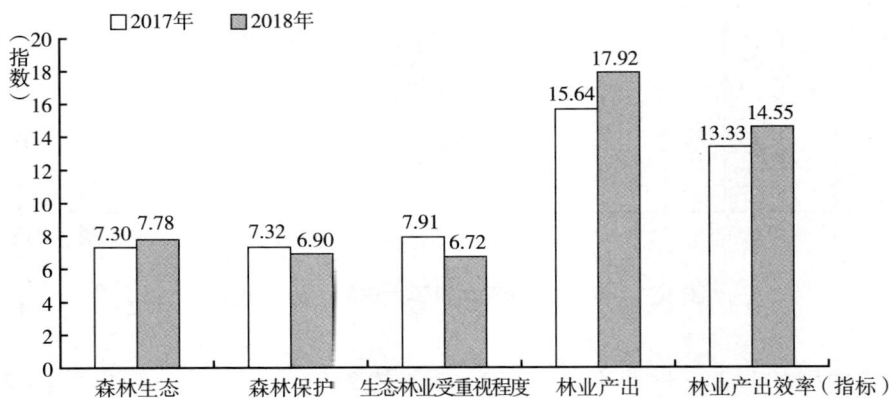

图12　2017～2018年生态林业发展一级指标变动情况

三　"十四五"时期生态文明建设与林业发展建议

2021 年是"十四五"规划的开局之年。中国森林草原的生态治理和林业产业的发展需要进一步沿着习近平总书记指引的方向，立足习近平生态文明思想，践行习近平总书记"绿水青山就是金山银山"等生态文明重要理念。全面深化森林草原保护和林业产业管理机制改革，在林业产业管理和全球生态治理的过程中坚持全面扩大开放，在百年未有之变局中寻找突破与先机，加快中国林业产业升级、产品技术服务创新，进而迈向高质量发展。积极布局中国林业，实现以国内大循环为主体、国内国际双循环相互促进的新发展格局。

（一）全面贯彻落实新《森林法》

新《森林法》是在中国森林生态保护和产业发展中立足新发展理念、面向新发展阶段、构建新发展格局的重要法律。"十四五"时期，全面贯彻落实新《森林法》是实现生态林业高质量发展的必由之路。全面深化林业改革，需要严格按照其中的法治精神，加快中国森林草原生态资源从政企不分的计划性管理方式向全面、协调、科学、可行的分类管理方式转变。

首先，落实新《森林法》对森林分类经营管理的要求，加快国有林场改革，推动各类林业经营主体本着尊重历史和现实情况确权并保护合法权益。严格保护公益森林资源，确保森林生态补偿到位与森林保护岗位设置的政策持续性。商品林由合法合规的经营者依法经营，发挥其经济价值，使市场在商品林产业中充分发挥吸纳社会资本、促进产业升级和带动就业的作用。落实新《森林法》对森林属权的规范，加快确权与认定步骤，加强对森林产业的保护。依法明确农村集体经济、国有和其他类型经营主体之间的所有权、使用权、经营权的边界，明确承包经营与流转的方式、期限。对各种森林资源的利用方式进行科学论证，明确公益林地中可作为旅游资源开发利用的边界和商品林地进行经济利用的方式。

建立更加严格的限砍限伐制度，完善森林砍伐的许可证制度以保障商品林经营者对林业资源的合理利用。依据新《森林法》，建立更加科学合理的砍伐许可证制度，实现森林资源保护和商品林合理的开发利用。严格规范公益林的更新、改造性砍伐，对营造林等应在砍伐许可证制度的基础上，实行砍伐面积控制和营造面积补偿。简化砍伐许可证、经营许可证等行政审批的流程，使林业经营者的权益得到充分保障。

（二）聚焦高质量生态建设

践行"两山"理论，推动生态文明建设，需要确保生态资源修复质量，不能单纯考虑短期的人工造林、退耕还林还草的绝对数量，应将森林草原修复的质量与生态治理效果的可持续性作为生态治理的目标。习近平总书记在2019年提出："要践行绿水青山就是金山银山的理念，推动国土绿化高质量发展。"要求在森林生态治理过程中，总体把握国土绿化的数量和质量的对应关系。需要持续推进退耕还林还草、人工造林、沙漠生态治理等生态建设工程，也需要充分进行科学研判，尊重森林草原生态规律，提升现有森林草原的生态系统调节水平，以科学的生态治理方法，确保森林草原修复的节约、可持续。抚育新增森林资源，提高当地生态体系质量，发挥其生态效能，变生态投入为生态产出。

不尊重生态治理的科学规律，选取不适于当地气候的植被进行生态建设，导致生态建设投入浪费；重视植树面积，忽视后续的森林养护，导致森林生态修复质量不高的情况时有发生。发生这种情况的主要原因是生态考核方式仍然以数量为主。要实现森林生态的高质量发展，让森林草原发挥生态正外部性，应将森林质量和生态符合程度的考核放在同森林覆盖率、蓄积量同样重要的位置。研究制定森林草原生态质量的考核指标，保障生态质量建设落实。

中国森林资源第八次清查结果表明，中国森林面积、质量有了大幅提升与改善，但是仍然存在森林养护力度不足，治理质量较低，部分地区生态脆弱性尚未得到扭转的情况。造林绿化的配套养护工作滞后，林木间距小、林木复合程度低等森林生态质量问题逐渐显现。生态治理高质量发展，需要绿化工程实施部门进行严格的质量管控。林木种苗采购、种植等过程要落实

"两证一签"，确保人工造林的质量落实到人，维护好国家各项林业重点工程的质量。

生态治理高质量发展需要综合考虑城市绿化，原始林区、营造林的修复、抚育和开发，部分地区对林业投入不平衡问题突出，投入总量不足，后续支持力度小，导致林苗成活率低，林木种类单一，对生态治理质量造成严重影响。

森林生态保护是科学论证、方案规划、造林、养护、生态评估的多环节系统工程，为确保森林生态保护落地实施，需要进一步完善森林的管理保护制度。确保森林管理保护责任落实，杜绝发生植树后管理保护缺失的情况。防治森林火灾、病虫害，通过逐级落实和资金投入来保障绿化质量。

（三）发挥林业在乡村振兴中的作用

融合发展城市健康产业与农村森林康养产业。农村的森林覆盖率高，蓄积量大，氧浓度和负离子浓度高，在"十四五"时期应进一步推进森林乡村振兴工程。新建、改善村道，构建一批健康步道、绿色通道、森林风景通道等森林旅游基础设施。利用农村绿水青山的自然环境优势，引导徒步穿越、露营、森林生态科普等新型旅游形式的消费偏好。

推进铁人三项、马拉松等便于和森林自然资源结合的体育项目，通过合作论坛、乡村振兴引资会、乡村创新创业孵化项目等方式推进林地农村居民以集体经济或个人形式合理利用森林旅游配套资源，实现农村居民的增收，实现以运动为主体的生态林业乡村振兴。面对即将到来的老龄化社会，提前加快森林康养产业的发展，建设适老、无障碍设施，实现自然环境的生态价值。

（四）生态林业供给侧结构性改革

供给侧结构性改革是中国经济改革主线任务，推动"三去一降一补"，化解产业危机，在林业和森林草原事业的侧重点不同。就生态林业而言，从整体来看产能过剩问题不突出，主要存在高端产业尚未实现突破、国内循环不畅的问题。疫情防控常态化时期，在国内消费释放不足，输入性通货膨胀和外部需求明显下降的背景下，"十四五"时期应对林业产业的杠杆率情况，特别是新兴的森林旅游、森林康养项目的资金基础和未来收益进行全面统计，推动林业产业加快"降成本"和"补短板"，避免出现行业性整体风险。为林业产业升级提供精确定向的融资、信息、渠道和政策支持，加快高附加值林业产业和高端林业三产优质项目落地。

引导科技资源向森林生态价值转化，向高附加值林产品、森林旅游康养等林业产业转移，增强生态林业的技术创新供给。掌握生态林业的养护技术、生态价值转化技术和科学管理运营。加大林业科研院所和高校对森林应用技术的投入，建立一批国家生态林业技术研究基地和产品创新中心，建立一批生态修复和养护的科研基地，强化区域间的林业科技共享，鼓励林业科技的经济效益转化，全面加强林业科技、林产品设计，加大林业相关文化的知识产权保护力度，深化校企融合，推动林业产业设备升级改造，加快林业设备国产化、高级化、智能化，并加快国内林业产业的技术标准推广。以林业企业为纽带，拉动装备制造业掌握关键技术，推进产业全体系的双循环构建。将森林保护作为陆地生态治理的核心，协调推动资源节约型社会建立，协调山水林草保护和当地工矿牧产业发展。

在新《森林法》和国有资源补偿机制的背景下，探索森林生态利用产业的资金供给渠道。设立"绿色银行""绿色金融服务"等新型的金融供给机构，研究确立生态资源的金融定价方式、生态效益的交换价值，加大森林生态利用的资金支持力度，提供森林草原金融服务，增强森林草原金融的定价、生态效益、社会效益、经济效益估算和对经济可持续增长的外部推动。建立统一规范的森林资源出让、定价标准体系，保障跨地区资金与资源的对接。完善金融监管机制，合理评价森林生态

利用的资金风险。对生态资源抵押、生态林业产业给予科学完善的信贷
支持。

以信息平台推进生态资源供需平衡。建设生态林业合理开发利用信息平台，加快生态资源、林业资源、旅游资源、金融资源的对接、利用，形成整合。加快生态林业领域营商环境改革，在"十四五"期间进一步优化审批业务流程，加快环境保护信息流转，加大林业企业、金融企业、林业院校、研究设计规划单位、各级政府和林业主管部门等各类主体在促进生态林业产业发展中的资源共享程度。完善信息披露制度，及时向公众发布各类森林、草原利用主体对生态资源的使用方式、利用程度和可能造成的生态影响。建立政府生态信息发布平台，对与环境质量、产业发展相关的信息发布做出规范。

（五）加速实现碳达峰、碳中和阶段目标

实现碳达峰、碳中和目标，需要全面加强国土绿化的质量。作为陆地生态主体，森林在吸收二氧化碳，减缓气候变化上发挥着巨大作用。习近平总书记在2020年9月提出力争在2030年森林蓄积量增加60亿立方米，同时国内实现碳达峰，2060年实现碳中和的目标，对推动中国森林草原事业提出了更加迫切的要求。目前中国森林的单位面积蓄积量仍然低于世界平均水平，森林生态系统的稳定性仍然欠缺，仍然需要持续的资金投入来保障森林的抚育经营。中国部分退耕还林还草地区生态基础仍然较为薄弱。生态环保部发布的《关于统筹和加强应对气候变化与生态环境保护相关工作的指导意见》指出，为如期完成中国碳达峰和碳中和目标，需要通过多方协调与科学设计，统筹资金，将保护森林陆地生态系统多样性，提高森林蓄积量和森林总碳储量几个任务协同推进。尽快研究制定森林草原事业的碳达峰、碳中和目标，协调推动国内减排、碳汇增加双重目标。

在《环境影响评价法》等法律框架和现有能源产业技术规范下，明确与碳达峰、碳中和相关的森林草原事业评估方法和技术手段，确保碳

达峰、碳中和阶段性目标完成情况能够得到科学的界定。

进一步发挥森林草原的碳价值。在国际环境保护与应对气候变化上加强国际合作与对话。在《联合国气候变化框架公约》《京都议定书》等国际法律框架的基础上，进一步研究中国的森林草原碳价值体系，推动国际碳交易、碳税、固碳项目国际合作。推进建设国内、区域性的碳市场，从"两个循环"的构建上，加速以碳排放权和减排量交易实现"绿水青山就是金山银山"。研究制定适用于中国产业结构的碳排放市场机制，综合考虑总量控制与碳吸收、排放交易权方案。引导化石燃料使用产生的经济利益对森林草原事业进行补偿。合理设定经济、气候变化情况下的价格波动方式，避免对现有能源产业造成过大冲击。

（六）森林保护国际合作

随着各国对林草领域可持续发展重视程度的提升，有效的国际合作将会进一步促进中国林草业建设和生态文明建设，在提升国家经济利益的同时，为环境效益与社会效益带来积极影响。在准确把握高质量发展的内涵与特征、创建和完善相关制度和政策环境的条件下，推动林草业外事管理和服务水平的提升，加强对"两种资源、两个市场"的统筹，对环境保护与经济发展规划具有重要的指导意义。

中国资源禀赋丰富，其林草高覆盖率和丰富的生物质储能使得合作的国家基础相对广泛，然而在资金和技术人才方面较为紧缺。中国在林草领域存在国际合作与交流的投资环境不完善、合作机制不健全以及技术人才紧缺等问题，在共建"一带一路"的绿色发展倡议下，应当抓住机遇，沉着应对非法采伐和非法出口、诉求不同和投资环境不完善等问题带来的挑战，不断提升国际合作与交流水平。在面临全球化经济发展和深化转型的风口之上，借助"互联网＋"行动计划促进林草业发展，进一步拓展林草领域的国际市场。

依据自身优势明确市场需求，做好资本输出、政策主导、技术输入，构建相应的合作磋商以及冲突解决机制，提高中国林草业的国际竞争力，进而形成合作共赢的发展局面。就领域选择而言，做好林草产品贸易结合与森林可持续经营，不断强化自身优势、补齐短板，在可持续发展的前提下提升中国在国际贸易中的地位。

通过开展双边"投资共赢模式""生产贸易一体化模式"，与毗邻国家形成稳定、长久和高质量发展的合作伙伴关系。就人才交流而言，创新人才队伍建设机制，建立健全现代林业教育培训体系，通过人才交流的方式与世界各国实现资源共享、相互促进。

参考文献

习近平：《决胜全面建成小康社会夺取新时代中国特色社会主义伟大胜利》，人民出版社，2017。

习近平：《推动我国生态文明建设迈上新台阶》，《求是》2019 年第 3 期。

中共中央宣传部：《习近平新时代中国特色社会主义思想三十讲》，学习出版社，2018。

国家林业和草原局：《中国林业统计年鉴》，中国林业出版社，2011～2017。

于法稳：《绿色发展理念视域下的农村生态文明建设对策研究》，《中国特色社会主义研究》2018 年第 1 期。

黎平、曾玉林、陈建成：《论我国生态林业建设方略》，《绿色中国》2005 年第 2 期。

杨永艳等：《新一轮退耕还林工程在助推脱贫攻坚中的作用及建议》，《现代农业科技》2017 年第 18 期。

《党的十八大以来生态文明建设成就综述》，《时事报告》（党委中心组学习）2017 年第 5 期。

曹顺仙、周以杰：《习近平绿色发展思想的生态哲学诠释》，《南京林业大学学报》（人文社会科学版）2019 年第 3 期。

附件

2011～2018年中国31个省（区、市）生态林业发展指数

（一）中国31个省（区、市）生态林业发展指数

地 区	2011 年	2012 年	2013 年	2014 年	2015 年	2016 年	2017 年	2018 年
全国总体	31.4522	35.1377	38.6523	40.8896	44.7954	47.9056	51.5031	53.8773
北 京	0.9065	0.7781	0.7077	0.6724	0.7598	1.1619	0.8090	0.9001
天 津	1.9835	1.9064	1.5750	0.9320	1.3590	1.3170	1.1675	0.6692
河 北	0.7871	0.8400	0.9093	0.9143	0.9269	1.0299	1.0002	1.0575
山 西	0.8545	0.8569	0.8068	0.8749	0.8166	0.8091	0.9152	0.9211
内 蒙 古	1.3050	1.3631	1.4524	1.3750	1.5117	1.5132	1.5554	1.6479
辽 宁	0.9174	1.1304	1.0963	1.1245	1.0693	0.9509	0.9540	0.9555
吉 林	0.9747	0.9998	1.0783	1.1165	1.2370	1.3045	1.1943	1.1424
黑 龙 江	1.1852	1.1844	1.3786	1.3164	1.4381	1.5988	1.9728	1.7310
上 海	0.9357	0.9656	0.8532	1.4106	0.9986	1.3174	1.0108	1.1052
江 苏	0.9770	1.0814	1.1149	1.1675	1.0644	1.0587	1.1380	1.3064
浙 江	0.9381	1.4898	1.5985	1.8381	2.5784	2.6938	2.9073	3.6401
安 徽	0.8546	1.1626	1.2423	1.4463	1.5491	1.7806	1.9452	2.2174
福 建	0.8392	0.8554	1.4601	1.1262	1.3189	1.5608	1.4650	2.4585
江 西	1.2350	1.5283	1.8194	1.4438	1.9968	2.1299	3.6921	3.8057
山 东	1.2993	1.3699	1.5226	1.5874	1.6700	1.6299	1.5501	1.5348
河 南	0.8703	0.9309	0.9561	1.1695	1.1940	1.1405	1.2587	1.3509
湖 北	0.9192	0.9808	1.1633	1.2029	1.5604	1.9738	2.3743	2.6664
湖 南	1.6187	1.7431	1.9436	2.2482	2.5403	2.3509	2.5986	2.8491
广 东	0.8575	1.8708	1.9445	2.5123	2.6517	2.8477	3.0540	3.1809
广 西	1.9433	2.2851	3.2969	4.1094	3.5930	4.2498	3.7441	2.9951
海 南	0.4209	0.4274	0.5686	0.5468	0.5503	0.5574	0.5898	0.5727
重 庆	0.8434	0.9145	0.9568	0.8769	0.9955	1.0437	1.1932	1.4428
四 川	1.6174	1.8261	2.1396	2.2855	2.6994	2.9279	3.1571	3.2937
贵 州	0.9548	1.0488	1.2915	1.4689	2.2253	2.4274	3.2658	2.9862
云 南	1.1879	1.2037	1.3219	1.3456	1.4568	1.5023	1.5398	1.6804
西 藏	0.9581	0.9113	0.9708	1.1591	1.0706	0.9768	0.8957	1.0300
陕 西	0.7651	0.8706	0.8725	0.8768	0.9770	0.9548	1.0423	1.1080
甘 肃	0.6508	0.6686	0.6896	0.7150	0.7744	0.8411	0.8751	0.9716
青 海	0.5927	0.6332	0.5510	0.5683	0.5345	0.5619	0.7130	0.6250
宁 夏	0.5429	0.5436	0.5817	0.7198	0.8141	0.8095	0.8885	1.0718
新 疆	0.7165	0.7673	0.7886	0.7387	0.8633	0.8836	1.0364	0.9595

（二）生态林业发展一级指标

1. 森林生态基本现状指数

地 区	2011 年	2012 年	2013 年	2014 年	2015 年	2016 年	2017 年	2018 年
全国总体	6.7993	6.8052	7.2777	7.2880	7.3166	7.3221	7.3045	7.7848
北　京	0.0589	0.0588	0.0648	0.0633	0.0649	0.0648	0.0631	0.0763
天　津	0.0153	0.0151	0.0175	0.0189	0.0195	0.0195	0.0190	0.0224
河　北	0.1098	0.1091	0.1164	0.1185	0.1168	0.1182	0.1211	0.1369
山　西	0.0765	0.0768	0.0930	0.0919	0.0924	0.0927	0.0939	0.1055
内 蒙 古	0.5582	0.5579	0.5921	0.5909	0.5914	0.5875	0.5861	0.6226
辽　宁	0.1831	0.1852	0.1994	0.1997	0.1999	0.1982	0.1979	0.2060
吉　林	0.2899	0.2892	0.3093	0.3106	0.3114	0.3089	0.3090	0.3227
黑 龙 江	0.5220	0.5193	0.5373	0.5378	0.5218	0.5238	0.5440	0.5673
上　海	0.0263	0.0310	0.0309	0.0312	0.0302	0.0321	0.0321	0.0410
江　苏	0.0455	0.0455	0.0717	0.0697	0.0690	0.0676	0.0664	0.0651
浙　江	0.1886	0.1855	0.1947	0.1957	0.1954	0.1955	0.1962	0.2032
安　徽	0.1252	0.1243	0.1258	0.1268	0.1360	0.1362	0.1338	0.1413
福　建	0.2646	0.2662	0.2861	0.2849	0.2796	0.2862	0.2862	0.3000
江　西	0.3217	0.3244	0.3244	0.3209	0.3260	0.3164	0.3180	0.3313
山　东	0.1078	0.1077	0.1109	0.1036	0.1231	0.1199	0.1079	0.1110
河　南	0.1134	0.1177	0.1270	0.1291	0.1253	0.1258	0.1257	0.1396
湖　北	0.1669	0.1673	0.2059	0.2070	0.2084	0.2081	0.2095	0.2214
湖　南	0.2846	0.2828	0.2945	0.3073	0.3069	0.3092	0.3060	0.3210
广　东	0.3081	0.3081	0.3213	0.3220	0.3218	0.3266	0.3263	0.3462
广　西	0.3130	0.3149	0.3342	0.3357	0.3380	0.3356	0.3344	0.3665
海　南	0.1451	0.1451	0.1551	0.1557	0.1573	0.1560	0.1568	0.1677
重　庆	0.1548	0.1567	0.1730	0.1743	0.1723	0.1812	0.1827	0.2053
四　川	0.4859	0.4859	0.4991	0.5048	0.5025	0.5008	0.5093	0.5482
贵　州	0.1786	0.1786	0.2496	0.2494	0.2493	0.2497	0.1984	0.2317
云　南	0.5027	0.4875	0.5190	0.5192	0.5347	0.5329	0.5421	0.5995
西　藏	0.5641	0.5635	0.5665	0.5663	0.5663	0.5663	0.5711	0.5758
陕　西	0.2172	0.2209	0.2421	0.2417	0.2392	0.2376	0.2410	0.2554
甘　肃	0.1412	0.1492	0.1580	0.1585	0.1575	0.1558	0.1569	0.1607
青　海	0.1293	0.1293	0.1406	0.1393	0.1415	0.1410	0.1410	0.1435
宁　夏	0.0355	0.0357	0.0426	0.0377	0.0381	0.0413	0.0418	0.0436
新　疆	0.1655	0.1662	0.1750	0.1756	0.1798	0.1868	0.1865	0.2062

2. 森林保护发展指数

地　　区	2011 年	2012 年	2013 年	2014 年	2015 年	2016 年	2017 年	2018 年
全国总体	6.1062	5.9988	6.1395	5.7868	6.8920	6.7219	7.3220	6.8969
北　京	0.1390	0.1458	0.1466	0.1363	0.1351	0.1341	0.1440	0.1267
天　津	0.0700	0.0685	0.0681	0.0696	0.0698	0.0702	0.0717	0.0687
河　北	0.2590	0.2700	0.2745	0.2780	0.2801	0.3811	0.3339	0.3821
山　西	0.3004	0.3156	0.2929	0.2971	0.2690	0.2568	0.3331	0.3450
内　蒙　古	0.4313	0.4527	0.4677	0.3291	0.4287	0.4000	0.4245	0.3990
辽　宁	0.2197	0.2148	0.2125	0.1917	0.1917	0.1577	0.1527	0.1651
吉　林	0.2237	0.2195	0.2525	0.2539	0.2913	0.2741	0.2693	0.1656
黑　龙　江	0.1761	0.1974	0.1749	0.1560	0.1680	0.1477	0.1556	0.1530
上　海	0.0701	0.0723	0.0702	0.0701	0.0702	0.0712	0.0713	0.0662
江　苏	0.1164	0.1219	0.1146	0.1086	0.1254	0.1199	0.1224	0.1266
浙　江	0.1054	0.1076	0.1072	0.1063	0.1228	0.1103	0.1143	0.1370
安　徽	0.1135	0.1109	0.1686	0.1583	0.1965	0.1443	0.1544	0.1593
福　建	0.1634	0.1127	0.1166	0.0903	0.1869	0.1790	0.1815	0.1599
江　西	0.1546	0.1629	0.1656	0.1452	0.1852	0.2198	0.2249	0.2568
山　东	0.2594	0.2481	0.2592	0.2601	0.2558	0.2197	0.2195	0.2164
河　南	0.2636	0.2487	0.2600	0.2670	0.2389	0.2069	0.2215	0.2153
湖　北	0.1877	0.1924	0.2094	0.2003	0.2291	0.2163	0.2798	0.2666
湖　南	0.2614	0.2626	0.2505	0.2750	0.3424	0.3162	0.3328	0.3486
广　东	0.1653	0.1583	0.1696	0.1738	0.2945	0.2547	0.2392	0.2572
广　西	0.1258	0.1251	0.1268	0.1267	0.1457	0.1510	0.1326	0.1736
海　南	0.0827	0.0932	0.0841	0.0897	0.0902	0.0922	0.0894	0.0866
重　庆	0.1982	0.1952	0.1984	0.1789	0.2272	0.2169	0.2114	0.3010
四　川	0.2049	0.1491	0.1384	0.1178	0.3031	0.3655	0.4361	0.3376
贵　州	0.1652	0.1484	0.2347	0.2225	0.3125	0.3304	0.6218	0.2396
云　南	0.4146	0.3747	0.3637	0.3008	0.3848	0.3557	0.3110	0.3231
西　藏	0.1388	0.1430	0.1538	0.1476	0.1411	0.1274	0.1372	0.1193
陕　西	0.2500	0.2424	0.2560	0.2384	0.2782	0.2310	0.2553	0.2727
甘　肃	0.2384	0.2432	0.2468	0.2589	0.3184	0.3453	0.3603	0.3700
青　海	0.2024	0.1794	0.1660	0.1737	0.1597	0.1972	0.2156	0.2148
宁　夏	0.1316	0.1339	0.1264	0.1176	0.1243	0.1124	0.1198	0.1301
新　疆	0.2737	0.2885	0.2633	0.2475	0.3254	0.3166	0.3853	0.3132

3. 生态林业受重视程度指数

地 区	2011 年	2012 年	2013 年	2014 年	2015 年	2016 年	2017 年	2018 年
全国总体	8.2817	8.5003	9.0416	8.9990	8.5222	9.2935	7.9050	6.7184
北 京	0.2391	0.2823	0.2963	0.1929	0.2082	0.5087	0.2522	0.3495
天 津	1.7540	1.6814	1.3667	0.6769	1.1195	1.0638	0.9268	0.4069
河 北	0.2367	0.2246	0.2574	0.2570	0.2530	0.2477	0.2540	0.2200
山 西	0.3190	0.3146	0.2586	0.3178	0.2743	0.2678	0.2593	0.2161
内 蒙 古	0.0827	0.0928	0.1076	0.1170	0.1209	0.1359	0.1417	0.1460
辽 宁	0.1702	0.1820	0.1748	0.1437	0.1719	0.1441	0.1297	0.1322
吉 林	0.1195	0.1210	0.1026	0.1539	0.1363	0.1602	0.1511	0.1780
黑 龙 江	0.1566	0.1403	0.1427	0.1321	0.1548	0.1457	0.4224	0.1763
上 海	0.6986	0.7445	0.6182	1.1132	0.7457	1.0471	0.7639	0.8158
江 苏	0.4088	0.3930	0.3621	0.2171	0.2126	0.1590	0.1338	0.1714
浙 江	0.1090	0.1143	0.1321	0.1164	0.1054	0.0905	0.0911	0.0687
安 徽	0.2062	0.2628	0.2685	0.3432	0.1973	0.2513	0.2638	0.2766
福 建	0.1025	0.1070	0.3816	0.1119	0.1159	0.1252	0.0892	0.1044
江 西	0.1250	0.1051	0.1019	0.0902	0.1317	0.1288	0.0994	0.1030
山 东	0.3899	0.3151	0.3161	0.3126	0.2853	0.2622	0.1528	0.1393
河 南	0.2258	0.2337	0.2039	0.2949	0.2954	0.1992	0.2132	0.2605
湖 北	0.1545	0.1694	0.1440	0.1192	0.1079	0.0914	0.0832	0.1024
湖 南	0.2114	0.1772	0.1330	0.1502	0.1565	0.1176	0.0884	0.1203
广 东	0.0900	0.0991	0.1234	0.1307	0.1570	0.1024	0.0900	0.0946
广 西	1.0913	1.3110	2.0068	2.4966	1.9780	2.4536	1.7959	0.7372
海 南	0.0690	0.0705	0.1122	0.0869	0.0739	0.0857	0.0878	0.1010
重 庆	0.1861	0.2056	0.1923	0.1089	0.1080	0.1037	0.1066	0.1186
四 川	0.0922	0.1047	0.1170	0.0918	0.0881	0.0886	0.0991	0.1244
贵 州	0.1589	0.1554	0.1502	0.1678	0.1853	0.1943	0.1323	0.1423
云 南	0.0983	0.1223	0.1265	0.1590	0.1193	0.1951	0.2101	0.2261
西 藏	0.1531	0.1271	0.1272	0.0978	0.1956	0.1173	0.0284	0.0827
陕 西	0.1273	0.1538	0.1261	0.1252	0.1160	0.1346	0.1302	0.1388
甘 肃	0.1068	0.1024	0.0984	0.0932	0.1022	0.1108	0.1088	0.1081
青 海	0.1209	0.1149	0.1437	0.1346	0.1218	0.1146	0.0973	0.1112
宁 夏	0.1781	0.1703	0.2252	0.3242	0.3626	0.3241	0.3696	0.6207
新 疆	0.1003	0.1021	0.1247	0.1223	0.1220	0.1226	0.1329	0.1255

4. 林业产出指数

地　　区	2011 年	2012 年	2013 年	2014 年	2015 年	2016 年	2017 年	2018 年
全国总体	3.7164	6.2441	7.4271	8.9701	11.3181	12.8803	15.6403	17.9235
北　　京	0.0339	0.0344	0.0189	0.0353	0.0310	0.0508	0.0293	0.0317
天　　津	0.0022	0.0018	0.0018	0.0022	0.0026	0.0030	0.0034	0.0013
河　　北	0.0467	0.0643	0.0879	0.0987	0.1226	0.1229	0.1301	0.1435
山　　西	0.0131	0.0160	0.0203	0.0234	0.0285	0.0307	0.0500	0.0521
内 蒙 古	0.0196	0.0227	0.0242	0.0352	0.0490	0.0743	0.0875	0.1180
辽　　宁	0.1465	0.2458	0.2409	0.2890	0.2579	0.2065	0.2225	0.2083
吉　　林	0.0938	0.1019	0.1162	0.1267	0.1614	0.1779	0.1917	0.1934
黑 龙 江	0.0844	0.0969	0.1179	0.1287	0.1530	0.1727	0.1885	0.2135
上　　海	0.0116	0.0120	0.0127	0.0127	0.0311	0.0293	0.0225	0.0230
江　　苏	0.2078	0.3140	0.3552	0.5408	0.4495	0.4976	0.5800	0.6994
浙　　江	0.3050	0.3768	0.4639	0.5440	0.7635	1.0006	1.2067	1.4972
安　　徽	0.1637	0.3595	0.3697	0.4304	0.6076	0.7836	0.9085	1.0659
福　　建	0.1483	0.2155	0.2754	0.2733	0.3078	0.4751	0.4518	1.3271
江　　西	0.3169	0.6089	0.8252	0.5106	0.9555	1.0446	1.5486	1.5982
山　　东	0.2343	0.3911	0.4693	0.5471	0.6463	0.6678	0.7127	0.7146
河　　南	0.0919	0.1467	0.1308	0.1738	0.2098	0.2504	0.2909	0.3242
湖　　北	0.1441	0.2055	0.3354	0.4029	0.6429	0.9420	1.1749	1.3693
湖　　南	0.5583	0.7095	0.8783	1.0595	1.2368	1.0328	1.2646	1.3841
广　　东	0.1693	1.0342	1.0711	1.5895	1.5940	1.8446	2.0535	2.0372
广　　西	0.0870	0.1292	0.3105	0.5257	0.4476	0.5129	0.6088	0.7025
海　　南	0.0234	0.0319	0.0363	0.0551	0.0608	0.0541	0.0714	0.0713
重　　庆	0.0553	0.0752	0.0909	0.1098	0.1510	0.1896	0.2844	0.3679
四　　川	0.5265	0.6834	0.6980	0.8361	1.0057	1.1375	1.2547	1.4084
贵　　州	0.1128	0.1725	0.2238	0.3303	0.9860	1.0979	1.6440	1.7239
云　　南	0.0419	0.0590	0.0829	0.1016	0.1249	0.1437	0.1906	0.2332
西　　藏	0.0013	0.0015	0.0015	0.0031	0.0036	0.0040	0.0040	0.0102
陕　　西	0.0210	0.0490	0.0617	0.0783	0.1174	0.1300	0.1819	0.1736
甘　　肃	0.0092	0.0129	0.0198	0.0231	0.0275	0.0344	0.0369	0.0651
青　　海	0.0006	0.0015	0.0016	0.0019	0.0026	0.0025	0.0083	0.0101
宁　　夏	0.0125	0.0177	0.0207	0.0277	0.0551	0.0614	0.0540	0.0411
新　　疆	0.0332	0.0529	0.0644	0.0537	0.0853	0.1052	0.1839	0.1142

5. 林业产出效率指数

地 区	2011 年	2012 年	2013 年	2014 年	2015 年	2016 年	2017 年	2018 年
全国总体	6.5486	7.5893	8.7664	9.8457	10.7466	11.6878	13.3313	14.5536
北　　京	0.4356	0.2567	0.1810	0.2446	0.3207	0.4036	0.3205	0.3159
天　　津	0.1420	0.1397	0.1209	0.1645	0.1476	0.1606	0.1466	0.1699
河　　北	0.1349	0.1719	0.1731	0.1622	0.1543	0.1600	0.1610	0.1750
山　　西	0.1456	0.1339	0.1420	0.1447	0.1524	0.1611	0.1788	0.2023
内 蒙 古	0.2131	0.2371	0.2607	0.3028	0.3217	0.3155	0.3156	0.3623
辽　　宁	0.1978	0.3027	0.2687	0.3003	0.2479	0.2443	0.2513	0.2438
吉　　林	0.2478	0.2682	0.2976	0.2714	0.3366	0.3834	0.2732	0.2827
黑 龙 江	0.2460	0.2305	0.4059	0.3619	0.4405	0.6088	0.6624	0.6209
上　　海	0.1290	0.1059	0.1213	0.1834	0.1214	0.1376	0.1209	0.1593
江　　苏	0.1985	0.2070	0.2112	0.2312	0.2080	0.2147	0.2353	0.2440
浙　　江	0.2301	0.7056	0.7007	0.8757	1.3914	1.2968	1.2989	1.7340
安　　徽	0.2459	0.3051	0.3098	0.3876	0.4117	0.4653	0.4848	0.5742
福　　建	0.1604	0.1540	0.4005	0.3658	0.4286	0.4953	0.4562	0.5671
江　　西	0.3168	0.3270	0.4024	0.3769	0.3984	0.4202	1.5012	1.5164
山　　东	0.3080	0.3079	0.3672	0.3641	0.3594	0.3602	0.3572	0.3535
河　　南	0.1756	0.1841	0.2344	0.3048	0.3246	0.3582	0.4074	0.4113
湖　　北	0.2659	0.2462	0.2686	0.2735	0.3722	0.5161	0.6270	0.7068
湖　　南	0.3031	0.3110	0.3874	0.4561	0.4977	0.5750	0.6068	0.6752
广　　东	0.1248	0.2711	0.2592	0.2963	0.2845	0.3196	0.3450	0.4458
广　　西	0.3262	0.4048	0.5185	0.6247	0.6837	0.7966	0.8724	1.0154
海　　南	0.1007	0.0868	0.1809	0.1594	0.1682	0.1695	0.1844	0.1461
重　　庆	0.2489	0.2819	0.3023	0.3050	0.3370	0.3523	0.4082	0.4500
四　　川	0.3079	0.4030	0.6871	0.7351	0.8000	0.8355	0.8579	0.8751
贵　　州	0.3393	0.3938	0.4332	0.4989	0.4922	0.5551	0.6693	0.6487
云　　南	0.1305	0.1602	0.2298	0.2650	0.2931	0.2748	0.2860	0.2985
西　　藏	0.1008	0.0761	0.1218	0.3443	0.1641	0.1618	0.1550	0.2421
陕　　西	0.1497	0.2044	0.1866	0.1932	0.2262	0.2217	0.2339	0.2675
甘　　肃	0.1553	0.1610	0.1665	0.1813	0.1688	0.1948	0.2122	0.2677
青　　海	0.1395	0.2080	0.0991	0.1188	0.1089	0.1066	0.2508	0.1453
宁　　夏	0.1851	0.1860	0.1669	0.2126	0.2340	0.2703	0.3033	0.2363
新　　疆	0.1438	0.1576	0.1613	0.1396	0.1507	0.1524	0.1478	0.2004

（三）中国31个省（区、市）生态林业重要二级发展指数

1. 森林碳汇量（估算值）

地 区	2011年	2012年	2013年	2014年	2015年	2016年	2017年	2018年
全国总体	30.91	30.91	33.24	33.24	33.24	33.24	33.24	35.46
北 京	0.03	0.03	0.03	0.03	0.03	0.03	0.03	0.04
天 津	0.01	0.01	0.01	0.01	0.01	0.01	0.01	0.01
河 北	0.25	0.25	0.26	0.26	0.26	0.26	0.26	0.30
山 西	0.18	0.18	0.24	0.24	0.24	0.24	0.24	0.27
内 蒙 古	3.40	3.40	3.57	3.57	3.57	3.57	3.57	3.75
辽 宁	2.05	2.05	2.23	2.23	2.23	2.23	2.23	2.29
吉 林	3.95	3.95	4.09	4.09	4.09	4.09	4.09	4.21
黑 龙 江	0.45	0.45	0.46	0.46	0.46	0.46	0.46	0.47
上 海	1.14	1.14	1.30	1.30	1.30	1.30	1.30	1.69
江 苏	0.58	0.58	0.88	0.88	0.88	0.88	0.88	0.84
浙 江	0.17	0.17	0.18	0.18	0.18	0.18	0.18	0.18
安 徽	0.36	0.36	0.38	0.38	0.38	0.38	0.38	0.40
福 建	0.60	0.60	0.63	0.63	0.63	0.63	0.63	0.64
江 西	0.65	0.65	0.67	0.67	0.67	0.67	0.67	0.69
山 东	0.81	0.81	0.82	0.82	0.82	0.82	0.82	0.85
河 南	1.02	1.02	1.09	1.09	1.09	1.09	1.09	1.23
湖 北	0.17	0.17	0.21	0.21	0.21	0.21	0.21	0.22
湖 南	0.28	0.28	0.30	0.30	0.30	0.30	0.30	0.31
广 东	3.39	3.39	3.51	3.51	3.51	3.51	3.51	3.67
广 西	0.58	0.58	0.63	0.63	0.63	0.63	0.63	0.67
海 南	3.78	3.78	4.03	4.03	4.03	4.03	4.03	4.18
重 庆	4.38	4.38	4.83	4.83	4.83	4.83	4.83	5.41
四 川	1.04	1.04	1.07	1.07	1.07	1.07	1.07	1.15
贵 州	0.41	0.41	0.49	0.49	0.49	0.49	0.49	0.57
云 南	0.09	0.09	0.10	0.10	0.10	0.10	0.10	0.11
西 藏	0.01	0.01	0.01	0.01	0.01	0.01	0.01	0.02
陕 西	0.63	0.63	0.70	0.70	0.70	0.70	0.70	0.72
甘 肃	0.03	0.03	0.03	0.03	0.03	0.03	0.03	0.03
青 海	0.01	0.01	0.01	0.01	0.01	0.01	0.01	0.01
宁 夏	0.22	0.22	0.26	0.26	0.26	0.26	0.26	0.28
新 疆	0.22	0.22	0.24	0.24	0.24	0.24	0.24	0.27

注：为便于查阅碳汇量发展指数表格数据为原始数据×100。

2. 自然保护区建设指数

地 区	2011 年	2012 年	2013 年	2014 年	2015 年	2016 年	2017 年	2018 年
全国总体	1.2362	1.2421	1.2882	1.2984	1.3270	1.3326	1.3150	1.3150
北 京	0.0087	0.0087	0.0080	0.0064	0.0080	0.0079	0.0062	0.0062
天 津	0.0029	0.0027	0.0026	0.0039	0.0045	0.0045	0.0041	0.0041
河 北	0.0159	0.0153	0.0160	0.0180	0.0164	0.0177	0.0207	0.0207
山 西	0.0203	0.0206	0.0212	0.0201	0.0206	0.0209	0.0221	0.0221
内 蒙 古	0.0830	0.0826	0.0825	0.0813	0.0818	0.0779	0.0765	0.0765
辽 宁	0.0310	0.0332	0.0311	0.0314	0.0317	0.0299	0.0296	0.0296
吉 林	0.0255	0.0248	0.0307	0.0320	0.0328	0.0303	0.0304	0.0304
黑 龙 江	0.0715	0.0688	0.0697	0.0702	0.0542	0.0561	0.0764	0.0764
上 海	0.0016	0.0062	0.0026	0.0029	0.0019	0.0038	0.0038	0.0038
江 苏	0.0086	0.0086	0.0151	0.0130	0.0123	0.0109	0.0098	0.0098
浙 江	0.0192	0.0161	0.0167	0.0177	0.0174	0.0175	0.0183	0.0183
安 徽	0.0278	0.0268	0.0195	0.0206	0.0297	0.0299	0.0276	0.0276
福 建	0.0309	0.0324	0.0324	0.0312	0.0259	0.0325	0.0325	0.0325
江 西	0.0753	0.0780	0.0707	0.0673	0.0723	0.0627	0.0643	0.0643
山 东	0.0387	0.0386	0.0393	0.0320	0.0516	0.0484	0.0363	0.0363
河 南	0.0210	0.0252	0.0253	0.0274	0.0237	0.0241	0.0240	0.0240
湖 北	0.0297	0.0301	0.0341	0.0351	0.0366	0.0363	0.0377	0.0377
湖 南	0.0675	0.0657	0.0666	0.0795	0.0791	0.0814	0.0782	0.0782
广 东	0.0677	0.0677	0.0680	0.0686	0.0684	0.0732	0.0729	0.0729
广 西	0.0320	0.0338	0.0323	0.0338	0.0361	0.0336	0.0325	0.0325
海 南	0.0087	0.0087	0.0087	0.0093	0.0109	0.0096	0.0105	0.0105
重 庆	0.0172	0.0191	0.0193	0.0206	0.0186	0.0275	0.0289	0.0289
四 川	0.0679	0.0679	0.0660	0.0717	0.0695	0.0677	0.0762	0.0762
贵 州	0.0383	0.0383	0.0832	0.0831	0.0829	0.0833	0.0320	0.0320
云 南	0.0600	0.0448	0.0475	0.0477	0.0633	0.0615	0.0707	0.0707
西 藏	0.1513	0.1508	0.1510	0.1508	0.1508	0.1508	0.1556	0.1556
陕 西	0.0310	0.0347	0.0333	0.0328	0.0304	0.0287	0.0321	0.0321
甘 肃	0.0485	0.0566	0.0573	0.0578	0.0568	0.0550	0.0561	0.0561
青 海	0.0769	0.0769	0.0765	0.0752	0.0774	0.0769	0.0769	0.0769
宁 夏	0.0133	0.0134	0.0156	0.0107	0.0111	0.0143	0.0148	0.0148
新 疆	0.0446	0.0453	0.0456	0.0463	0.0505	0.0575	0.0571	0.0571

3. 林业全要素生产率（索洛残差法估算）

地　　区	2011 年	2012 年	2013 年	2014 年	2015 年	2016 年	2017 年	2018 年
全国总体	3.1617	2.9878	3.0539	3.2011	2.6636	2.7837	2.8668	3.2020
北　　京	0.1172	0.1068	0.1010	0.1058	0.0753	0.0930	0.1010	0.1140
天　　津	0.0817	0.0996	0.0713	0.1189	0.0917	0.1106	0.0785	0.1646
河　　北	0.0963	0.1092	0.0973	0.0909	0.0745	0.0835	0.0845	0.0920
山　　西	0.1050	0.0953	0.0938	0.0974	0.0807	0.0915	0.0888	0.0924
内 蒙 古	0.0769	0.0810	0.0911	0.1100	0.0871	0.0871	0.0864	0.1023
辽　　宁	0.1004	0.0926	0.0926	0.0966	0.0699	0.0618	0.0875	0.1000
吉　　林	0.0992	0.0864	0.0940	0.0846	0.0833	0.0869	0.0727	0.0846
黑 龙 江	0.1047	0.0746	0.0996	0.0845	0.0722	0.0847	0.0797	0.0925
上　　海	0.1066	0.0728	0.0890	0.1481	0.0775	0.0981	0.0635	0.1039
江　　苏	0.1193	0.0967	0.0918	0.1068	0.0869	0.0819	0.0910	0.0953
浙　　江	0.1260	0.0956	0.0940	0.1017	0.0908	0.0983	0.0939	0.1097
安　　徽	0.1013	0.1075	0.0760	0.1059	0.0798	0.0974	0.0799	0.1307
福　　建	0.1337	0.0857	0.2066	0.0531	0.0900	0.0951	0.0905	0.1216
江　　西	0.0855	0.0882	0.0935	0.0900	0.0889	0.0805	0.0910	0.0983
山　　东	0.1247	0.1158	0.1056	0.0895	0.0846	0.0884	0.0831	0.1056
河　　南	0.0964	0.0860	0.0943	0.0926	0.0876	0.0817	0.0882	0.1258
湖　　北	0.0950	0.0900	0.1033	0.0720	0.1000	0.1047	0.0917	0.1133
湖　　南	0.1132	0.0788	0.0942	0.0912	0.0722	0.0978	0.0897	0.1017
广　　东	0.0970	0.1052	0.0885	0.1077	0.0878	0.0861	0.0794	0.1030
广　　西	0.1029	0.0989	0.1103	0.0998	0.0804	0.0824	0.0886	0.1087
海　　南	0.0796	0.0441	0.0967	0.1003	0.1017	0.1058	0.1084	0.0754
重　　庆	0.1012	0.1067	0.0994	0.0954	0.1088	0.1115	0.1142	0.1347
四　　川	0.0859	0.0905	0.0898	0.0880	0.0826	0.0887	0.0872	0.0956
贵　　州	0.1084	0.1018	0.1072	0.1029	0.0850	0.1044	0.1610	0.0978
云　　南	0.0899	0.0975	0.1033	0.0940	0.0802	0.0781	0.0815	0.0873
西　　藏	0.0898	0.0604	0.0910	0.2701	0.0865	0.0823	0.0808	0.1009
陕　　西	0.0919	0.1218	0.0967	0.0970	0.0916	0.0865	0.0934	0.1159
甘　　肃	0.0891	0.0899	0.0991	0.0960	0.0840	0.0807	0.0952	0.0928
青　　海	0.1271	0.2008	0.0878	0.1072	0.0954	0.0934	0.1501	0.0402
宁　　夏	0.1183	0.1080	0.0864	0.1026	0.0908	0.0663	0.1113	0.0814
新　　疆	0.0974	0.0996	0.1093	0.1003	0.0959	0.0944	0.0743	0.1201

教 育 篇

Education Topics

B.2

青少年参与生态文明建设成效研究

姚 莉　铁 铮　郭一帆　修慧爽　李 松*

摘　要：　青少年既是生态文明教育的对象，又是生态文明建设的生力军，也是生态文明建设成果的受益人。培养青少年对于生态文明建设的理解、认知和实践能力，既是倡导公众参与生态文明建设的当务之急，也是实现美丽中国的必行之路。学校、政府、社会组织持续开展生态文明建设，推动了生态环境改善，提升了自身社会影响力，贡献了生态科研智慧。最后，从四个层面提出青少年参与生态文明建设的建议。

* 姚莉，北京林业大学团委副书记、副研究员，研究方向为青年工作、生态旅游、自然保护区学；铁铮，博士，北京林业大学文化与自然遗产研究院院长、教授，研究方向为生态文明、新闻传播、意识形态、文化遗产、党建思政；郭一帆，北京林业大学马克思主义学院硕士研究生，研究方向为生态哲学、生态马克思主义；修慧爽，北京林业大学马克思主义学院硕士研究生，研究方向为生态文明、生态马克思主义；李松，北京林业大学林学院硕士研究生，研究方向为生态服务、生态网络与景观格局。

关键词： 青少年 生态文明建设 公众参与 美丽中国

习近平总书记号召公众积极投身于生态文明建设的理论研究与实践，强调"要加强生态文明宣传教育，增强全民节约意识、环保意识、生态意识，营造爱护生态环境的良好风气"①，这有助于公众对于"山水林田湖是一个生命共同体"②的道德认识的形成。习总书记还强调理论要联系实际行动并呼吁人们将其内化于心："道不可坐论，德不能空谈。于实处用力，从知行合一上下功夫，核心价值观才能内化为人们的精神追求，外化为人们的自觉行动。"③ 更为关键的是习近平总书记提出，广大青少年是生态文明建设的生力军。"今天，新时代中国青年处在中华民族发展的最好时期，既面临着难得的建功立业的人生机遇，也面临着'天将降大任于斯人也'的时代使命"④，为此，习总书记呼吁青年"得其大者兼其小"，把人生融入国家和民族事业之中。积极主动地参与生态文明建设，是青少年响应党和国家的鼓励和号召，走在时代前列示范引领公众的重要内容。对青少年参与生态文明建设成效进行深入研究，有助于总结实践经验、查找薄弱环节，促进新时代青少年在生态文明建设中发挥更大的作用。

一 青少年参与生态文明建设的价值意蕴

少年智则国智，少年强则国强。作为国家、民族之未来与希望的青少

① 《习近平主持中共中央政治局第六次集体学习》，共产党员网，2013 年 5 月 25 日，http://news. 12371. cn/2013/05/25/ARTI1369427307693841. shtml。

② 《习近平：关于〈中共中央关于全面深化改革若干重大问题的决定〉的说明》，中国共产党新闻网，2013 年 11 月 16 日，http://cpc. people. com. cn/n/2013/1116/c64094 - 23561783 - 6. html。

③ 《学习他——"知行合一"的中国智慧》，央视网，2017 年 4 月 9 日，http://news. cctv. com/2017/04/09/ARTIU3aU1FY4i8KW1bA1hbNe170409. shtml。

④ 《习近平：让青春成为中华民族生气勃发、高歌猛进的持久风景》，"党建网"百家号，2019 年 5 月 1 日，https://baijiahao. baidu. com/s? id =1632264299884035306&wfr = spider&for = pc。

年，理应踊跃地投身到生态文明建设这项功在当代、利在千秋的伟大事业中来。青少年的积极参与对于中国生态文明建设和自身成长成才具有十分重要的意义，主要表现在以下方面。

（一）生态文明建设需要青少年广泛参与

1. 青少年价值观的塑造对生态文明建设未来发展具有决定性影响

青少年既是生态文明教育的对象，又是生态文明建设的生力军，也是生态文明建设成果的受益人。培养青少年对于生态文明建设的理解、认知和实践能力，既是倡导公众参与生态文明建设的当务之急，也是实现美丽中国的必行之路。

青少年的参与对于国家未来生态文明的建设及发展十分重要。广大青少年作为中国未来的主人，既拥有广阔的发展空间，也承载着新时代的使命，是推动生态文明建设强有力的后备军。中国公民生态文明素质及国家生态文明总体水平的提高依赖于青少年生态文明认识观及价值观的建立。因此，培养并引导青少年形成正确的生态文明哲学观、价值观以及生态消费观、科技观与安全感，是国家生态文明建设与发展的关键之所在。从生态文明知识、情感、意志、行为等层面出发，对青少年的生态文明价值观进行引导，使青少年能够将其内化于心，能够自觉约束自身的日常行为，而后外化于行，落实到符合生态价值取向的生活方式和消费方式中去，将十分有利于提高公民整体的生态文明素养。

2. 青少年责任感、创新力和蓬勃的活力对生态文明建设具有促进作用

习近平总书记在纪念五四运动 100 周年大会上指出："青年是整个社会力量中最积极、最有生气的力量。"[①] 他们具有强烈的责任感、较强的创新力和活力，学习能力强、发展潜力大，对新生事物有更强的敏锐性，学习探索激情满满，勇于打破旧的阻碍社会前进的消费观念和模式，具有较强的主

---

① 《习近平：让青春成为中华民族生气勃发、高歌猛进的持久风景》，"党建网"百家号，2019年 5 月 1 日，https：//baijiahao.baidu.com/s? id = 1632264299884035306&wfr = spider&for = pc。

体意识和参与意识，更容易在建设生态文明的道路上勇于担当，因此是生态文明建设的重要力量。通过提高青少年的使命意识、调动青少年的参与热情、积极适应新媒体时代青少年的特点、重视发挥青少年社团的作用等，将青少年有效组织、凝聚起来，帮助青少年发挥建设潜力，对生态文明建设具有重要的促进作用。

（二）青少年需要在生态文明建设中成长成才

青少年时期是人生中教育与实践、价值观塑造最关键的时期，而青少年参与生态文明建设有助于自身的全面发展并成长为社会主义建设者和接班人。

一方面，参与生态文明建设是促进青少年自身成长成才的客观要求，其目的在于提高青少年德智体美劳等综合素质。同时，这也是贯彻落实科学发展观、全面建成小康社会及和谐社会的必然要求。马克思强调，人的全面发展，是按照人应有的本质发展其完整独立的人格。而生态文明建设是当前解决人口危机、环境危机、粮食危机、能源危机等一系列生态问题的重要手段之一，因此青少年有这个责任去担负新时代的使命，做一名开拓者和奋斗者，投身于生态文明建设中而为美丽中国建设奉献出自己的一份力量。加强和改进青少年生态文明建设教育与实践已经成为当务之急。

另一方面，生态文明蕴含着一种对于人与自然之间关系的全新理解以及更生态化的交往方式的转变可能。这是人类文明价值的新发展，也是引导社会进步的目标旨向。生态文明的提出与建设，蕴含着对于旧的不适应社会可持续发展的价值理念的扬弃与更新，对于青少年全面成长与发展也有重要的促进作用。

二 青少年参与生态文明建设的基本现状

（一）国内青少年参与生态文明建设现状

中国很早就开始关注包括"沙尘暴""白色污染""重金属污染"等

在内的生态破坏问题。然而，囿于当时的经济发展水平，未能将生态建设的问题摆在前台。但随着经济水平的稳步提升，对于环境问题的处理及相应措施的出台越发引起了政府及公民的关注与思考。终于在 2004 年，生态文明建设正式启动。青少年始终是中国生态文明建设的重要参与者，是一股正在成长的鲜活力量，党和国家一直注重青少年参与生态文明建设的生动实践，在推动青少年践行生态文明理念、培育优秀队伍、拓展特色生态活动等方面取得了重大成就，扎实推进青少年生态文明建设向纵深发展。

习近平总书记强调，建设生态文明是中华民族永续发展的千年大计。[①] 把数亿名青少年动员起来，推动他们积极参与环境保护和生态文明建设，是中华民族永续发展的重要保障。目前中国已经组织开展了丰富多彩的青少年生态文明建设活动，如"保护母亲河""河小青""河小禹"等主题鲜明的特色活动，不断动员和鼓励着青少年争做美丽中国建设的参与者、践行者和宣传者。"保护母亲河"是政府主导、动员青少年参与生态文明建设实践的标志性活动。

如今，"保护母亲河"工程已经进入第 4 个阶段，正在继续组织动员广大青少年积极投身美丽中国建设，做生态文明建设的实践者和推动者。据不完全统计，截至 2017 年底，全国 31 个省（区、市）和新疆生产建设兵团共动员青少年 598.4 万人次参加"保护母亲河"相关活动。组织青少年植树 3600 万株、造林 44.6 万亩，近 300 万名青少年直接参与；募集资金及争取政府部门物资支持超过 2.1 亿元；举办各类主题宣传活动 6.8 万场次，参与青少年达 450 余万人次；开展各类环保组织培训活动 800 余场次，培训环保骨干 5.5 万人。多姿多彩的活动将青少年生态环保工作化整为零，由注重统一行动到突出百花齐放，不但吸引了青少年积极参与生态文明建设活动，还传播了绿色理念，打造了青少年参与生态文明建设的品

---

① 《中华民族永续发展的千年大计（深入学习贯彻习近平新时代中国特色社会主义思想）》，《人民日报》2020 年 6 月 30 日。

牌活动。

各省（区、市）也依照本地区特色有针对性地开展青少年生态环保实践活动，如北京、天津、河北、山西、内蒙古五省（区、市）集中开展青少年增绿减霾共同行动，江苏镇江举办"低碳镇江　蓝色WE来"地球一小时公益活动，河北、福建、广东等省份以"重走长征路""爱我'小黄'随手拍""文明骑行　青年表率"等为主题开展公益健走活动，等等。

自文明倡议实施以来，各级各类学校积极响应党和国家号召，引导学生树立生态文明理念，在营造绿色环保的文化氛围、进行生态文明宣传教育、组织学生开展特色生态活动等方面取得诸多显著的成效。以北京林业大学为例，2007年北京林业大学在政府有关部门指导和支持下联合全国多所高校发起的全国青少年绿色长征活动，便是动员广大青少年投身生态文明宣传教育和实践，以实际行动助力美丽中国建设的有效案例。从2007年开始的全国青少年绿色长征活动已经连续开展了10余年，赢得了社会的热烈反响，形成样板效应。贵州动员高校大学生参加"多彩贵州　青春三走"户外健跑活动。来自贵州师范大学、贵州医科大学、贵州轻工职业技术学院等8所高校的1000余名学生参加了绿色健跑活动。活动既丰富了校园大学生文体生活，也有助于其养成绿色、健康的生活方式。江西联合环保厅启动全省百所高校青年志愿者环保宣传实践活动，推出了暑期"三下乡"和"高校环境文化节"等品牌活动，并且已经通过线上、线下等形式开展了100场环保进社区、进家庭、进学校、进企业的主题活动。

总之，中国始终坚持立德与树人、理念育人与实践育人相结合，青少年是建设美丽中国不可或缺的重要力量和未来希望之所在。中国已经在组织动员广大青少年积极传播绿色理念、践行绿色活动、培育绿色队伍、养成健康生活方式等方面取得了重要成就和丰富经验，并将继续深化和拓展。

（二）国外青少年参与环境问题治理现状

20 世纪上半叶开始，全球性生态环境遭到破坏的问题屡次出现，生态系统的自我调节及修复能力面临挑战，人类更好地生存和发展受到威胁。这使得人类的生态文明意识也逐渐觉醒，并发现环境建设良好的国家普遍十分重视青少年环保意识的培养。

在 20 世纪 40 年代，以美国为首的大多数发达国家就已经发现了工业发展所引发的诸多生态环境问题，开启了关于生态环境保护的建设。国外在关于青少年学生的环境建设方面突出的做法主要有重视环境教育课程多样性的开发、开展户外教学实践活动、颁布相应的法律法规等。比如，美国主要通过完善生态教育立法以保证青少年环境建设及教育的有序进行。国家义务教育阶段的教学大纲中明确有对于青少年的生态环保教育要求，制定好了专门的指导目标及教学模式，并辅以绿色学校计划、环保教育绿色奖项，开发体验式教学。瑞典是绿色学校计划建设的典范，学校里随处可见由学生自己设计和应用的垃圾分类设施、废水净化和有机废物积肥站、太阳能及风力发电装置等。德国致力于生态实践锻炼，学校极为重视组织青少年参加课外实践活动，让他们亲自到生态建设中心专门建立的户外环保基地中去接近生态、感受生态，并且通过参与家庭中的垃圾分类投身生态实践。同样注重生态实践活动的还有英国，大约 20 世纪 70 年代以后，英国开始建立环境教育建设基地，培养学生在基地等户外生态实践学习活动中开展实地考察及调研的能力，以便提高学生环保素养。日本则关注于培养团体之间的共同协作能力。印度的主要做法是加强生态俱乐部建设，且活动丰富，如学校对于环保知识竞赛及演讲的开设，以及呼吁学生对公众环保知识踊跃宣传；此外还带领学生实地调研生态恶劣的区域，以便提高他们的共情能力及责任意识；让学生参观野生动植物园，亲自体验植树，促进学生与大自然亲密接触。总之，这些各式各样的活动极大增加了学生参与生态文明建设的机会。①

---

① 董国静：《青少年学生生态文明行为培育研究》，硕士学位论文，华北电力大学，2015。

三 青少年参与生态文明建设的特点分析

（一）青少年参与生态文明建设的形式多样

1. 开展生态文明理念宣传

进行生态文明理念宣传是大、中、小学青少年参与生态文明建设的重要方式。中小学生在各级团委和学校的组织下，有序开展生态文明理念宣传工作，将勤俭节约意识、绿色环保意识带给街道和社区的居民们。这样的宣传工作既带动了全社会树立生态环保观念，养成绿色的生活习惯和消费习惯，也加强了中小学生自身对生态文明建设的认识。大学阶段的青少年有着丰富的理论知识和专业素养，能更好地宣传生态文明理念。许多高校有专门宣传生态文明理念的宣讲团，如北京航空航天大学的习近平新时代中国特色社会主义思想宣讲团、北京林业大学的"生态文明"博士生讲师团等。高校的宣讲团会集了来自各学院具有不同专业背景的学生，成员学历、理论素质高，有着深厚的文化底蕴和知识储备，更能胜任宣传生态文明理念的工作。宣讲团宣讲的内容丰富，主题设置多样化，包括花草园艺、垃圾分类、习近平生态文明思想等，涵盖了生活常识问题、社会热点新闻和理论知识。这些宣讲团依靠学校特色，发挥自身理论优势，正在成长为一支传播绿色文化、引领生态文明理念宣传不可忽视的队伍。

2. 投身生态文明建设实践

参与生态文明建设的实践活动是青少年身体力行并对环境和生态产生直接影响的主要方式。在现代价值观的熏陶下，从小就开始接受生态文明教育和理念感染的青少年思想更进步、环保意识更强烈，在污染治理、环境保护、植树造林等方面表现出更强烈的参与意愿和参与积极性。在日常生活中，他们能够自觉做到随手捡拾废弃物、垃圾分类投放、节约用水电等。除了日常生活中自发式的参与外，青少年还在中央和各地方有组织的动员和领导下，有序参与生态文明建设活动，比如，在长江、黄河等河流周围开展植树造林、河湖巡查、垃圾清理等。

3. 参与生态文明科学研究

青少年正处于学习和创造的关键期，他们才思敏捷，创新和动手能力强，一直活跃在科研活动的前沿，进行了一系列的生态文明科学研究。中小学的青少年们已经能够熟练地使用各种科学考察仪器，并测量诸如空气负离子、紫外线强度、湖水 pH 值、噪声分贝等数据。例如，"绿印计划——粤藏环保行动"的中学生科考团队，他们通过考察、调研、走访群众、组织相关讨论等活动，成功绘制了林芝地区环境绿地图。每一个青少年都从发现身边的"小问题"开始，策划一个"小课题"，再开展一次"小实验"或进行一次"小调查"，最后完成"小论文"。这些都是他们创作力和想象力的展现，也是他们参与生态文明科研活动的初步尝试。

（二）青少年参与生态文明建设的组织多元

1. 学校是青少年参与生态文明建设的主要阵地

学校是青少年主要的活动场所，也是青少年参与生态文明建设的主阵地。一方面，学校生态文明教育越来越丰富多彩，超出了照本宣科式的课堂知识讲述。现在很多学校提倡"将课堂搬进自然，或将自然请进课堂"。另一方面，学校还会根据学生们的爱好组建各类环保社团，如骑行社团、健走社团等，这些环保社团还会定期开展环保夏令营、绿色文化节等活动，丰富了青少年的课余生活和生态文明建设的参与方式。

2. 群团组织及政府有关部门是青少年参与生态文明建设的引导力量

引导青少年参与生态文明建设是群团组织及政府有关部门的重要工作之一，特别是共青团中央和各地方团委都积极组织和发起各类环保活动。由共青团倡议和组织的环保活动，有如下几个特征：第一，对象明确，主要针对青少年；第二，活动持续时间长，例如"保护母亲河"活动在 20 世纪 90年代发起，已经进行了多年；第三，规模大、号召力强，能够引起从中央到地方的积极响应，吸引青少年的广泛参与。政府部门也注重引导青少年作为重要力量之一参与到生态文明建设中，如水利部、国家林业和草原局、生态环境部等相关部门，也会通过微视频征集赛、环保知识竞赛、征文比赛等活动鼓励和号召青少年积极参与到生态文明和美丽中国建设中来。

3. 社会组织是青少年参与生态文明建设的桥梁纽带

致力于环保事业的 NGO 将动员青少年参与生态文明建设作为一项重要工作，他们通过特色活动不断调动青少年参与生态文明建设的积极性并激发他们丰富的绿色想象力和创造力，为培养"绿色儿童""绿色少年"做出了重要贡献。例如，"绿色和平'、"自然之友"、CYCAN 等环保组织在青少年垃圾减量教育、零废弃学校建设、零碳校园建设等方面已经取得重大进展和突破，走过了一段丰富而充满希望的历程。还有一些各类"基金""协会"，例如中国青少年发展基金会、广州环境可持续发展教育协会、北京市朝阳区青少年社会工作协会等社会组织，它们或者提供大量资金支持，或者赠送环保教育仪器和书籍等，为青少年参与生态文明建设提供了更多的机会和更广阔的平台。

四　青少年参与生态文明建设的显著成效

（一）参与路径多样

1. 直接参与和间接参与相结合

青少年参与生态文明建设的方式是多种多样的，依据产生的效果和对生态环境作用的不同，可分为直接参与和间接参与两种。直接参与主要包括参与保护各类湖泊河流、清理垃圾、植树造林等活动，这种参与方式的活动效果显著，能够对生态环境改善产生直接影响。间接参与包括各种生态文化创建、生态科考、公益募捐等活动，这些活动产生的效果在短时间内无法显现出来，往往要经过一系列过程的转换才能对生态环境改善起到明显的作用，但作为青少年参与生态文明建设的重要方式和系统组成部分，其作用和地位同样不可忽视。

2. 网络成为青少年参与生态文明建设的新热点

信息化时代，网络正在成为青少年参与生态文明建设的新热点和新阵地。随着互联网的普及化和大众化，青少年对网络的接触日渐增多。不少互联网公司以国家生态文明建设为契机，兼顾人们强身健体的现实需要，陆续推出了微信步数打卡、"悦动圈"、支付宝线上种树等活动。这些从网络空间里散发出的"绿色能量"正在照进现实，对生态环境保护产生积极影响。目前，通过朋友圈等动态更新自己的健走步数和查看排名逐渐成为青少年健康生活的新方式。网络空间的生态文明建设兼具娱乐性和公益性，它以青少年喜闻乐见的方式引导他们形成绿色、健康的生活习惯和行为方式，正在成为青少年参与生态文明建设的新热点。

（二）成果不断丰富

1. 有力提升社会影响力

青少年作为一个庞大的群体，正在成为公众参与生态文明建设不可忽视的一部分。青少年在学校组织、政府支持和家庭倡导下，参加各类生态文明建设活动，包括生态环保的实践、生态文化的创建和生态科技的创新。社会对青少年参与生态文明实践活动的认可度越来越高，人民网、中新网、澎湃新闻、搜狐网等多家主流媒体和各类自媒体平台都对相关活动进行过报道。通过中国知网平台检索"青少年""生态文明建设""河小青""河小禹"等关键词可以找到59篇相关记载和文献；通过百度搜索引擎搜索"青少年参与生态文明建设"可以找到相关报道995万个。青少年生态环保活动、绿色科技创新赛事、生态文艺晚会等，也吸引了公众的目光。可以说，青少年参与生态文明建设已经得到了社会的充分肯定和赞许。

2. 进一步丰富生态文化产品

生态文化产品是青少年参与生态文明建设活动的重要成果，是营造生态文化氛围的内容之一。各地区都会举办以"生态文明"为主题的书画大赛、生态文艺晚会、交响音乐会等活动，青少年在参与的过程中就形成了自己的生态文化产品。一些地方的团委和俱乐部还根据青少年的兴趣爱好，制作并邀请他们出演环保话剧，如北京东城区团委出品的《桃花源》《电池小七》等 12 部作品已经颇具盛名，在话剧圈和环保文化界有一定影响力。另外，花草牌、文明标语牌、绘画、手抄报、Flash 作品、低碳环保手工艺品、自然景观微拍视频作品等也是青少年自己设计和创造的生态文化产品，这体现着他们对美好生态环境的构想和向往。

3. 推动生态环境改善

青少年群体人多力量大，参与生态文明建设的热情和积极性高涨，通过有组织、有领导的参与，对生态环境的直接改善起到了积极的作用。例如，在云南已经建成了大片的青年林和多条青年路，这些都是青少年植树造林、努力维护道路干净整洁的成果；在湖南省的"河小青"项目中，青少年们开展巡河护河 6000 公里，发现问题、上报问题 1890 件，解决问题 1162 件。近年来，青少年参与的生态文明建设规模大、持续时间长、涉及人数多，可谓成果显著，对环境的影响也是重大的，尤其是对水土保持、荒漠化防治和生物多样性保护具有重要意义。可以说，在改善生态环境方面，每一个青少年都"小有可为"。

4. 贡献生态文明科研智慧

青少年具有绿色科技意识和绿色创新意识，为生态文明科研活动的开展注入了最鲜活的动力。青少年的生态文明科研成果"小"而精湛，有的是一个高含酸、高含铁的净化处理小发明，有的是一个自发电电动助力自行车的设计，有的是一份绿色调查报告或环境地图，这些都是青少年潜心研究、反复试验，实地考察、走访调研得出的成果，他们贡献的生态文明科研智慧对于相关问题的继续深入研究具有借鉴意义。在各大学举办的科技创新赛事中，具有重大意义的绿色科技成果也层出不穷。例如，青海大学举办了首届"校长杯"青少年绿色科技创新创业大赛，温差发电、汽车尾气温差风力发电、户外太阳能加热净水杯都是在这次比赛中涌现出的青少年绿色科技创新成果。

五　青少年参与生态文明建设的建议

（一）社会（经济和文化导向）层面

人是一切社会关系的总和，而青少年作为社会的组成部分，不可避免地会受到身边大环境的影响，并在社会氛围的影响下不自觉地模仿相应行为。而青少年时期又是人成长过程中各方面发展还不完善，三观没有健全，意志力、判断力比较薄弱的时期，因此，青少年在参与生态文明建设过程中也很容易被身边接触到的各种社会行为或在电视、网络、报纸中所宣传的生态文明相关知识所影响。

而当今社会还依然存在一些问题阻碍着青少年参与生态文明建设。一些企业因思维依然局限在工具理性的视野里，只能看到自然资源所带来的短期经济效益，忽视了破坏生态环境对于人类长远发展的不利影响。在这种背景下，乱砍滥伐、过度捕捞、随处排放污水及随意堆积生产生活垃圾等生态破坏现象依然存在。且因某些社会不良风气而导致在节假日旅游中容易出现乱扔垃圾、随地吐痰的行为。垃圾分类开展以来，还存在一些没有严格按照分类的要求就投放垃圾的行为，缺少严格的激励措施或惩罚措施。现有的对于垃圾分类的科普宣传还较为不足且浮于表面，公众只知道不要乱扔垃圾，却因缺乏对于垃圾分类深层次的追问与理解，如垃圾分类的原因、内在机制、如何分类以及这样分类所带来的价值，而无法将垃圾分类理论内化于心并最终付诸实践。最后，政府对于建立健全生态文明建设相关的法律法规的细化程度还不够，对于人力物力的投入还不够，政府在保障和推动青少年参与生态文明建设的同时还需细化阻碍生态文明建设的具体惩罚措施并健全追究制度。习近平总书记强调"要让制度成为刚性的约束和不可触碰的高压线"①，

---

① 韩辰、李飞：《思考 | 制度怎么成了"稻草人"?》，求是网，2019 年 12 月 6 日，http://www.qstheory.cn/zhuanqu/2019 – 12/06/c_ 1125315292. htm。

但现阶段保护生态环境的制度落实还达不到最严格的标准。存在的主要问题有制度创新的速度还不够快，制度执行的力度也还不够大，体现生态文明建设状况的指标也还未被完全纳入经济社会发展评价体系。

（二）学校（教育）层面

学校是青少年开展学习生活的主要阵地，也是青少年接受生态文明相关教育的最主要场所。学校对生态文明的重视程度以及对青少年参与生态文明建设的态度，对于青少年参与生态文明建设的效果至关重要。

但学校在生态文明教育体系的系统性上还存在问题，对青少年进行生态文明教育的模式还比较老旧且不够系统，生态复合型人才的培养亟须落实；学校对于青少年参与生态文明建设的关注与重视还不够，生态文明相关课程在整体课程体系中的比重还较低，生态文明教育内容不够丰富，因此未能将生态环保知识系统性地融入课程体系；师资力量以及师资队伍建设机制还不够健全，尤其是中小学及部分边远地区学校的教师生态文明素养程度以及师资雄厚程度有待提高，相关教师的待遇有待提高，对其进行的培训也有待加强。

（三）家庭（氛围及家长的生态文明素养等）层面

家庭层面对青少年学生的教育往往是潜移默化的。家庭是人生的第一所学校，家长身为青少年的启蒙老师，要给青少年讲好"人生第一课"，为孩子扣好人生第一颗扣子。因此，家长身上肩负了对于培养孩子的生态意识及规范孩子的生态行为的重要责任。然而，本应重视对于青少年生态文明观教育及引导的家庭层面，在促进青少年踊跃投身生态文明建设的过程中却还存在一些问题。由于代际关系，父母或其他家庭成员自身对于生态文明之内涵的理解还不够，向孩子科普生态环保知识的力度常常是不足的，因此未能给青少年营造出良好的家庭生态文明建设氛围；有些家庭成员在生态文明观念认知上存在误区、生态文明素养有待提高，甚至对于生态文明知识的掌握程度不如一些青少年中的先锋力量；还有些家长存在如浪费粮食、乱丢垃圾等不良行为，没能为青少年做好榜样。

（四）青少年自身（认知和行为）层面

青少年学生只有认识到生态文明建设的重要性，发挥主观能动性，积极主动地学习、实践，才能真正实现其积极参与生态文明建设的目标。然而青少年自身也存在生态文明价值观及行为表现方面的问题，具体体现在青少年知识、情感、意志及行为等层面上。在知识层面，青少年对生态常识了解不足，对生态文明内涵的理解不够深刻，对生态环境科技、伦理及法制知识的认识模糊；在情感层面，由于青少年对生态文明知识的认识不全面，无法深刻理解生态文明建设的重要性，也就相应地无法产生强烈的道德情感，存在生态文明道德感不稳定、生态文明建设的责任意识不明晰、生态约束力还不够的问题；在意志层面，青少年生态行为自觉性易受外界因素影响、意志力不稳定、自制力欠缺；在行为层面，存在依然出现浪费食物和水电的行为、没有注重从生活小事做起养成节约资源的习惯、参与环境保护的自觉性不强、参与实践活动的积极性不高以及主观能动性还未进一步发挥的问题。

参考文献

黄秀军、王剑、张培杭：《绿印在雪域高原　记绿印计划——粤藏环保行动》，《环境》2012 年第 6 期。

团湖南省委：《每一个青少年都可以是有为的"河小青"——"我是'河小青'·美丽湖南行"活动经验做法》，《中国共青团》2020 年第 1 期。

B.3
全国三亿青少年进森林
研学教育活动体系研究

秦国伟*

摘　要：　全国三亿青少年进森林研学教育活动体系是新时期建设生态文明、传承生态文化、开展生态文明教育的重要载体和重要抓手。本报告在阐述活动体系内涵和意义的基础上，充分把握中国开展全国三亿青少年进森林研学教育活动的现状，针对存在的研学教育市场主体鱼龙混杂、研学教育活动体系开发不够系统、研学教育人才匮乏、部分家长及教师研学教育理念滞后、研学教育评价体系不完善等问题，从顶层设计、推进举措和保障措施方面，提出要根据学生身心发展规律和教育教学规律，全方位提升全国三亿青少年进森林研学教育活动内涵和品质，建立一批全国三亿青少年进森林研学教育基地、营地，打造一批具有地区或行业示范性的自然教育和研学营地教育精品线路，形成布局合理、互联互通的研学教育网络，出台更多的政策，投入更多的资源，进一步完善自然研学的组织管理、基地建设、人才培养、安全保险等多方面的政策措施。

关键词：　青少年　森林　研学教育活动

---

* 秦国伟，博士，安徽省林业局机关团委书记，研究方向为生态经济与绿色发展。

一 引言

新冠肺炎疫情发生以来，青少年生态文明教育、自然教育的重要性日益凸显，没有"人与自然、人与世界的和谐"，人类终难以获得充分的自由和幸福，在全球趋于一体化的今天，让我们的孩子从小学会和自然和谐共处，尊重生命和其他个体，将成为中国青少年实践教育的重要内容。2020 年 6 月，全国关注森林活动组委会印发了《全国三亿青少年进森林研学教育活动方案》，提出要加快普及青少年生态文明教育，实施生态文明"进学校、进企业、进社区"三进战略，结合地区实际把全国三亿青少年进森林研学教育活动（以下简称"进森林研学教育活动"）纳入教学计划；将加快推进国家青少年自然教育绿色营地建设，每年发布一批"国家青少年自然教育绿色营地"名录，出台营地建设指导意见、发展规划等，健全营地准入和退出机制。依托区域内自然禀赋，打造精品研学教育线路。加快开发集社会主义核心价值观、中华传统文化和自然科普知识于一体的精品课程，开展"绿色中国自然大课堂"和"导师带我去穿越"等实践活动。构建产学研深度融合的自然教育创新体系，加强与企业、社会组织的交流合作，加强与港澳台地区的交流合作，开启生态文明和自然教育新篇章。

二 进森林研学教育活动的内涵、时代背景、
体系构成和意义

（一）进森林研学教育活动的内涵

研学旅行是一种将旅游活动与普及知识结合的学习形式，能够充分培养学生的观察、实践和探究能力，1970～1979 年由丹麦最先提出，在中国则出现于 1980 年后。国务院于 2013 年初印发的《国民旅游休闲纲要

（2013—2020 年）》中提到要推进中小学生研学旅行活动开展，"研学旅行"这一概念在官方文件中首次出现；时隔一年，2014 年颁布的《关于促进旅游业改革发展的若干意见》将"研学旅行"这一名词单独列出并进行阐述。

进森林研学教育活动坚持把青少年作为生态文明教育的主要对象，深入开展自然研学实践体验活动，让绿色发展理念根植于青少年心中，进而转化为情感认同和行为习惯。增强青少年爱护自然、保护环境的意识，崇尚自然，敬畏生命，坚持人与自然和谐共生。

（二）进森林研学教育活动的时代背景

当今世界的教育格局正在发生剧变，其中涉及学习方法、学习内容和学习空间的重大变革。过去，人们把教育简单理解为有计划、有意识、有目的和有组织的学习活动，长期以来，我们的学校教育中普遍存在认知与实践脱离、知与行分离的倾向，学生缺乏将理论付诸实践的、亲力亲为的"在场"机会和体验活动，形成有知识少体验、会做题不会解决问题、有生命没生活的教育尴尬局面。21 世纪初，经济合作与发展组织（OECD）率先提出了"核心素养"的结构模型。指出核心素养有三个方面——文化基础、自主发展和社会参与（见图 1），每个方面有两个核心素养，每个核心素养下面有三个基本要点。核心素养框架的提出，最重要的意义在于进一步重申了学校教育应该努力发展和培养学生哪些方面的素养。2014 年 3 月 30 日，中国在印发的《教育部关于全面深化课程改革落实立德树人根本任务的意见》中，正式提出了要加快"核心素养体系"建设。

研学教育活动按照课程主题可以划分为艺术类、科技类、语言类、文化类、自然类、其他类以及综合类研学旅行，各个主题各有侧重，亦有所交叉。其中，集聚参与性、趣味性和知识性的进森林研学教育活动凭借体验式学习、研究性学习和综合实践的有机统一，有望成为落实核心素养育人体系的重要方式。研学教育采用将研究性学习和旅行游玩相结合的方式，通过动植物地质科普教育、体能拓展训练、野外应急基本

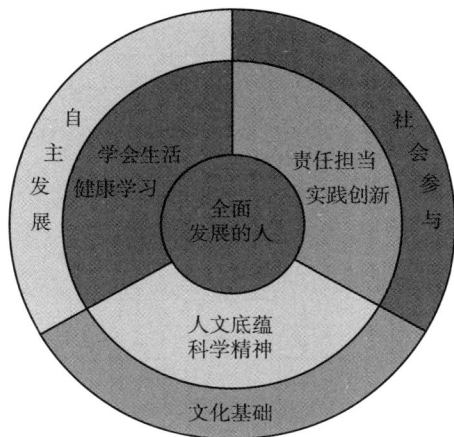

图1　全面发展的时代新人能力构成

知识学习以及野炊、露营等自然野外体验活动，推动学生德智体美劳全面发展，促进学生关键能力和必备品格的提升，培养学生的社会责任感、创新精神和实践能力。在进森林研学教育活动过程中，学生以集体旅行、集中食宿的方式亲近自然，在学习知识的同时领略了祖国的自然风光和人文景观，通过各类野外体验活动，增加与自然的亲近感，体验了集体生活方式，丰厚了人文底蕴，锻炼了体魄，提升了自理能力、实践能力和创新能力，培养了能够适应终身发展和社会发展需要的必备品格和关键能力。

（三）进森林研学教育活动的体系构成

在活动内容上，要按照《中小学综合实践活动课程指导纲要》要求，统筹考虑校内外各类资源的丰富内涵和教育价值，推动德、智、体、美、劳教育在校内外实践教育活动中相互融合、相互渗透。以"提升核心素养、培养学习兴趣、发展探究能力、引领生涯规划"为目标，构筑"上下协同、家校合作、多方联动、全员保障"的研学教育活动体系（见图2）。

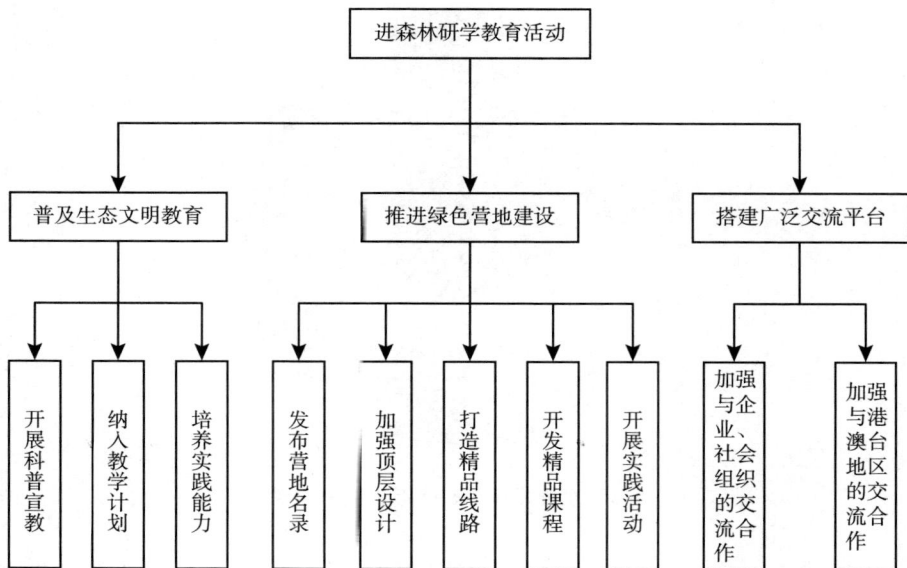

图2 进森林研学教育活动的体系构成

（四）进森林研学教育活动的意义

进森林研学教育活动深入贯彻习近平生态文明思想，旨在培养具有先进生态文明理念的青少年，培养中国生态文明和美丽中国的建设者和接班人。通过参加进森林研学教育活动，同学们可牢固树立热爱自然、保护生态的观念，进而推动全社会形成顺应自然、尊重自然、保护自然的价值观，敲响生态保护的警钟。自然教育要面向大众，更要面向青少年。研学营地教育的根本目的是实现素质教育，提倡教育与社会结合、与生活结合、与自然结合。

少年是祖国的未来，当代青少年的自然生态观决定了未来生态文明建设的走向。为使广大青少年受到更有效的自然教育，要引导青少年走进森林、草原、特色公园等优美的自然环境中，亲近和了解自然，关注和保护环境。进森林研学教育活动可以培养青少年的环保意识，让青少年置身于天然的生态课堂中，通过老师的引导，激发青少年对自然的亲近感和责任意识，为青少年提供了接受自然森林教育的机会，进而培养环保意识，并且在森林里和自然亲密接触可以增强青少年与生态环境的互动性。通过进森林研学教育活动让青少年从小树立生态意识，有助于中国未来的生态文明建设。回顾中国生态文明意识培育历程，尽管成绩突出，但仍面临生态问题关注度低、生态道德意识薄弱、生态建设参与不足、生态消费意识淡薄等诸多难题。

森林对人类生存的影响，虽然不像粮食和水那样，一旦缺少就会很快致命，但作为一种"调节剂"，森林在诸多方面影响着人类的生存环境。可以说，人类未来的命运和森林也是息息相关的。森林教育提供了一个在林地环境里亲身实践学习的机会，对青少年的全面发展具有重要意义。青少年森林游更容易实现教学多样性、科学性和趣味性。森林里丰富的动植物资源和优美的原生环境为多样化活动的开展提供了条件，在森林游的路线规划中，对植物学、动物学、地质学、药理学、湖泊水系等方面知识进行科学整合，可创新性地寓教于游。多样的旅游资源和体验也会大大激发青少年的好奇心，在研学教育学习过程中融入轻松有趣的活动往往更容易达到寓教于乐的目的。

三　进森林研学教育活动的发展现状、典型案例和存在的问题

（一）进森林研学教育活动的发展现状

虽然研学教育的实施还处于起步阶段，但关于研学项目实施的各种理论研究已经大量深入地展开。通过中国知网检索统计发现，截至2020年8月，已发表研学类的学术期刊约11万篇、学位论文400余篇、会议论文160余篇、媒体报道350余篇，出版图书100余本，研究覆盖面广且深入细致。研学类相关研究机构和联盟单位也相继成立，推动了研究工作的开展。早在2008年，华东地区青少年营地联盟在山东省青少年实践教育基地（山青世界）成立，成为国内首家青少年营地联盟。2018年，中国科技新闻学会、中国航天科技国际交流中心、中国科普作家协会、中科院合肥物质科学研究院等24家科技类企事业单位、社会团体共同发起成立了中国科普研学联盟，

推动科普类研学资源的共建共享、研学课程的深度开发和研学人才的培养。

中国地大物博，拥有丰富的自然景观和人文旅游资源。截至2018年10月，中国5A级旅游景区数量为259个；截至2019年7月，中国世界遗产已达55项，同时中国也是世界上拥有世界遗产类别最齐全的国家之一。众多的旅游资源为多样化研学旅行产品的开发打下了基础。

首先，研学市场容量庞大。国内中小学在校生超过两亿人，各中小学都在全力推进研学旅行发展，对以研学旅行为代表的体验式教学活动的需求日益增长。其次，研学旅行具有政策利好（见图3）。自2013年以来，国内关于研学旅行的政策发布日渐密集。多个政策出台提供了行业发展利好，而行业也正迎接不断扩充的市场。最后，研学旅行市场消费意愿也比较强烈。相比欧美发达国家，中国研学旅行市场起步较晚，但市场需求很旺盛，发展速度也比较快，随着研学旅行被纳入教学计划，其逐渐成为刚需，未来3~5年研学旅行的学校渗透率会迅速提升。

（二）进森林研学教育活动的典型案例

全国三亿青少年进森林研学教育活动启动仪式暨绿色中国行——走进钱江源国家公园主题公益活动于2019年8月5日在盛夏的钱江源国家公园举行，其提出了三点要求。一是遵循习近平生态文明思想，认真贯彻好、实施好相关活动，使广大青少年牢固树立"绿水青山就是金山银山"的理念。二是及时跟踪国内外青少年自然教育前沿成果，充分彰显中国旅游资源的生态特色，把中国最典型、最具传承价值的森林、草原、湿地、荒漠等生态系统作为教育活动的主阵地，科学设计研学的主题和路线，寓教于游，寓教于乐，使同学们在充分汲取自然生态知识的同时，不断提升生态意识。三是充分调动社会资源形成合力，推动公益活动持续健康发展。2020年6月，以印发《全国三亿青少年进森林研学教育活动方案》为标志，全国关注森林活动组委会青少年生态文明教育计划全面启动。当前生态文明教育在全国已呈蓬勃发展之势，进森林研学教育活动作为重要载体取得良好开局，其影响也日益显现，湖北、黑龙江、广东、吉林等地

2013年2月	国务院《国民休闲旅游纲要（2013—2020年）》提出"逐步推行中小学生研学旅行"的设想
2014年7月	教育部《中小学生赴境外研学旅行活动指南（试行）》指出要规范和引导中小学生赴境外研学旅行活动的组织与实施
2014年8月	国务院《关于促进旅游业改革发展的若干意见》首次明确"研学旅行"要纳入中小学生日常教育范畴
2015年8月	国务院《关于进一步促进旅游投资和消费的若干意见》强调建立健全研学旅行安全保障机制
2016年1月	国家旅游局《关于公布首批"中国研学旅游目的地"和"全国研学旅游示范基地"的通知》提出将研学旅游培育成为各地旅游发展创新的增长点
2016年3月	教育部《关于做好全国中小学研学试验区工作的通知》确定河北省邯郸市等10个试验区
2016年12月	教育部等11部门《关于推进中小学生研学旅行的意见》指出将研学旅行纳入中小学教育教学计划
2016年12月	国家旅游局《研学旅行服务规范》指定行业标准、规范服务流程、提升服务质量、引导和推动研学旅行健康发展
2017年7月	教育部办公厅《关于开展2017年中央专项彩票公益金支持中小学生研学实践教育项目推荐工作的通知》将在各地遴选命名一批基地和营地
2017年8月	教育部《中小学德育工作指南》指出要做到"活动有方案，行前有备案，应急有预案"
2017年8月	教育部《中小学综合实践活动课程指导纲要》规定中小学研学旅行课程时长和学分
2017年12月	教育部《关于公布第一批全国中小学生研学实践教育基地、营地名单的通知》公布204个基地单位、14个营地单位名单
2018年11月	教育部《关于公布2018年全国中小学生研学实践教育基地、营地名单的通知》公布377个基地单位、26个营地单位名单

图3　2013～2018年研学旅行相关政策回顾

正谋定思动，待疫情后全面实施。

2019年4月12日，全国中小学生研学实践教育基地揭牌暨合肥滨湖国家森林公园研学旅行（森林课堂）产品新闻发布会在合肥滨湖国家森林公园举行。合肥滨湖国家森林公园是中国第一个由退耕还林的人工林经过生态修复而建成的国家级森林公园，根据当地的自然条件和历史文化，创造出山水庐州、焦姥春色、四水归堂等景观。公园获颁"中国人居环境范例奖"，也被评为国家水利风景区、国家4A级旅游景区。本次发布会详细介绍了合肥滨湖国家森林公园的研学资源，目前开发设计的有关户外体能素质教育、自然教育、安全教育、传统文化教育等多种类型的研学课程以及后期研学团队进园研学的场地、课程预约机制。作为第二批全国中小学生研学实践教育基地，合肥滨湖国家森林公园始终秉持自然、野趣、生态的理念，以环境保护、科学普及为己任，充分利用自然与非遗资源，开展丰富的研学实践活动，着力在坚定理想信念、厚植爱国主义情怀、提高品德修养、增长知识见识、培养奋斗精神、提高综合素质上下功夫，促进学生德智体美劳全面发展。

（三）进森林研学教育活动存在的问题

研学教育市场主体鱼龙混杂。当前，从事研学教育服务的机构大体可分为学校、专业研学旅行机构、培训机构、留学中介、旅行类企业等。市场行业门槛低且缺乏行业标准，组织方良莠不齐，有的滥竽充数，不具备独立经营能力的机构挂靠其他企业开展研学。学校一般把研学教育活动直接委托给旅行社，对研学旅行的方案缺乏严格的监督与要求。

研学教育活动体系开发不够系统。当前，虽然很多学校把研学教育纳入综合实践课程体系之中，但缺乏对研学教育价值的准确认识，多数研学内容简单，游学结合不够紧密，"游大于学"，往往停留在"蜻蜓点水"式的参观浏览、合影留念等活动上，甚至呈现出"只游不学"的现象，研学者参与性、互动性不足。

研学教育人才匮乏。研学教育的导师不仅要有广阔的知识面，还要具备专业知识，甚至要求是相关领域的专业人才。但就目前来看，部分教师缺乏课程知识、专业技能较弱（知识不足、能力不足），教师数量极度匮乏，教师资质没有明确规定。大批量的学生接待，需要配备大量的研学辅导员，出于成本控制的原因，通常数十人配备一个辅导员老师。并且，研学辅导员也没有标准的统一培训，不具备辅导学生与辅助研学旅行的素质与能力。例如，个别机构研学教育师生之比为1:40，一个辅导员负责管理整个班的学生；个别机构配备研学辅导员时选择成人拓展培训师、大学生等，未经培训就立刻上岗。

部分家长及教师研学教育理念滞后。研学教育作为新兴事物，部分家长及教师还没有清楚地认识其意义，简单地认为开展研学教育会占用学生的在校学习时间，会影响学习成绩。由于有教学指标的压力，教师往往根据自己制定的教学目标和内容对学生提出很多要求，从而将本该轻松愉快的研学教育变成机械、急躁地完成教学计划的过程。另外，出于对学生安全及纪律的考虑，在研学过程中学生的自由活动会受到很多限制，可能会剥夺学生的自主权利，不能很好地发挥参与主体的自主性。

研学教育评价体系不完善。具体实践中研学教育往往会出现重探究轻反思、重活动轻评价的现象，这使研学旅行的效果大打折扣。由于目前相关评价体系不够完善和具体，研学旅行过程中学生的参与度和能力体现、线路的科学性、教育目标的达成度等关键点很难被有效反馈，很多学校在开展完研学教育后草草了事，有的甚至都不进行事后评价。教师被学生以往的行为表现所影响，对其评价带有主观色彩，从而使评价缺乏真实性和说服力。另外，研学活动的实际组织者一般是旅行社或其他第三方机构，政府及相关学校很难对研学教育过程性活动进行有效监督和效果评价。

四 完善进森林研学教育活动体系的
实践路径和创新举措

（一）进森林研学教育活动的顶层设计

在资金保障方面，森林体验教育作为一项社会公共事业，政府应保证对活动开展、基地建设的财政投入，并深化合作机制，引导多方主体参与到这一项目建设中。在管理规范方面，要立足进森林研学教育基地的管理规范，严格遵循准入标准、运行管理制度、经费使用制度、质量标准与评价标准、师资标准和收费标准等，用专业标准科学引领进森林研学教育活动开展，确保项目质量。相关部门要切实负责对承接教育活动业务的实施机构进行资质审核，并对其依法规范经营情况实施监督。在实践理念方面，进一步转变开发利用理念，借鉴国外成熟的森林体验教育基地建设经验，结合中国实际情况，开发有地方特色的森林体验教育基地。在建设科普场馆等相关设施时，应尽量借助现有地势地貌，充分利用自然材料，体现生态建设理念。设计要不落俗套，体验项目尽可能多元化，充分满足各类人群的体验需求。对已建成的森林体验教育基地，要适时更新和完善体验场馆及设施，让森林体验教育与时代接轨。

（二）进森林研学教育活动的推进举措

根据学生身心发展规律和教育教学规律，按照各学龄段特点，以课程研发、线路设计为核心，以森林基地或营地建设为抓手，全方位提升进森林研学教育活动内涵和品质。紧扣教育部颁发的《中小学德育工作指南》《中小学综合实践活动课程指导纲要》两个政策文件，结合实际统筹设计实施，将进森林研学教育活动融入学校实践课程，利用好森林基地或营地，有针对性地开展多种类型的教育活动。要进一步明确研学旅行的课程定位和课程目标，立足域情、校情、生情，结合校本课程、综合实践活动课程，因地制宜制订进森林研学教育活动课程整合计划。系统设计教育活动主题、精品线路、实践方法和成果呈现方式，引导学生通过体验、探究、参与、合作、讨论、调查、社会实践等多种方式，在丰富的、多元化的实践课程中学习、成长。要尽快建立研学教育活动课程的评价体系，对研学教育活动全过程进行监督，对研学教育活动中遇到的各种问题进行反馈和改进。

（三）进森林研学教育活动的保障措施

除了加强研学旅行管理服务的标准化，提高相关保障机制的专业化水平也十分必要，完善研学教育保障机制的相关建议见图4。

加强对企业开展进森林研学教育活动的全过程监控和管理，将课程开发列入研学旅行质量监控范围，有效监控研学旅行全过程中的主题、步骤、方制定研学旅游活动方案和安全保障方案，做到"活动有方案，行前有备案，应急有预案"

建立健全研学旅行安全预警和应急体系，建立包括旅行意外保险、研学专项保险在内的安全和应急综合保障体系

出台研学旅行学生意外事故处理方面的法律规章，明确交通、旅游、公安、学校、教育主管部门等各方安全责任

完善安全保障机制

研学教育保障机制的专业化

构建经费筹措机制

进一步加大政府财政投入力度，采取购买服务、项目补贴、定向资助、以奖代补等多种形式，支持研学实践活动开展，并坚持公益性原则，优先到公益性基地开展

加大对边远农村地区学生和家庭经济困难学生的资助力度，引导研学机构为建档立卡家庭减免费用或提供补助

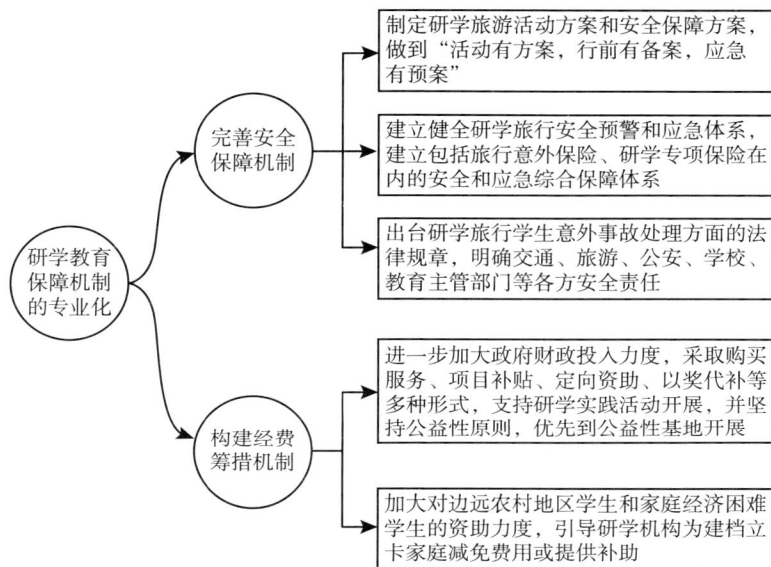

图4　完善研学教育保障机制的相关建议

法、实施、效果，推动政府、学校和社会对研学旅行基地（营地）的课程设置、师资队伍、教育质量和效果等进行督查评价。在考核评价上，要将学生参加研学教育活动情况、满意度、社会评价、资金使用效益等作为重要评价指标，直接与下一年度项目资金挂钩。加强对第三方提供研学服务产品的评估，特别是要加强对旅行社开展研学教育活动的全过程监控和管理，对其资质、服务质量和社会效益等进行督查，并建立黑名单制度。使中小学生能安全、系统、科学、有趣地进行研学实践，促进学生德智体美劳全面发展。

参考文献

王晓燕：《中小学生研学旅行政策的核心要义》，《中国出版传媒商报》2019年1月22日。

耿国彪：《我国将开展三亿青少年进森林研学活动》，《绿色中国》2020年第13期。

《走进森林　让大自然成为青少年的课堂》，《绿色中国》2019 年第 18 期。

崔英方：《研学旅行发展现状及建议探究》，《江苏商论》2020 年第 3 期。

王磊、刘志科：《"绿色中国行——走进钱江源国家公园"大型主题公益活动正式启动》，《衢州日报》2019 年 8 月 6 日。

华之：《全国三亿青少年进森林研学教育活动研讨会举行》，《中小学信息技术教育》2020 年第 10 期。

毛国蓉、费永俊：《国外森林体验教育的实践及启示》，《湖北林业科技》2020 年第 49 期。

王晓燕：《研学旅行亟须专业化引领发展》，《人民教育》2019 年第 24 期。

《教育部等 11 部门关于推进中小学生研学旅行的意见》（教基一〔2016〕8 号）。

B.4
生态文明视域下的林业学科高等
教育改革与创新

田 阳 杨金融 赛江涛 张绍全*

摘　要： 为加强林业学科高等教育改革与创新，全面提升林业学科高
层次人才、高水平科技的供给能力，为生态文明和美丽中国
建设提供强有力支撑，推动落实建设高质量教育体系新要
求，本报告对国内林业学科高等教育改革发展典型案例进行
总结，提出坚持扎根中国大地、全方位深化教学改革创新、
强化政策协同创新的建议。

关键词： 高等教育　林业学科　高等教育改革

　　"生态兴则文明兴，生态衰则文明衰。"这是坚持辩证唯物主义和历史
唯物主义世界观和方法论，所得出的人类社会发展的普遍规律。如今越来越
多的人已经深刻认识到，生态文明建设事关中华民族永续发展，是建设美丽
中国的题中之义。面对百年未有之大变局，党的十九届五中全会鲜明提出要
以推动高质量发展为主题，全面把握新发展阶段的新形势新任务，坚定不移
贯彻新发展理念、构建新发展格局。这是中国社会主要矛盾变化带来的新特

---

* 田阳，博士，中国林业教育学会常务副秘书长、副研究员，研究方向为高等教育管理、生态
文明教育；杨金融，北京林业大学党委宣传部副部长、副研究员，研究方向为党建思政；赛
江涛，北京林业大学高教研究室副研究员，研究方向为高等教育；张绍全，北京林业大学发
展规划处副研究员，研究方向为大学治理、教育发展规划。

征新要求，人民群众对优美生态环境的需要已经成为社会主要矛盾的重要方面，要求我们将生态文明和美丽中国建设摆在更加突出的位置，在推动构建新发展格局中形成绿色生产体系、促进绿色消费、实现更有质量的绿色低碳发展。

因此，加强林业学科（以下简称"林科"）高等教育改革与创新，全面提升林科高层次人才、高水平科技的供给能力，为生态文明和美丽中国建设提供强有力支撑，推动落实建设高质量教育体系新要求，是当前阶段林科高等教育的重要使命与任务。

一　新时代呼唤建设新林科

（一）国家生态文明建设战略实施，迫切需要林科高等教育提供新的重要支撑

党的十九大宣告中国特色社会主义进入新时代，中央加快推进生态文明体制改革，提出了习近平生态文明思想，明确要求坚持绿水青山就是金山银山理念，坚持尊重自然、顺应自然、保护自然，坚持节约优先、保护优先、自然恢复为主，守住自然生态安全边界。推进生态文明建设，要以习近平生态文明思想为指导，促进经济社会发展全面绿色转型，建设人与自然和谐共生的现代化社会。

1. 生态文明和美丽中国建设迫切需要林科高等教育创新发展

生态文明和美丽中国建设需要大力推进绿色发展。习近平总书记强调，绿色发展方式和生活方式是发展观的一场深刻革命。加快形成绿色发展方式和生活方式，是美丽中国建设、推动实现高质量发展的基本内涵，就是要坚持节约资源和保护环境的基本国策，坚持节约优先、保护优先、自然恢复为主的方针，形成节约资源和保护环境的空间格局、产业结构、生产方式、生活方式，努力实现经济社会发展和生态环境保护协同共进，为人民创造良好的生产生活环境。

生态文明和美丽中国建设需要着力解决突出环境问题。中国生态文明建

设和生态环境保护还处于关键期、攻坚期、窗口期，生态环境持续好转，但成效并不稳固，重污染天气和黑臭水体增多、垃圾围城、农村环境污染等问题正成为影响百姓环境福祉、引发社会风险的重要因素。"十四五"时期中国经济社会发展以推动高质量发展为主题，生态环境不能作为无价低价的生产要素被忽视，也不能仅仅将其作为支撑发展的一个条件，需要将生态环境资源作为稀缺资源要素，予以高标准保护、大力度修复，污染防治攻坚战是扭转粗放型发展模式必须跨越的重要的非常规关口。

生态文明和美丽中国建设需要加大生态保护与修复力度。随着中国城镇化、工业化快速发展，生态空间持续被占用、破碎化加剧，生态破坏事件时有发生；生态产品供给不足，生态系统质量和服务功能处于低水平阶段；资源过度利用、工程建设及气候变化影响物种生存和生物资源可持续利用，生物多样性加速减少的总体趋势尚未得到根本转变。这些状况，需要强化生态保护与修复，统筹山水林田湖草系统治理，坚持整体保护、系统修复、问题导向、因地制宜，从根本上遏制生态系统退化、扭转生态系统恶化趋势。

生态文明和美丽中国建设需要改革生态环境监管体制。习近平总书记多次强调，要深化生态文明体制改革，尽快把生态文明制度的"四梁八柱"建立起来，把生态文明建设纳入制度化、法治化轨道。[1] 生态环境领域的国家治理体系和治理能力长期以来是国家治理领域的突出短板，不同区域不同程度地存在体制不健全、制度不严格、法治不严密、执行不到位、惩处不得力等突出问题，需要政府、市场、社会等主体聚焦和落实生态环境保护制度创新，不断完善符合国情、管用见效的生态环境监管体制。

对标新阶段高质量发展要求，生态文明和美丽中国建设的任务还非常繁重，应高质量落实这些目标任务，更好地将中央提出的理念、目标转化为有效的实施路径、落实机制，这对林科高等教育改革与创新的需要比以往任何时候都更为迫切。

---

[1] 《习近平：把生态文明制度的"四梁八柱"建立起来》，人民网，2018 年 3 月 5 日，http：//cpc. people. com. cn/xuexi/n1/2018/0305/c385476 - 29847865. html。

2. 区域协调发展迫切需要加强林科高质量人才和科技供给

党的十九届五中全会通过的《中共中央关于制定国民经济和社会发展第十四个五年规划和二〇三五年远景目标的建议》提出，坚持实施区域重大战略、区域协调发展战略、主体功能区战略，健全区域协调发展体制机制，完善新型城镇化战略，构建高质量发展的国土空间布局和支撑体系。这为"十四五"乃至更长一个时期中国区域协调发展指明了方向。

中国幅员辽阔、人口众多，各个地区自然资源禀赋差异巨大，经济增速、经济份额分化明显，发展动力极化现象日益突出，生态环境面临严峻挑战，东部沿海发达地区创新要素快速集聚，而东北地区、西北地区发展相对滞后，部分区域发展面临较大困难，部分地区生态脆弱。解决发展不平衡问题，必须尊重规律、尊重实际，因地制宜、分类指导，走合理分工、优化发展的路子，推动产业和人口向优势区域集中，形成若干全国高质量发展的新动力源，进而提升经济总体效率。

党的十八大以来，以习近平同志为核心的党中央高度重视区域协调发展，先后确立了京津冀协同发展、长江经济带发展、粤港澳大湾区建设、长三角一体化发展、黄河流域生态保护和高质量发展等重大国家战略，推动中国区域协调发展不断朝更加均衡、更高层次、更高质量方向阔步前行并呈现良好态势。

这些区域协调发展重大国家战略有一个共同特点，就是突出生态优先、绿色发展，强调要走出一条生态效益、经济效益、社会效益高度统一并相得益彰的高质量发展路径。京津冀协同发展以疏解非首都核心功能、解决北京"大城市病"问题为基本出发点，将生态环境保护作为三大率先突破重点领域之一，加强生态环境保护的联防联控、联保联治。长江经济带发展要求把生态环境保护摆在优先地位，以不破坏生态环境为前提，共抓大保护、不搞大开发，协同推进生态保护，促进经济高质量发展。粤港澳大湾区建设强调着力提升生态环境质量，通过打造生态防护屏障、加强环境保护和治理、创新绿色低碳发展模式，使大湾区天更蓝、山更绿、水更清、环境更优美。长三角一体化发展坚持生态保护优先，把保护和修复生态环境摆在重要位置，共同加强生态保护、推进环境协同防治、推动生态环境协同监管，夯实绿色生态发展本底，努力建设绿色美丽长三角。黄河流域生态保护和高质量发展提出要共同抓好大保护，协同推进大治理，加大上游水源涵养、中游水土保持、下游黄河三角洲湿地保护力度，推进建设治黄生态带，让黄河成为造福人民的幸福河。

林科高等教育在长期发展过程中，围绕林业发展和生态环境建设形成了特色鲜明的学科体系，其人才培养、科学研究对人与自然和谐共生的支撑有着天然的联系与优势。随着区域协调发展重大国家战略的深入实施，人们对提升生态系统质量和稳定性有了更高要求，必须从生态系统整体性、协调性角度进行考量，统筹推进生态环境保护与经济高质量发展，这就要求加快林科高等教育改革与创新、提升林科人才和科技供给能力，推动形成生态环境高水平保护与经济高质量发展彼此协调、相互促进的整体发展新优势。

（二）教育现代化进程加快，要求林科高等教育开辟内涵式发展新路径

根据习近平总书记关于教育的系列重要论述和党的十九大的教育战略部署，中共中央、国务院印发《中国教育现代化2035》，明确提出"到2035年，总体实现教育现代化，迈入教育强国行列"的奋斗目标。党的十九届五中全会深刻分析世情、国情变化并做出重要判断，当前和今后一个时期，中国发展仍然处于重要战略机遇期，但机遇和挑战都有新的发展变化。在复杂多变的发展环境中，教育需求呈现多层次多样化态势，建设高质量教育体系已经成为今后一个时期的政策导向和重点要求。林科高等教育作为教育体系的有机组成部分，需要积极开辟内涵式发展新路径。

1. 高等教育理念发展要求林科高等教育必须准确识变、科学应变、主动求变

教育是国之大计、党之大计，历来在国计民生中都发挥着基础性、先导性、全局性作用，面对全面建设社会主义现代化国家新征程，其地位和作用必然更加凸显。当前，党中央根据中国发展阶段、环境、条件变化，提出要

加快形成以国内大循环为主体、国内国际双循环相互促进的新发展格局，这是重塑中国国际合作和竞争新优势、破解社会主要矛盾的关键举措，对建设高质量教育体系提出了多方位需求。

发展理念是发展行动的先寻。中国教育制度优势明显，高等教育毛入学率 2019 年提升至 51.6%①，高等教育已经进入普及化发展新阶段，人才人力资源基础较好，随着经济社会发展和人民生活水平提高，新一代信息技术及多方社会资源可望支持以学习者为中心的教育新生态。面对国内外机遇挑战的深刻变化，高等教育理念也必须随之更新，进一步统一到创新、协调、绿色、开放、共享的新发展理念上来，在继承以往改革实践经验的基础上，结合新时期高等教育发展任务，自觉加快改革创新，更好释放教育创新的服务潜力，支撑经济社会高质量发展。

高等教育进入普及化发展新阶段，多样化特征会越来越明显，重视办学质量和特色成为教育理念的重要内涵之一。习近平总书记在全国教育大会上强调："要支持有条件的高校创一流，但不能把高校人为分为三六九等，而是要鼓励高校办出特色，在不同学科不同方面争创一流。"② 不能用一把尺子、一个标准衡量所有学校，不能用一个维度来办大学，鼓励高校围绕特色创造点上的"尖峰"，在这样的理念指引下，国家"双一流"建设、全国第五轮学科评估等正在逐步推动分类评价，形成突出特色、体现优势的导向。

在贯彻新发展理念、构建新发展格局、落实生态文明建设要求的大背景下，林科高等教育改革与创新也进入了新阶段，需要更好地体现质量和特色，需要将其放在中华民族伟大复兴战略全局、世界百年未有之大变局中加以谋划，放在构建新发展格局中进行考量，准确识变、科学应变、主动求

---

① 《教育部举行教育 2020 "收官" 系列新闻发布会（第二场）》，国务院新闻办公室网站，2020 年 12 月 3 日，http：//www.scio.gov.cn/xwfbh/gbwxwfbh/xwfbh/jyb/Document/1693947/1693947.htm。

② 杜玉波：《办好中国特色高水平大学的基本点》，光明思想理论网，2019 年 10 月 19 日，https：//theory.gmw.cn/2019－10/19/content_ 33246794.htm。

变，在危机中育先机、于变局中开新局，进一步解放思想、更新教育理念，优化同新发展格局相适应的林科高等教育的学科专业结构、人才培养模式，推动林科高等教育供给侧结构性改革，源源不断地输送适应生态文明建设需要的高质量人力资源，坚持不懈地提供高质量科学研究与技术开发支持。

2. 新一轮科技革命和产业变革驱动林科高等教育改革与创新

以人工智能为代表的新一轮科技革命和产业变革成为引起世界大变局的重要因素，已经从速度、广度、深度等方面对经济社会进行颠覆性重塑，正在重构全球创新版图与经济结构。新发现、新材料、新技术更新换代的周期明显缩短，原创科技和关键核心技术创新能力、系统集成能力成为国际竞争的核心要素。中国发展进入以创新驱动为主导的新阶段，需要人力资源的大规模优质化，高等教育在新旧动能转换过程中的作用进一步凸显。

科技革命和产业变革本身代表的是质变和跨越，其对相关联领域的推动也将是跨越性的。如今，大数据、云计算、物联网、人工智能、现代生物技术等深入发展，已经广泛渗透并深刻影响林科高等教育发展，学科之间、科学与技术之间的关联更加密切，推动林科的学科知识体系、研究对象、研究手段、学科组织载体、人才培养模式发生深刻变革。面对科技革命和产业变革的时代机遇，林科高等教育需要顺应世界科技发展潮流，充分重视科学技术进步在生态环境保护修复、林业生产方式变革中的重要作用，主动改革创新，突破科技成果转化瓶颈，努力为林业科技进步和产业变革提供基础支撑。

与此同时，随着信息技术深入发展，高等教育的学习方式和教学模式从以课堂教学为主兼有自主学习的方式，迅速朝着多样化方式转变，并已发生明显变化，必将驱动林科高等教育加快推进改革。2020 年新冠肺炎疫情突袭而至，中国高校全部实施在线教学，108 万名教师开设课程合计 1719 万门次，在线学习学生共计 35 亿人次①，改变了教师的"教"、学生的"学"、学校的"管"及教育的"形态"，形成"人人皆学、处处能学、时时可学"

---

① 《教育部举行教育 2020 "收官"系列新闻发布会（第二场）》，国务院新闻办公室网站，2020 年 12 月 3 日，http://www.scio.gov.cn/xwfbh/gbwxwfbh/xwfbh/jyb/Document/1693947/1693947.htm。

的教育新形态。可以预见，"互联网＋教育"的新形态在包括林科教育在内的高等教育发展进程中还将持续深化，产生深远影响。

党的十九届五中全会站在"两个一百年"交汇的关键时刻，绘制了"十四五"时期中国发展的宏伟蓝图，并展望了2035年远景目标。习近平总书记强调，新时代新阶段的发展必须是高质量发展。这是谋划"十四五"时期各项工作的重要遵循，林科高等教育作为建设高质量教育体系的重要一环，只有立足生态文明和美丽中国建设，尊重高等教育发展规律，尊重经济社会发展规律，突出特色优势，加快改革创新，努力适应形势变化，最大限度满足人民群众对高等教育的需求，才能早日步入高质量发展的新阶段。

二 林科高等教育改革发展分析及典型案例

（一）林科专业体系建设及其拓展延伸

1. 林科特色优势学科建设的探索实践

长期以来，林业院校的专业建设以分化和精细为方向，过细的学科划分、过窄的专业范围不仅造成了林业学科、涉林学科和非林学科、人文学科的割裂，更不利于培养能力均衡、全面发展的创新型人才。林业院校需积极跟随国家经济发展和高教大调整的时代脚步，探索设置跨学科专业，扩大传统林科专业口径或者建立涉林专业集群，促进林科专业、涉林专业和非林专业之间的交叉融合，努力适应现代林业科技综合化、自动化、智能化的趋势。

（1）北京林业大学

围绕支撑北京"四个中心"建设、解决京津冀协同发展重点问题等，北京林业大学培育了生态修复工程学、城乡人居生态环境学等交叉学科，并入选北京高校高精尖学科建设名单；获北京市批准建设林木分子设计育种高精尖创新中心，助推一流学科建设。

北京林业大学有 7 个学科领域进入 ESI 全球前 1%，构建了以林学和风景园林学 2 个一流学科为引领的聚焦涉林涉草、协调可持续发展的"雁阵式"学科体系，形成了与国家和区域发展战略需求紧密衔接的学科建设格局。

以"双万计划"为契机，北京林业大学增设了森林康养、生物质能源科学与工程、经济林、数据科学与大数据技术等新兴涉林专业方向，积极筹建生态修复工程、林业人工智能等涉林涉草专业；同时，深化林科专业供给侧结构性改革，努力将其建成"金专"。

（2）南京林业大学

该校的"林业工程"入选国家一流学科，可围绕林科特色和资源、环境等传统专业优势开展林业工程相关专业的综合性改革。如围绕中国林产工业转型升级、林产工业绿色化低碳化发展、林产品国际贸易、国际知识产权保护等领域的实际需要，林业工程向管理科学与工程、农林经济管理学科"渗透"，侧重于为政府制定政策、为行业企业发展提供咨询或建议，为林产品国际贸易和知识产权保护提供咨询和法律服务。又如以战略性新兴的智慧家居产业为牵引，将林业工程与设计学科进行"嫁接"，不仅能在家具设计理论及方法、家具与室内人类工效、家具制造与工业工程、家具先进技术与智能制造方面形成特色和优势，还能高效整合校内环境、材料、机械、艺术、信息等学科的教学资源和研究力量，满足国内"定制家具""集成家居""智能家居"产业发展与地方省域市场对创新应用型人才的培养需求。同时通过深化人才培养模式改革，促进林业工程学科专业群与林工、林化产业链结合，使非主干学科专业获得新的生命力。

（3）浙江农林大学

在学科建设过程中，充分发挥多学科、强学科的优势，促进本科人才培养质量的提升。以林学学科为例，依托林学优势特色学科群，重新修订人才培养方案，构建包括基本素质课程模块、基本技术课程模块和专业方向课程模块的课程体系，并采取"本—硕—博"人才培养一体化课程衔接模式，彰显学科和科研对人才培养的支撑度，促进学科专业一体化。依托林学的学科优势，浙江农林大学建成了 2 个品牌专业模块，并总结形成了"一根科技竹，两颗富民果"山区精准扶贫经验。一是围绕竹林培育、笋竹加工、竹炭生产、竹材深加工等，三十年如一日服务安吉、临安、丽水等地的竹产业，取得了显著的经济、社会、生态效益。二是攻克了山核桃和香榧的良种快繁、高值利用等关键技术，推进了干果产业的提质增效和农民增收。干果科技特派员导学团队成员被中宣部列为"最美科技人员"。

2. 林科新兴交叉专业发展的改革分析

在多元融合、多领域融通的新经济背景下，学科交叉不仅对人才培养的重要性进一步提高，而且广度与深度都较以往有所拓展。2019 年 6 月 28 日发布的《安吉共识——中国新农科建设宣言》提出，要"开创农林教育新格局，走融合发展之路，打破固有学科边界，破除原有专业壁垒"。

当前，草原与林业工作深度融合促使林科专业体系发生重大变化。森林、草原、湿地、荒漠等自然生态系统作为一个整体共同构成国家生态安全的绿色屏障。习近平总书记多次强调，要统筹山水林田湖草系统治理。随着林业和草原工作的功能定位发生深刻变化，以自然资源保护管理为重点的基础前沿研究对林科提出了新的要求。亚太地区林业教育协调机制会议的相关报告显示，亚太地区林业院校的学科类型、学科结构正在发生深刻变化，林学、生物多样性保护、木材科学、园林景观等学科占据主流地位，公园和游憩、林业和环境经济、混农林业、林业资源管理、环境研究等成为新兴领域。这些变化必然要求对新时代林科专业体系进行重新梳理、构建，从而使之适应和支撑林草现代化发展。

全球科技革命和产业变革驱动传统林科主动改造升级。以人工智能为代表的新一轮科技革命以及以人工智能为重要驱动力的产业变革，正在从速度、广度、深度等方面对经济、社会、文化和环境进行颠覆性的重塑。大数据、云计算、物联网、人工智能、现代生物技术等深刻影响林科的建设发展，推动林科的知识范畴、研究对象、研究手段、学科组织载体、人才培养体系等发生深刻改变。面对这些变化，新时代林科高等教育势必需要进行重构。

林科建设要以国家战略需求为导向，进一步厘清林草学科的知识体系，打破固有的学科专业壁垒，对学科专业进行优化整合，推进林草学科与农学、工学、理学、医学、文学、管理学等多学科门类深度交叉、渗透、融合，培育新兴交叉学科和新兴林草学科专业，实现林草学科体系的不断丰富完善；同时，结合现代林业升级改造传统林科专业，修订人才培养方案，强化实践环节，"厚基础、宽口径"培养林科人才，实现林科的创新发展。

（二）林科相关人才培养模式构建的探索

1. 卓越农林人才教育培养计划2.0推进情况

2018年9月17日，教育部、农业农村部、国家林业和草原局发布的《关于加强农科教结合实施卓越农林人才教育培养计划2.0的意见》（教高〔2018〕5号）提出全面建立多层次、多类型、多样化的中国特色高等农林教育人才培养体系。近年来，农科教协同育人机制更加完善，高等农林教育专业认证制度更加健全，建设一批一流农林专业，打造一批线上线下精品课程，农林人才培养质量明显提升，服务乡村振兴发展和生态文明建设的能力明显增强。

卓越农林人才教育培养计划2.0发布后，各省和高校纷纷结合实际，制定落实具体实施方案并将其纳入学校整体发展规划。

河南省提出，紧紧围绕乡村振兴战略和生态文明建设，主动适应农林经济发展新常态，坚持产学研协作，深化农科教融合，立足河南，面向全国，建设一批适应农林新产业新业态发展的涉农新专业，建设河南优势、中国特色、世界水平的一流农林专业，培养懂农业、爱农村、爱农民的一流农林人才，为乡村振兴发展和生态文明建设提供强有力的人才支撑，服务美丽中原建设，促进河南更加出彩。河南省教育厅等相关部门在专业设置、人员聘用与评价制度、产教融合、国际合作交流等方面给予相关高校统筹支持，加大对农林院校的支持力度。

其他很多省和高校根据相关文件要求，制订了具体的实施计划。

2. 林科多样化人才培养模式创新实践

西北农林科技大学将立德树人、服务国家战略作为人才培养的根本任务，有着 85 年"经国本、解民生、尚科学"的办学传统，在卓越农林人才培养上，初步取得六个方面的成效。

一是瞄准未来农业发展需要，重新确立了一流农业大学的人才培养目标，建立了"通专结合、本研贯通、产教融合"的人才培养新体系，实现了单一的专业教育模式向通专结合的多元化教育模式转变。

二是结合现代农业产业转型升级和第一、二、三产业融合发展，调整优化了专业结构，创设了葡萄与葡萄酒工程、设施农业科学与工程、食品质量与安全等一批农科新专业。

三是开辟了农林学科卓越人才培养实验区，设立创新实验学院，实施"2＋X"拔尖人才培养模式改革，着力培养卓越农林科技人才。

四是重构课程体系，重塑课程内容，实施了"千门课程上网工程"，发起成立了"卓越农林在线课程联盟"，率先制定了专业课程质量标准，还开设了生态文明教育通识课程。

五是建立健全产学研紧密结合的实践教学体系，依托学校创建政府推动下以大学为依托、以基层农技力量为骨干的新型农业科技推广服务体系，在全国 22 个省（区、市）建立了 241 个合作实践基地、38 个创新创业教育基地。

六是按照科研项目引领、学生自主参与的方式，建立了创新创业学分积累和转换制度。

山东农业大学以实施卓越农林人才教育培养计划 2.0 为契机，发挥科研资源优势，积极推进学科交叉和融合，构建拔尖创新型人才培养新模式，迈出了新农科建设的坚实步伐。

一是明确适应新农科建设需要的人才培养目标。以中国新农村建设和乡村振兴面临的新机遇和新挑战，以及创新驱动发展战略和高等教育强国战略的新需求为背景，依托卓越农林人才教育培养计划 2.0 项目，设计了拔尖创新型人才培养目标，致力于培养能参与未来国际农林业科技竞争、引领未来农林业发展方向的人才，将其发展目标定位于学科领军人才。

二是重构与新农科人才培养目标相适应的知识体系。针对原有农科的知识体系过于狭窄不适应未来"三农"发展需求的现实，由导师制定个性化人才培养方案，按照"强化基础，注重实践，学研并重，突出创新"的原则，重构课程体系和实践体系，突出学科交叉和融合，把生物技术、信息技术和食品安全、农业农村治理等方面的知识纳入新农科知识体系。拓展课程的深度和广度，适当增加学科基础课的学时学分，为后续学生参与研究打下扎实的理论基础。

三是创新新农科人才培养模式。发挥国家重点实验室、国家重点学科、国家工程实验室、国家工程技术中心等高水平研究平台的优势，选拔在专业领域有特殊兴趣和突出才能的学生，按照"本—硕—博"培养模式，从大二开始实行小班化、个性化培养，配备高水平指导教师，全程实施一对一导师制，学生可在导师指导下制定个性化培养方案，可自主跨学校、跨院系、跨专业、跨年级修读课程。支持学生参与国际交流与合作，开阔视野，提升参与国际农林业科技交流与合作能力，将其培养成为未来相应学科领域内的带头人和骨干。拔尖创新型人才充分利用了优势学科的办学资源，促进了优质科研资源向教学资源的转化，解决了科研资源向教学资源转化困难的问题。

四是完善新农科人才培养体制。随着学科的交叉和融合，作为其组织载体的院系组织结构体系已不能很好地适应人才培养的需求。为此，山东农业大学成立"齐鲁学堂"，构建实体与虚体组织相结合的人才培养体制，以适应新农科的变化与拔尖创新型人才培养的需求。学校成立齐鲁学堂领导小组，由校长任组长、分管本科和研究生教育的副校长任副组长，教务处、科技处、学工处、研究生处、人事处、财务处、资产处、后勤处、国际处、图书馆等部门和相关学院负责人为成员，负责领导和协调齐鲁学堂拔尖人才培养计划的实施、教师和管理队伍的建设等工作。齐鲁学堂设院长1人、副院长2人，学校校长任院长、分管本科和研究生教育的副校长任副院长，负责学堂人才培养工作的组织领导。齐鲁学堂设办公室，办公室设在教务处，在院长、副院长领导下负责齐鲁学堂的日常事务处理。

五是健全新农科人才培养制度。为确保新农科人才培养理念落实到全校各项工作中，学校将培养拔尖创新型人才写入《山东农业大学章程》，并出台了一系列保障制度，如《山东农业大学齐鲁学堂管理办法》《山东农业大学齐鲁学堂学生选拔办法》《山东农业大学"创新人才培养"工作办法（试行）》《山东农业大学"齐鲁学堂奖学金"管理办法（试行）》《拔尖型农林人才培养计划导师制实施办法（试行）》等。

齐鲁学堂共选拔5批203名学生，其中，前2批选拔进入齐鲁学堂的63名学生中，有47名学生于2017年顺利完成本科阶段培养，进入硕士研究生培养阶段；第3批选拔进入齐鲁学堂培养的40名学生中，有24名顺利通过2018年推免选拔，将按期进入硕士研究生培养阶段。山东农业大学卓越农林人才教育培养计划2.0的实施，促进了科教融合，推进了教学内容与课程体系改革，完善了培养体制机制，实现了本科教育与研究生教育的有效衔接，为地方农林院校开展新农科人才培养提供了典型案例。新农科人才培养模式将为乡村振兴发展提供更强有力的人才支撑。

三 面向未来的林科高等教育改革与创新的展望

当今世界正在经历百年未有之大变局，世界正朝着多极化的方向迈进。信息技术日新月异，催生了互联网、大数据、人工智能等新兴技术形态，带来了新一轮的科技革命和产业变革。在此背景下，高等教育的发展方向必然是更丰富的内涵、更高的质量、更加广阔的国际视野、更贴近人类需求的人本主义以及更能推动社会进步的应用技术。作为高等教育的重要组成部分，林科高等教育同样需要适应变化，主动求变，打破常规，努力走出创新发展之路。

（一）坚持扎根中国大地是办好林科高等教育的正确方向

党的十九大报告指出，必须树立和践行绿水青山就是金山银山的理念，坚持节约资源和保护环境的基本国策，像对待生命一样对待生态环境，统筹山水林田湖草系统治理。林科高等教育应当牢牢把握社会主义办学方向，主动围绕生态环境建设做文章，站在生态文明建设的维度下，调整改革走向和人才培养模式，形成持久发展的活力。

1. 把握知林爱林学林干林新型林科人才的需求导向

人才是高等教育的终极产品，能否高质量参与社会劳动，完成社会工作，做出社会贡献，是衡量人才培养质量高低的重要标准。林业教育已经从以往的低技能人才输送向高技能人才培养方向转变，准确把握新时代的新形势、新变化和新需求，是培养新型林科人才的重要前提。

首先，新时代的林科人才需要具备全球视野。世界正在朝着"鸡犬之声相闻"的地球村方向发展，信息资源、人力资源的国家间流动日益增强。人们足不出户就可以接收到世界各地的往来邮件，2018年，全球每天发送与接收的商业和消费者电子邮件的总数超过2811亿封。人力资源的国际流动同样加快，教育部留学服务中心发布的《中国留学生回国就业蓝皮书》显示，2019年，中国留学生回国人数达到35.35万人，是同期出国留学人数的85.41%。林业产业也从传统的地域性较强的产业部门，逐步迈入全球一体化的进程。2019年，中国林业产业进出口贸易额达1600亿美元[①]。这充分说明林业已经走出"深山老林"，走上世界舞台。林科人才必须要适应全球化的新趋势，瞄准世界林业前沿，紧跟行业发展脚步，形成宏观格局和战略眼光。

其次，新时代的林科人才需要扎根中国大地。林业是地域性很强的行业，中国幅员辽阔，气候多样，地貌丰富，从青藏高原到东北黑土地，从黄土高原到长江三角洲，不同的立地条件，决定了林木生长的种类不同、习性不同。林业人才要勇担时代重任，厚植爱国情怀，立足中国实际，潜心研究，不断探索，站在国家全局发展的位置思考问题、处理问题。系统认识"山水林田湖草是一个共同体""人的命脉在田，田的命脉在水，水的命脉

---

① 李勇：《发达国家高等林业教育改革与发展趋势》，《北京教育》（高教版）2018年第12期。

在山，山的命脉在土，土的命脉在树"，高度重视林业在山水林田湖草中的重要作用，解决实际问题。

再次，新时代的林科人才需要具备过硬的综合素质。在生态文明的视域下审视林业的功能作用，凸显了林业对当今社会和生态建设的影响。林业为社会提供的产品和服务包括木材和非木材产品、环境保护、食品安全、改善民生、休憩与旅游等，特别是森林在生物多样性保护、沙漠化防治、碳汇、水源涵养、应对气候变化、提供生物质能源等方面发挥着越来越重要的作用①。面向未来，林科人才将面临愈加复杂的现实情况和问题，不仅需要掌握数学、物理、化学、生物、地理、气象等多方面的专业知识，也要涉猎经济、历史、管理、法律等内容，同时加强与大数据、互联网、人工智能相关的思维训练，全面提高综合素质。

最后，新时代的林科人才需要实践应用能力。虽然计算机模拟、数学模型等技术已经在林业的研究中大量使用，但林业仍然是一门实践应用性很强的学问。实地考察、基层走访、动手实验都是林科人才的基本功。中国第一任林垦部长梁希先生就十分重视调查研究，他66岁担任部长，虽然彼时年岁已高，但还是要跑林地，他曾不止一次说道："只要我能行走，我就要争取到全国各地多跑跑、多看看。"林科人才需要不断提升实践动手能力，把新理论、新技术手段应用于林业实践中，再通过实践成果检验和推进理论革新，形成良性循环。

2. 系统提出新林科人才培养的核心能力框架

党的十九届五中全会提出，到2035年基本实现社会主义现代化远景目标，其中建成教育强国是目标之一，需要建设高质量的教育体系。人才培养质量是衡量教育强国的重要标准，中国于2013年正式成立中国学生发展核心素养体系研制工作组，该工作组提出中国学生发展核心素养，以"全面发展的人"为核心，分为文化基础、自主发展、社会参与三个方面，综合

---

① 沈国舫：《走向21世纪的林业学科发展趋势和高等人才的培养》，《中国林业教育》1995年第4期。

表现为人文底蕴、科学精神、学会学习、健康生活、责任担当、实践创新六大素养。

在上述基本素养的基础上，新林科人才培养还应就核心能力进行聚焦和梳理。就目前林科高等教育的发展趋势来分析，林科人才培养的核心能力框架应以立德树人作为根本任务，把提升思想政治素养贯穿始终，着力培养人才的综合素质、专业能力和通识素养（见图1）。

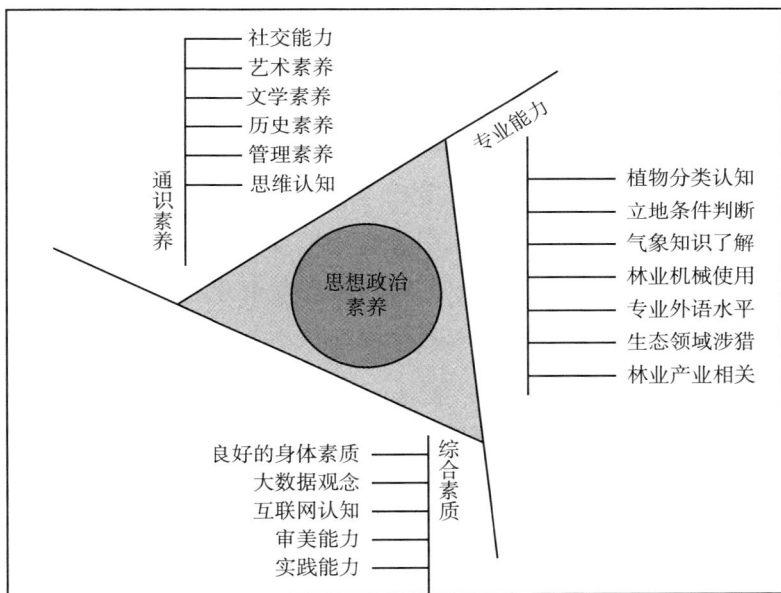

图1 林科人才培养的核心能力框架

具体而言，在综合素质方面，注重体质、观念、认知、审美和实践等能力的提升。具备良好的身体素质，以适应山地、沙地、湿地等野外工作场地。学生应具备基础的互联网、大数据、人工智能等技术，便于在实际工作中理解和使用。具备一定的审美能力，满足城市、乡村的绿化美化要求。具备一定的实践能力，尊重劳动、热爱劳动，能够将理论与实践紧密结合。

在通识素养方面，着重强化人文素养的提升，包括历史、艺术、文学等素养，拓宽视野，丰富知识储备。提高管理能力，对计划、组织、领导和控制等职能有深入了解，并能付诸实践。强化社交能力，有良好的沟通、组织、协调能力。锻炼丰富的思维能力，包括底线思维、批判思维、逻辑思维、创新思维等。

在专业能力方面，应具备植物分类认知能力、立地条件判断能力，有一定的气象、土壤、昆虫、医药等林业相关的知识，涉猎生态领域的相关知识，对林业产业有一定的认识，具备成果转化和产业创新发展的基本认知，能够使用林业机械，具备一定的专业外语水平，能够查阅专业领域的世界科技前沿成果。

（二）全方位深化教学改革创新是林科高等教育质量提升的基础性工作

林科高等教育改革是主动适应国家生态文明建设需求的重要举措，是基于新时代林业功能判断的积极应对模式，通过人才培养理念更新、林科高等教育模式创新、专业与学科体系结构优化、人才培养质量评价，达到改革创新、提高人才培养质量的目标。

1. 精准推动林科高等教育供给侧结构性改革

中国林科高等教育历史较长，从 1904 年的保定直隶高等农业学堂创办林科开始，已经 100 余年。百余年来，林科高等教育为中国林业输送了大批优秀的骨干人才，提供了大量优质的人力资源。但也存在一些问题，如学科专业的调整动力不足，长期按照传统观念划分学科，惯性大、惰性强；林业学科的方向内涵凝练不够，缺少核心竞争力；学科交叉融合停留在规划设计上，具体实施不彻底，实行效果不佳。面对新形势新问题，需要精准推动林科高等教育的供给侧结构性改革。

一是坚持笃定守正，把牢林科核心专业方向。经过长期的发展，中国林科高等教育形成了以森林培育、森林经理、森林有害生物防控等理论与相关技术为核心内容的主干课程体系。"培育—经理—防控"体现了森林生长发育保护的完整链条。这一主线必须坚持，以此为核心在前后两端开拓学科新领域、完善学科结构，如在前端加强林木遗传育种的探索，并拓展为种质资源保护与利用、种业开发等方向；在后端则可以拓展为动植物保护、保护区建设、国家公园体系建设等方向。同时，对于森林经理方面应加强天然林保护方面的实践，发挥森林生态作用。

二是坚持需求导向，主动服务国家重大战略。"有为才能有位"，林科高等教育需要建立与国家生态文明建设需求和国家对林业功能定位相适应的学科和专业结构与功能体系，在服务国家重大战略中找准位置，做出贡献。如围绕山水林田湖草系统治理、美丽中国建设、乡村振兴等方向，推动多学科交叉，增加森林康养、休憩林业、整合生态学、区域生态学等学科。又如充分认识草学的内涵，系统梳理林科和草学的关系，完整划分草学的学科边界，形成独立的学科体系。

三是坚持融合创新，加大新技术应用力度。虽然学界对于是否进入第四次工业革命的智能时代还有一定的争论，但是大数据、云计算、虚拟技术等正在改变社会经济形态和人们日常生活，要加强新兴科技与林科的融合：分子设计育种，探索精准育种，人工林的定向培育；加强空间技术、遥感定位等在林业方面的应用；重大林业灾害源头的智能识别和检疫处置；等等。

四是坚持实践检验，把论文写在祖国大地上。注重加强实践教学、实习实验环节的设置，编写高质量的林科实验类教材，增加实践课程的学时。鼓励教师和学生走出校门、走进工厂、走进山林，引导师生独立开展创新创造活动，积极探索学生在合作企业实习工作、企业导师来校指导学生的双向机制。拓展国内外的合作交流，发挥亚太地区林业教育协调机制等的作用，推动林科高等教育的国际化合作实践。

2. 以科教协同、产教融合有效聚合教育教学资源

林科人才的培养，不是林科高等教育的一家之事，需要通过科研院所、企业单位等相关社会资源的有效聚合，形成更大的合力。

一是强化联动合作，推动科教协同。科学研究和教学都是培养林科高级专门人才的重要途径，二者应互相补充、相互促进。应逐步推动打破科研院所与高校的体制局限，建立教师互通、实验室和科研平台等资源共享、重大项目共建、学生日常交流的良性循环机制。同时在高校内部鼓励

师生开展科学研究，以教学促进科研，以科研反哺教学，促进学科交叉、渗透和融合。

二是对接发展需求，推动产教融合。加大林业科技成果的转化力度，鼓励教师携带科技成果直接参与企业发展，用市场来检验科技成果的效用。面向产业化需求调整专业设置，探索建立智慧林业、林业智能装备、林业智慧物联网等专业。立足服务国家重大产业布局，支撑地方特色主导产业强化人才供给，如瞄准国家公园、自然保护区管理；林下经济等方面加大人才培养力度。鼓励林业院校的学生到林科专业领域的企业就业。

（三）强化政策协同创新是林科高等教育高质量发展的外部推力

"十年育树，百年育人。"人才培养是一项长期而艰巨的工作，需要广大教育工作者的不懈努力和实干，更需要政策的倾斜支持。

一是进一步深化"放管服"改革，支持林业高等院校加快发展。相比较来讲，林业行业优势较为不足，林业高等院校的发展速度相比于综合类院校和发达地区的地方院校也较为迟缓。需要教育主管部门和业务主管部门在政策上加大倾斜力度，推动管理重心下沉，给予高校更多的办学自主权，搭建平台鼓励高校与地方政府、科研院所、骨干企业等开展合作交流。在政策允许的范围内，对林业高等院校加大项目、资金等的投入力度，激发办学活力。同时加强监管，保证权力在阳光下运行。

二是尊重林业行业的特点，不断优化考核评价体系。相比于其他行业，林业的成果产出周期长、公益性较强、经济效益转化难度较大。需要优化更符合林业行业特征的考核评价机制，如增加生态效益的指标、实现科研院所与高校人员的成果互认、增加联合申报项目等。林业的实践要求较高，要出台政策鼓励高校与国家公园共建综合实践基地，推行低费用实践政策，实现学生实践、国家公园管护的双赢结果。另外，由于林业大多属于艰苦行业，还应在学生招生和就业方面给予帮助支持的优惠政策，适当增加林科的博士生、硕士生、本科生招生计划，探索实行免费的林科生培养政策。

三是加强政策的宣传引导，形成良好的人才培养氛围。当前林科高等教育已经进入了一个崭新的阶段，不再是"挖坑种树的""保持水土的"这么简单的理解。需要广大民众改变传统观念，以往学生普遍对林业学科没有报考兴趣，导致生源质量也普遍较差。在增加优惠政策的同时，政府应强化宣传和引导，推动全社会形成积极的、全面的林业教育观念，让大家看到林业的教育前景广阔，以及林科高等教育在实施科教兴国、推进乡村振兴战略中的重要地位。

参考文献

李勇：《发达国家高等林业教育改革与发展趋势》，《北京教育》（高教版）2018 年第 12 期。

沈国舫：《走向 21 世纪的林业学科发展趋势和高等人才的培养》，《中国林业教育》1995 年第 4 期。

分 报 告
Topical Reports

B.5
中国生态治理问题及其优化思考

徐海燕*

摘　要：　生态治理是一个涉及多方面的系统工程。在生态统筹协调治理中，政府与社团组织之间形成了相互依赖的不对称关系。以政府处于强势地位，而其他治理主体处于相对弱势地位为特征。在资源依赖的视角下，党政主体生态治理的权责同步扩大，"关键少数"的治理责任愈加突出，社团组织在生态治理中的地位亟待提升，竞争申请可持续发展议程创新示范区尚无法突破"体制内循环"的局限。不对称关系下生态治理的优化路径为坚持党的全方位领导，打造生态治理的市场化竞争机制和环境，探索构建由单向输入转变为战略互补的机制。最终在党和政府主导下，不断完善生态文明领域统筹协调机制，不断提高生态治理效能。

＊　徐海燕，法学博士，中国社会科学院政治学研究所研究员，研究方向为国家治理。

关键词： 生态治理 统筹协调机制 生态文明

一 生态治理中统筹协调治理命题的提出

生态环境是人类社会生存发展的基础。良好的生态环境是最公平的公共产品，也是最普惠的民生福祉。改革开放将中国发展带入了工业化、信息化、城镇化、市场化、国际化的新阶段，但也带来资源的过度消耗和环境的污染。为追求经济效益，在发展方式上，依靠高投入、高消耗获得经济效益的粗放模式，在带来经济高速增长的同时也使人们付出了诸如环境恶化、生态失衡、资源浪费等高昂的代价。同时，全球变暖、生物多样性危机、生态系统损失等问题显现，水资源缺乏业已成为经济社会可持续发展的重大瓶颈。因此，保障合理利用自然资源，保护珍贵的动物和植物，成为需要与发展同步解决的问题。进入新时代，社会主要矛盾的变化对生态环境保护提出更高的要求。与此同时，经济社会发展同生态环境保护的矛盾更为突出，生态环境承载经济发展的能力已经接近上限，中国政府清醒地看到了生态环境破坏给国家和人民所带来的严重后果，将保护环境和节约资源当作基本国策，集中攻坚，加大力度集中治理，打好标志性的重大战役，为全体人民创造良好的生态环境。构建服务型政府方略确立后，党的十六大将"环境保护、生态平衡"列入了建设"服务型政府"的内容。十七大首次提出了建设生态文明的环境战略。十八大后，党中央开展了一系列根本性、长远性、开创性的工作，中国生态治理从认识到实践发生了历史性、转折性和全局性变化，表现为：对生态治理重视程度加深，贯彻绿色发展理念的自觉性增强；对大气、水、土壤污染防治力度加大；制度出台的频率更高、执法体系更为严密、监管尺度更为严格。中央全面深化改革领导小组先后审议通过并实施了40余项生态文明和生态环境保护的改革方案；包括《环境保护法》《大气污染防治法》《水污染防治法》《环境影响评价法》《环境保护税法》《核安全法》等在内的多部法律完成修订。

生态治理是一个涉及多方面的系统工程。生态环境具有外部性、跨域性、扩散性的特征，对生态问题的解决因所处的地域不同，没有标准化的路径可供复制和照搬，必须结合具体条件，不断探索和实践。这在客观上要求，政府在主导生态治理的过程中，进行多维思考，打破条块分割状态，多元、多面地将各类部门组织联系起来，突破在资金、资源、能力和手段等方面的局限，对生态环境进行系统、综合、协同、集成治理。

生态文明建设的系统性、整体性特点，要求生态治理方略做好统筹协调，以便生态文明各领域能够更好地发挥整体效能，协同共进。"国家治理体系和治理能力现代化"命题提出后，"系统集成、协同高效"作为新时代全面深化改革的"着力点"，成为政府实现生态治理现代化的主要手段。2020 年 3 月印发的《关于构建现代环境治理体系的指导意见》确立了以"党委领导、政府主导、企业主体、社会组织、公众参与"为内容的现代环境治理体系。2020 年 10 月召开的党的十九届五中全会进一步提出完善生态文明领域"统筹协调机制"，以深入实施可持续发展战略①。在具体实践上，生态治理要求破除分要素、分行业治理的弊端，明晰权责边界，通过制定权责清单，明确自然资源、水务、住建、工信、农业农村、交通等相关部门在生态环境保护方面的责任及义务，明确了谁污染谁治理的原则，依法划定权责边界，突出了主体的责任。需立足"全域共治"，针对各区域内及跨行政区域的污染问题，规范制度与行为，创新机制，建立多样化的生态系统集成治理机制，建立各级污染防治联席会议制度和区域协作工作机制，实现统筹推进、齐抓共管。

二 生态治理统筹协调机制的构建

为实现生态治理的统筹协调，2018 年生态环境部正式成立，除了承

---

① 《中国共产党第十九届中央委员会第五次全体会议公报》，人民网，2020 年 10 月 29 日，http：//cpc. people. com. cn/n1/2020/1029/c64094 - 31911510. html。

接原环境保护部的全部职责外，在职能上还统筹了国家发展和改革委员会等其他 6 个部门的相关职责，负责集中解决区域性、流域性、跨部门等大生态问题。工作涉及跨区域生态环境的统筹协调、监督管理、调查处理、损害赔偿等主要环节，涵盖了生态治理从源头、过程到结果的全过程。

在应对重大突发生态灾难时，建立了跨部门的协调机制，如联席会议制、联合会审和会签制，应急和预警工作的协同处理，可以迅速实现分类、分区、分级管控，迅速实现"联防联控"，显示了较强的应对优势。

必须看到，政府在生态治理中的主导地位是党和政府的使命使然，这固然有利于发挥党政领导下"全国一盘棋"的治理优势，但新时期生态治理挑战的提出，还迫切需要发挥实体管理机构之外的其他治理主体的作用。一方面，通过政策调整，让新型主体有条件参与生态综合治理的过程，实现生态环境的综合治理。另一方面，政府与其他生态治理主体建立多元协同机制，提高协同治理效率。其中，科研机构是研发新型绿色科技、驱动产业转型与升级、实现绿色发展的本源力量。企业主体以技术、管理、商业模式创新为核心驱动力，实现绿色产业升级和结构优化。金融机构通过研发绿色保险、绿色信贷、绿色股票、绿色基金等多项绿色金融工具，引导资本向绿色项目的流入，促进企业的结构转型与升级。社团组织通过参与生态环境治理，对接购买政府生态服务项目。普通公众则发挥参与和监督作用，树立绿色、节约、环保消费观念，自觉抵制高污染、非节能的产品，在消费的过程中，增强环境保护、节约资源的意识。各主体共同推动形成健康文明生产生活方式。

政府主导下构建的多元治理体系的确提升了生态治理的效果，通过多方力量参与、多元机制确立统筹提高了生态治理的绩效。在系统集成生态治理的框架下，增强了社会群体的生态保护意识，生态治理过程中"各扫门前雪"现象、"搭便车"现象、"公地悲剧"现象也大大减少。但应当看到，上述组织架构的重建和机构职能的调整更多的只是解决了"制度"

层面上的规定性问题，要发挥制度优势，还需各项制度有序衔接、发生"化学反应"①。

三　生态治理中不对称关系的表现及其成因

（一）资源依赖的理论溯源

早在 1978 年，菲佛和萨兰基克在所著的《组织的外部控制——对组织资源依赖的分析》中，就从资源依赖的视角探讨了各个组织要素之间的关系。作者认为，包括官僚组织机构在内的所有组织，通过与其他组织建立"联盟、协会"，形成相应的"供需关系、竞争关系、法治关系"并构成社会的组织网络。但因各个主体在政治结构中所处的地位不同，对资源的享有和分配的地位不同，故各组织间形成了不对称关系，在这种关系下，处于被支配地位的组织创造性与积极性会受到抑制②。

从这一逻辑出发来观察生态治理的各组织间的关系就会发现，政府与其他治理主体形成了相互依赖的，以主导与被主导、支配与被支配关系为主要特征的不对称关系。具体体现在，政府是生态治理体制的设计者、生态资源的掌握者和生态项目的供给者，从而"天然地"处于优势的支配地位。例如，在财政经费的分配过程中，生态补偿财政转移支付、退耕还林还草补贴、生态保护和修复项目税收减免或补助等，均由政府掌握主导权和分配权，而其他组织承接生态环境维护和治理的任务时，因缺乏这些权力，对政府的资金、项目有较强的依赖，从而形成与政府之间支配与被支配的关系，客观上塑造了协同机制中的不对等地位，使政府之外的协同方在承担政府剥离出来的生态治理职责时，出现权责失

---

① 《习近平总书记在深化党和国家机构改革总结会议上的重要讲话引发热烈反响》，人民网，2019 年 7 月 8 日，http://cpc.people.com.cn/n1/2019/0708/c419242-31218573.html。
② 〔美〕菲佛、萨兰基克：《组织的外部控制——对组织资源依赖的分析》，闫蕊译，东方出版社，2006，第 17 页。

衡、权力错配、监管错位、机制缺失等诸多复杂问题，最终影响了生态治理的效能。

在具体生态治理的实践中，生态治理部门除了在其组成部门、派出机构、直属单位发挥领导作用外，还会依托具有经济实力的社团组织，如科技学术协会、基金会、非政府组织、全国性社会团体、非营利组织等进行协同治理。但受到资源依赖的影响，政府在生态治理决策、实施、评估的过程中均发挥着巨大的影响力。

（二）党政主体生态治理的权责同步扩大

由于生态环境关系到全人类的命运与福祉，作为为全人类利益服务的政党，应勇挑重担，对生态治理进行顶层设计和组织领导，统筹协调解决生态问题。地方各级政府一直处于生态治理的主体地位，在压实生态环境保护责任、推动解决突出问题、改善环境质量等方面发挥了重要作用。改革开放以来，在生态治理的系列战略部署和运行机制的调整中，党政主体责任的权重不断增大。其中，1989 年颁布的《环境保护法》第 7 条首次规定了各级环境保护行政主管部门作为统一监督管理者的责任，并按照行政区划层层设置的环境监察机构，在全国设置了六大区域督查中心，开展了以"督企"为主的生态监管工作；以 2014 年 12 月环境保护部印发的《综合督查工作暂行办法》为标志，首次将"督政"，即将政府生态治理的责任，并入了环保综合督查的范围，环境监管执法开始从单纯的监督企业转向监督企业和监督政府并重；2015 年 7 月发布的《环境保护督察方案（试行）》，则在"督企""督政"并重的基础上，首次将各级党委的环保责任纳入重点监督范围，监察机构对党委领导下的各级政府出现生态治理不力问题，可以提出处理意见建议，并督促整改落实，从而使"环境保护督察"进入了"党政同责"阶段；2018 年 6 月颁布的《中共中央国务院关于全面加强生态环境保护坚决打好污染防治攻坚战的意见》在明确"党政同责"的同时，进一步提出了"一岗双责"，即地方各级党委和政府在"生态文明建设"和"生态环境保护"方面的双重责任。这些法规的出台，预示着中央生态环保督察覆盖面更广、整治力度更大，进一步明晰了党政在生态治理中的责任①。

（三）"关键少数"的治理责任愈加突出

正如习总书记所言："加强党的建设必须抓好领导干部特别是高级干部……把这部分人抓好了，能够在全党作出表率，很多事情就好办了。"②在新时期生态治理的过程中，党和政府尤其应注重领导干部这个"关键少数"的作用。党政领导干部在新时代全面深化改革的过程中担负着建设社会主义的使命和责任，在治理生态环境、推动解决生态环境的突出问题中发挥着带头作用。与普通党员相比，党政领导干部在生态治理方面的责任更大、要求更高、示范作用更强。

党的十八大以来，为提高党政领导干部生态治理和资源保护方面的担当意识，建立实现生态治理的"履职尽责"的系列考评机制。2013 年 12 月印发的《关于改进地方党政领导班子和领导干部政绩考核工作的通知》首次将生态治理的绩效作为一项重要指标对党政领导干部进行考核。2015 年 8 月印发的《党政领导干部生态环境损害责任追究办法（试行）》明确了地方各级党委和政府对本地区生态环境和资源保护"总责任人"的角色，确立了实行生态环境损害责任的"终身追究制"。强调对违背科学发展要求、造成生态环境和资源严重破坏的，责任人不论是否已"调离"、"提拔"或者"退休"，都必须严格追责③。2016 年 12 月颁发的《生态文明建设目标评价考核办法》，通过构建生态文明建设可量化和精细化的评价指标体系，进一

---

① 《中共中央国务院关于全面加强生态环境保护坚决打好污染防治攻坚战的意见》，中国政府网，2018 年 6 月 24 日，http://www.gov.cn/zhengce/2018-06/24/content_5300953.htm。
② 《高级干部要为全党带好头作表率》，人民网，2019 年 1 月 23 日，http://fanfu.people.com.cn/n1/2019/0123/c64371-30586013.html。
③ 《中共中央办公厅、国务院办公厅印发党政领导干部生态环境损害责任追究办法（试行）》，中国政府网，2015 年 8 月 17 日，http://www.gov.cn/zhengce/2015-08/17/content_2914585.htm。

步规定了每五年一次进行评价的考核制度①。此后，针对领导干部的监督考核不断推进。2017 年 6 月颁发的《领导干部自然资源资产离任审计规定（试行）》正式确立了领导干部自然资源资产离任审计的常态化机制。2019 年 6 月印发的《中央生态环境保护督察工作规定》以党内法规的形式规定了中央生态环保督察常态化机制。2019 年 7 月颁布的《自然资源统一确权登记暂行办法》通过统一确权登记的方法，界定国土空间各级各类自然资源所有者权利的范围与责任。这些法规和办法的出台，增强了领导干部履行自然资源资产管理和生态环境保护责任的意识，加快了解决自然资源资产和生态环境问题的进程。

除了颁布系列法规外，以"约谈"的方式，与地方政府及其相关负责人进行告诫性谈话，也是新时期依法进行生态治理、督促整改的主要方式之一。所谓"约谈"，是指生态环境部通过约见未依法依规履行生态环境保护职责、履行职责不到位的地方人民政府及其相关部门负责人，以及未落实生态环境保护主体责任的相关企业负责人，进行诚勉谈话的方式。2014 年颁发的《环境保护部约谈暂行办法》（环发〔2014〕67 号）标志着约谈制度正式确立。2020 年 8 月颁布的《生态环境部约谈办法》对约谈对象进一步细化。约谈对象包括地方政府负责人、具体部门负责人及重点企业的负责人，新增 4 种约谈情形，将对"中央重要指示批示的生态环境问题整改不力"、对"党中央、国务院交办事项落实不力"及"平时不作为、急时'一刀切'"等问题纳入约谈重点内容。②

（四）社团组织在生态治理中的地位亟待提升

在不对称关系中，社团组织是资源依赖的受益者。首先，绝大多数是由政府自己创办的；其活动经费由政府财政拨款，社团组织的主要领导都是由

---

① 《生态文明建设目标评价考核办法》，中国政府网，2016 年 12 月 22 日，http://www.gov.cn/xinwen/2016 - 12/22/content_ 5151555.htm。

② 《关于印发〈生态环境部约谈办法〉的通知》，中华人民共和国生态环境部网站，2020 年 8 月 27 日，http://www.mee.gov.cn/xxgk2018/xxgk/xxgk03/202008/t20200827_ 795475.html。

现职领导职位退出或者机构改革分流出来的原政府的党政官员担任，甚至有些大型社团组织在办公场所、交通工具、活动经费方面都依赖于政府的支持。政府是生态治理制度的制定者，同时又是社团组织生态治理资金的提供者、生态评估者和监管者，从而决定了其他社团组织在生态治理中的从属地位。

其次，在政府主导的生态治理体系中，政府的作用被"嵌入"社会团体中发挥巨大的影响力。社团组织则具有"官办"地位，在承接政府分流出的部分生态治理职能时，因处于垄断的地位而造成缺乏市场竞争，从而影响了生态治理服务供给和绩效水平。政府、社团组织构建的生态协同治理体系使社团组织产生"对上不对下"的心理，在为政府提供所需的生态治理服务时，常常会为了迎合政府监管需要，营造一些"看上去"很环保的工程，却未能将民众对环境资源的需求传达给政府，导致政府回应公众需求的责任被代言，最终使生态治理陷入政府资源依赖的现实困境。"官办"社团组织的特殊地位，还容易使政府在行使管理职能时走形式，造成监督不力。例如，2018年6月24日颁布的《中共中央国务院关于全面加强生态环境保护坚决打好污染防治攻坚战的意见》明确提出各项考核指标，即生态环境保护立法执法情况、年度工作目标任务完成情况、生态环境质量状况、资金投入使用情况、公众满意程度等5个方面的内容，并提出"严格追究责任"。但从具体内容看，这些指标大部分是非量化的，部分指标及其权重的选择缺乏科学性，使其无法精确、有效地反映社团组织提供的环境治理的质量与效果，导致政府工作人员对治理评估的结果有较大的自由裁量的空间，有时甚至与生态组织产生利益勾连，从而影响了政府生态治理评价和治理决策的科学性[1]。

最后，从不对称关系构成的要素看，有影响力的生态组织在承接生态治

---

[1] 《中共中央国务院关于全面加强生态环境保护坚决打好污染防治攻坚战的意见》，中国政府网，2018年6月24日，http://www.gov.cn/zhengce/2018-06/24/content_5300953.htm。

理职能过程中，常常是因挂靠单位的垄断地位，独享政府提供的特殊的政策优惠、补贴和委托任务。社团组织之所以愿意接受政府政策引导和生产监管，是因为其以获取政府监管补贴为目标，而不是将关注点集中于提高生态治理绩效本身。因处于非竞争性的垄断地位，社团组织自主创新意识不强，缺乏专业的市场竞争力。在面临竞争性服务项目时，有时为了降低购买风险和获取寻租空间，在组织竞标前甚至会与地方组织形成非正式的契约关系，无法为生态治理营造良性竞争的环境。

（五）改革与推进破解生态治理难题的不对称关系

政府资源的路径依赖，很大程度上是由其他治理主体对政府资源的单向依赖状态造成的。为破解单项依赖问题，改革开放以来，党中央和国务院主导的生态环境治理的试点不断探索环境治理的市场化模式。总体来说，生态环境治理试点经历了"社会发展综合实验区""国家可持续发展实验区""可持续发展议程创新示范区"几个阶段。

从 1986 年开始，科技部、国家发改委等 20 个国务院部门和地方政府共同推动城镇社会发展综合示范试点工作。1992 年 5 月，《关于建立社会发展综合实验区的若干意见》颁布后，由国务院和有关团体共同组成了实验区协调领导小组，成立了社会发展综合实验区管理办公室。1994 年 3 月后，社会发展综合实验区的工作重心转向可持续发展，并要求各实验区率先建成实施《中国 21 世纪议程》和可持续发展战略的基地。1997 年 12 月，可持续发展综合示范试点工作启动，"社会发展综合实验区"正式更名为"国家可持续发展实验区"。进入 21 世纪以来，围绕着可持续发展，国务院各个部门分别启动了多个生态试点项目。包括 2005 年由国家环保总局推动的循环经济发展的试点项目、2008 年由环保部推动的生态文明建设试点项目、2010 年由国家发改委推动的低碳省市试点项目、2011 年由财政部和住建部推动的绿色重点小城镇试点项目，以及 2013 年由工信部推动的低碳工业园区建设试点项目等。

为了提高生态治理的效能，党的十八大以来，政府通过以奖代补的方式，采用了"竞争申报"，推动生态治理项目的试点及推广工作，以2016年12月颁布的《中国落实2030年可持续发展议程创新示范区建设方案》为标志，正式启动了可持续发展议程创新示范区项目。与原有的试点项目相比，可持续发展议程创新示范区项目采用了公开竞标的方式，由地方政府自主申请，弘扬市场原则，强调地方意愿，充分发挥地方政府的主观能动性。竞争式申报，改变了政府原有的直接划拨生态治理经费支持的方式，提出了"竞争申请制"，改变了以往生态治理的指令模式、委派制模式。中央政府通过引入市场机制，鼓励地方各级政府在自愿申请的基础上积极申报具有竞争性的可持续发展议程创新示范区项目。通过"自下而上"的投标竞标的方式，破除了以往单纯"自上而下"的项目供给制的弊端，最终实现生态资源的"双向"优化配置。一方面，"竞争申请制"采取了自愿申请、自愿申报的原则，增强行为激励。另一方面，通过地方竞争性申报，充分发挥地方政府的生态治理的主观能动性，有效实现了全国政策目标与地方政策创新的结合。围绕着可持续发展议程创新示范区建设，2018～2020年，太原、桂林、深圳、郴州、临沧、承德、徐州、枣庄、临沂、淮北等16个城市成功获批了可持续发展议程创新示范区项目，为探索以科技为核心的可持续发展问题提供了系统解决方案，为破解新时代社会主要矛盾、落实新时代发展任务做出示范并发挥带动作用。

但在可持续发展议程创新示范区项目中，竞争申报者的资格依然垄断性地掌握在地方各级政府的手中，即项目首先由地方政府委托所在省政府上报申请，由科技部联合各部委组织筛选，21世纪议程管理中心除了具体负责可持续发展试验区管理工作外，还负责组织可持续发展议程创新示范区申报及日常管理工作。购买服务目录由政府主管部门单方面决定，既缺少制度化的参与设计，又缺少社会化的利益表达，无法突破"体制内循环"的局限，影响了生态治理的科学决策水平。尚需进一步加快改革步伐，优化政府的资源主导生态治理模式，形成生态治理的创造性激励机制。

四　不对称关系下生态治理的优化路径

生态治理领域中，没有统筹就没有高效，没有协调就没有合力。党的十九届五中全会指出，新时代深入实施可持续发展战略，必须要"完善生态文明领域统筹协调机制"，"构建生态文明体系"。从由资源依赖形成的不对称关系中可以看出，尽管党和政府处于主导方、支配方的优势地位，但在优化治理路径时，依然需要坚持党在生态治理领域的全方位领导，通过对政府内部组织的改革和调整，将市场机制的优势吸纳到缺乏活力的公共组织中，将一部分公共物品和公共服务市场让渡给社会自治组织和民意组织承担，充分发挥生态治理的成本、技术和竞争优势，为社会提供更有效率、更高品质的生态环境。打造生态治理的市场化竞争机制和环境，改变由单项路径依赖导致的生态治理的单向控制的状态，推动构建多平等主体的战略互利的治理机制，以鼓励社会多元参与、提升供给效率，最终构建系统集成的生态治理体系，实现生态治理体系和治理效能的现代化①，具体体现在以下几方面。

（一）坚持党在生态治理领域的全方位领导

党的领导是统筹协调制度有效运转的前提与保障。当前，在市场机制下，各个权力主体仍然存在人、财、事权不相匹配，环保责任划分不到位，监督机制尚不够完善等问题，这些问题迫切需要党站在全局的高度统筹规划解决，做好战略衔接，加大资源调控力度，细化任务安排，严格过程控制，注重检查评估，特别是在生态文明领域的立法、规章、标准等制定领域，破除部门化利益弊端，清"淤点"、通"堵点"、解"难点"，密切各治理主体的关系，建立跨领域、跨部门、跨流域机制，建立健全工作协调机制，凝聚起推动中央、地方、部门间生态治理的整体合力，从制度层面形成成熟的

---

① 《中国共产党第十九届中央委员会第五次全体会议公报》，人民网，2020年10月29日，http：//cpc．people．com．cn/big5/n1/2020/1029/c64094－31911510．html。

生态治理框架，破除"体制性障碍、机制性梗阻"①，促进经济社会发展全面绿色转型，开展生态治理领域法律的增补与修订，优化生态治理的法律环境和运行机制；针对生态文明领域重大事项，在建立重点地区、流域、部门的联动协作机制的同时，统筹划定落实好生产、生活与生态保护红线；加强全国范围内的生态文明宣传教育，增强全民族生态环保意识，鼓励绿色生产和消费，倡导健康饮食文化和良好生活习惯，牢固树立生态文明价值观念和行为准则，让建设美丽中国成为全民自觉行动，构建政府主导、市场激励、社会参与的生态文明治理体系。

（二）打造生态治理的市场化竞争机制和环境

受自身能力的限制和对政府资源形成的依赖影响，当前，承接政府服务的生态治理社团在"对上不对下"原则下，并不能提供满足公众需求的服务，在分利逻辑下生态环境治理的效果也较为有限，由于存在利益短视行为，生态治理的供给质量堪忧。除了挂靠政府的社团组织外，其他社团组织在不同程度上存在资金规模相对较小、专业人才严重匮乏、运行模式较为单一、整合资源能力较弱等诸多问题，尚不具备承接政府生态治理购买服务的能力。对此，政府应从制度安排和公共服务供给方面发力，搭建生态治理平台，提供专业能力培训服务，为社会组织的自主性发展创造宽松的、承接生态治理竞争性的市场环境，探索打造生态治理的多样化融资机制、市场化竞争机制和环境，鼓励并放宽其他治理主体参与环保治理的登记准入条件，畅通登记渠道，放宽办公场地要求，下延审批权限，打造生态治理的市场化竞争机制和环境；培育独立于政府的第三方生态治理评估机构，实施监测，对生态治理的效果做出动态的调整；将生态社团组织纳入服务型政府的体系中；增强公民—政府的互信，激发公民保护生态的积极性和主动性，改变现有的社会利益表达机制，及时将公民的环保诉求纳入决策过程，提高政府决

---

① 《中共中央关于坚持和完善中国特色社会主义制度，推进国家治理体系和治理能力现代化若干重大问题的决定》，新华网，2019年11月5日，http://www.xinhuanet.com/2019-11/05/c_1125195786.htm。

策的民主化和科学化程度，完善政府主导、公民参与的合作治理机制，从而提高政府生态治理的效率和供给水平。

（三）探索构建由单向输入转变为战略互补的机制

除此之外，不对称关系下生态治理的优化路径还需要建立一种由单向输入转变为战略互补的机制。具体包括健全政府、企业、社会、金融机构等多方主体参与的投融资机制，拓宽政府生态资金投放渠道；规范和公开生态基金资金规范使用，实施决策公开和运作透明化管理，不断提升治理绩效和社会公信力。提高社会组织的自身能力，提高社会组织的地位，建立起平等的"合作伙伴"关系，探索采取委托治理、嵌入式治理、公共服务购买等手段来引导其他治理主体参与生态治理，引入"吸纳"机制，通过党建，将社团组织的优秀人才纳入生态治理的领导工作中，构建战略性联盟，形成稳定而长期的合作关系。最终为政府带来高效率、高水平和高质量的协同治理绩效。

总之，环境就是民生，青山就是美丽，蓝天也是幸福。新时代主要矛盾的变化，使全社会对优良生态环境的需求越来越迫切。促进人与自然和谐共生，人人都是受益者，人人也是行动者。在当前不对称关系下生态治理体系的建构中，只有不断完善生态文明领域统筹协调机制，才能不断推进生态治理的效能提升。

参考文献

曹荣湘：《生态治理》，中央编译出版社，2015。

周晓峰：《中国森林与生态环境》，中国林业出版社，1999。

《中国应对气候变化国家方案（摘登）》，《中国水利》2007 年第 13 期。

B.6
构建现代化林业治理体系
促进林业高质量转型和可持续发展

李 晔　陈奕延*

摘　要： 林业的高质量转型与可持续发展，是解决当前林业体系内积弊问题，突破陈旧框架约束，优化林业布局，促进林业演进革新的必要条件。本报告首先介绍了构建现代化林业治理体系的社会必然性、经济必然性和科技必然性，然后阐述了国内林业发展的现状，探讨了当前国内林业发展的问题及挑战。为便于借鉴，进一步枚举了马来西亚、日本、德国、瑞典等高森林覆盖率国家林业发展的特色。最后从实践出发，为如何构建现代化林业治理体系，促进林业高质量转型和可持续发展提出对策建议。

关键词： 现代化林业治理体系　高质量转型　可持续发展

一　引言

　　森林是地球这颗行星自诞生以来最早存在的"居民"之一。据挖掘出的化石记载，早在距今 4.2 亿年至 3.6 亿年的泥盆纪时期，除被子植

---

* 李晔，经济学博士，南开大学经济与社会发展研究院助理研究员，博士后，研究方向为环境经济学、城市与区域经济学；陈奕延，北京理工大学管理与经济学院博士研究生，研究方向为复杂不确定信息决策、可持续发展评价等。

物以外的植物类群都已出现在大陆上，这一时期是陆生植物的大发展时期。到泥盆纪中期，乔木状石松类、裸子植物以及真蕨类植物组成的古植物类群共同形成了郁郁葱葱的史前森林。森林的出现使地球这颗蔚蓝的行星变得生机盎然，它在经历了奥陶纪大灭绝、泥盆纪大灭绝等历史上五次空前绝后的生物大灭绝后依然顽强地存续至今，并不断修复着地球的生态环境，默默守护着这颗蔚蓝的星球。自25万年前古人类出现在地球上后，人类的祖先便开始了与森林共存的漫长岁月。在人类社会不断发展的历史长河中，早在数千年前森林便已成为人类敬畏、崇拜的对象。以中国为例，司马迁在《史记·封禅书》中曾记载"夏得木德，草木畅茂"，可见森林已经融入先秦时期的哲学思想体系中，作为"五德"之一的"木德"体现了森林化育万物的特征，成为封建统治者赋予自身神性、促使王朝合法化（譬如史家认为夏朝是"木德"）、承继"天命"的精神冠冕与政治逻辑。不限于国家统治层面，森林或与之息息相关的植被也常常被世人与社会规范及品德伦常挂钩，古代的一些先贤哲人都有讴歌森林、赞扬植物的事迹，譬如庄子常常自比为椿树，他认为椿树"臃肿不中绳墨、拳曲不中规矩"的特征是一种以柔克刚、以退为进、灵活变通的品质，值得世人借鉴学习。《三国演义》中关羽也曾对孙权派来劝降的使者说出"玉可碎而不可改其白，竹可焚而不可毁其节"的悲壮激昂之语，虽然《三国演义》只是一部文学作品，但足可见古人通常把品德高尚、不屈不挠、视死如归的英雄气概与竹的特征挂钩，体现了古人把竹作为一种精神载体。不仅如此，植树也成为一些文人雅士的个人娱乐，晋代的著名诗人陶渊明喜爱柳树，其住宅旁边长有五株高大的柳树，这成了他作诗之余欣赏的美景，因此自号"五柳先生"。柳宗元喜欢亲自植树，他在柳州担任刺史期间曾作诗自嘲曰："柳州柳刺史，种柳柳江边。"柳宗元把植树当作一种喜好，并积累了大量亲自植树的经验，这一点在韩愈的《柳州罗池庙碑》中有所记载。譬如"能顺木之天，以致其性""其本欲舒，其培欲平，其土欲故，其筑欲密"，这些都是柳宗元对植树经验的总结，可见他对植树的喜爱。农耕文明时代，人类对森林及其他植物的喜好与讴歌，并非由于人类真正能够以现代科学审慎的眼光探析它们，而是曰于人类改造自然的能力较弱，探索世界未知领域的科技力量不足，从而衍生出一种敬畏情怀，这种敬畏情怀逐渐与当时的宗教、生产力现实、政治制度、社会风气以及统治者主观意志结合，最终形成了早期的"森林文化"。在这一时期，人类对森林是仰视的，对森林的态度是敬畏的。

随着科学技术的不断发展，人类探索、改造自然的能力不断增强，科技的发展不仅改变了人类的生产生活形式，也渐渐改变了人类对森林的朴素情感。在工业革命后的近现代，现代科技的涌现以及达尔文进化论的提出，使得人类深信自己在地球上的地位要优于自然界其他任何物种类群，人们逐渐摒弃了刀耕火种时代由森林那深邃的"神秘感"促生的敬畏情绪，工业化及城镇化的不断推进，促使人们开始过度索取森林资源，从而维持整个人类社会的日常运转，森林在这一时期从人们的精神殿堂中悄然消失，其早先被人类祖先赋予并讴歌赞扬的"神性"被逐渐剥夺，最终成为人类赖以生存的资源库之一。人类并不将其视作平等、敬仰的存在，其只是一个地理学或生态环境学上的专业科学名词。在这一时期，人类对森林是俯视的，对森林的态度是淡漠的。

进入 21 世纪，由于人类对森林资源的过度攫取，森林自身的生态修复力难以弥补其遭遇的破坏，森林与人类之间的平衡被不断打破，最终引发了森林对人类的"报复"：2005 年葡萄牙发生严重森林火灾，烧毁了 13 万公顷的林地；2006 年西班牙发生严重森林火灾，大约 6.5 万公顷的林木被毁；2020 年中国四川省发生森林火灾，造成了 19 名消防人员的牺牲。森林火灾不仅造成了无法估量的直接损失，还会间接导致全球其他自然灾害的发生：2019~2020 年澳大利亚发生的森林大火或已导致 30 亿个动物死亡①，物种的多样性受到了严重破坏，而澳大利亚大火形成的高温气流导致了印度洋偶

---

① "Australia's Fires Killed or Harmed Three Billion Animals," BBC News, 2020 年 7 月 28 日，https：//www.bbc.com/news/world-australia-53549936。

极子（Indian Ocean Dipole）①，加剧了东非地区持续的大暴雨，湿热的气候滋润了孵化期的蝗虫卵，间接导致了东非蝗灾的大暴发，这次严重的蝗灾波及索马里、印度、巴基斯坦等诸多亚非国家，或将导致全球6.9亿人处于饥饿状态，形成50年来最严重的粮食危机②。

　　森林利用其自然之力对人类开展的一系列"报复"已经使人们充分意识到，要想让人类这一种群继续在地球上繁衍生息，人类必须摒弃唯我独尊的"高级动物"意识，考虑其他群类的生存发展利益，即人类对森林资源不能过度无序地进行索取，必须在一个双方耦合协调、互惠互利、共赢共存的基本框架下进行。人类在索取森林资源的同时，亦要考虑森林的可持续发展问题，考虑森林的生态环保问题，从而塑造富有弹性、韧性的"人类—森林"二元嵌套式发展体系，形成"你中有我，我中有你"的可持续发展局面，即人类的生存发展离不开森林，森林的生存发展亦离不开人类，人类的可持续发展有益于森林，而森林的可持续发展同样有益于人类，必须将森林与人类之间单调的、不平等的"仰视"或"俯视"关系改造为平等互利的"平视"关系。科技的澎湃之力正在世间不断涌现，理念的约束与物理纠葛形成的张力使得人类与森林之间的关系越发复杂，可持续发展中的易变性、模糊性、脆弱性、敏感性等负向特征在人类社会与森林的双边关系中变得越发鲜明，包容、绿色、轻简、节约的森林生态文明理念亟待树立，为尽快解决这一复杂课题，构建现代化林业治理体系，促进林业高质量转型和可持续发展显得急迫且尤为重要。

---

① "The Indian Ocean Dipole is Making Australian Bushfires Worse and Increasing Locust Swarms in Africa," ABC (Australian Broadcasting Corporation) News, 2020 年 1 月 30 日, https://www.abc.net.au/news/2020 - 01 - 30/weather - event - making - australian - bushfires - worse - locust - swarms/11914828。

② "The State of Food Security and Nutrition Around the World in 2020," Food and Agriculture Organization of the United Nations, 2020 年 7 月 13 日, http://www.fao.org/3/ca9692en/online/ca9692en.html#。

二 构建现代化林业治理体系的必然性

（一）社会必然性

茂盛的森林是自然界陆地生态系统的重要组成部分，也是自然界赐予人类的天然资源宝库，是人类社会持续运转、人类族群繁衍生息的重要生态屏障。1984 年中国颁布《中华人民共和国森林法》，并在 1998 年、2009 年及 2019 年三次对其进行修正，这对于防范乱砍滥伐、保护森林生态环境、合理利用森林资源、加快国土绿化建设、促进中国林业发展发挥了关键作用。然而，党的十九大以来，中国特色社会主义进入了新时代，中国社会的主要矛盾已经发生根本性转变，随着国家生产力发展水平的显著提升，物质增长与经济富裕已不再是人民群众的唯一需求，人民日益增长的美好生活需要和不平衡不充分的发展之间的矛盾已经显现，这关乎深化改革的红利分配问题，关乎中国共产党领导下的国家建设和发展问题。林业是与森林资源关系最为密切的行业，随着社会主要矛盾的转变，固有林业经营发展与森林资源开采、利用之间的矛盾（包括林业生产方式与林业生产要素分配的矛盾、林木生长周期与森林资源年耗量之间的矛盾、林产品市场多样化需求与林产品供给之间的矛盾等）也相应发生转变，这是判断林业发展亟须构建现代化治理体系、促进高质量转型与可持续发展的科学依据，也是新时代中国特色社会主义大背景下林业实现深化改革的重要前提，只有牢固认识、深入领会、明确坚持这一社会主要矛盾转化的科学论断，才能精准把握林业发展革新的新方向，这是构建现代化林业治理体系的逻辑前提，也是必要条件。此外，习近平总书记在党的十九大报告中明确提出要坚持人与自然和谐共生，必须树立和践行"绿水青山就是金山银山"的理念，坚持节约资源和保护环境的基本国策。"两山"理论的提出为社会主要矛盾转化这一大背景下林业高质量转型和可持续发展提供了理论依据。习近平总书记提出的"两山"理论是构建现代化林业治理体系、促进林业高质量转型和可持续发展的最大本钱，只有保护绿水青山，保护森林资源，才能做大人民群众和国家的"金山银山"，才能不断深化、丰富经济社会发展与森林生态保护之间的辩证关系，才能使理论在生产实践中化为现实，开创千万名群众自觉行动、积极参与林业体系现代化改革的全新局面。社会主要矛盾的转化给构建现代化林业治理体系、促进林业高质量转型和可持续发展提供了社会必然性。

（二）经济必然性

林业是建立在森林资源基础上的一类重要产业，林业的发展趋势与森林资源的状况息息相关。林业的经济价值主要体现在直接经济作用和间接经济作用两方面。直接经济作用指的是林木原材料直接销售所产生的经济利益，比如林木销售可以为建筑业、造纸业、工艺品制造业、家具业等其他行业提供原料，通过林业的直接经济作用，诸多下游产业的经济规模得以扩大、效益得以增长，但是，由于林业的直接经济作用可以带动诸多下游产业，形成更高的经济附加值，因此对森林资源的过度攫取、不当采集、乱砍滥伐、盗卖偷运等现象一直难以根除，这不仅削弱了森林作为公共资源的属性，损害了人民群众和国家的利益，也严重破坏了森林固有的保持水土、涵养水源、净化空气、固碳释氧、调节气候等良性特征，不利于林业的可持续发展。此外，间接经济作用指的是森林的生态及文化商业价值，譬如在林木植被覆盖率较高、风景优美宜人的地区发展森林旅游和休闲项目，通过吸引外来游客观光的方式产生经济利益。一些风景极度优美、环境美观惬意的地区甚至可以通过森林景观吸引外来人口在本地区落户，这为本地区的经济发展提供了良好的支撑。但是，由于森林地区周边配套设施的落后，许多森林景观的旅游观光并未达到预期效果，甚至常年亏损，通过普及"森林文化"，打造森林文娱产品的计划更是难以实施。综上所述，不论是直接经济作用还是间接经济作用，林业作为国民经济的支柱产业之一，其高质量转型已然是必然趋势，其经济上面临的诸多难题也亟待解决，这一切均给构建现代化林业治理体系、促进林业高质量转型和可持续发展提供了经济必然性。

（三）科技必然性

人类历史上数次技术革命都带来了产业革新，即产业的转型与技术推动密不可分。当前，中国的科技发展已经达到了新的历史高度，包括智能传感技术、可视化技术、信息通信技术、物联网技术、人工智能技术、大数据技术等新兴科学技术已经在林业治理体系中被广泛运用，新兴技术在广度和深度上的拓展趋势正在不断呼唤着林业的高质量转型与现代化治理体系革新。李克强总理在十三届全国人民代表大会上提出了"智能＋"的技术概念，这一技术概念相较于传统信息技术更加智能化、数字化，只有依托"智能＋"技术，将其作为生产要素的一部分投入林业治理体系建设中，才能通过科技的力量对林业的发展革新起到强而有力的支撑作用。当前新兴技术在林业中的使用尚未普及，在技术标准、技术投入和技术维护上均存在些许不足之处，技术的高成本问题也致使林业现代化治理体系构建的效果大打折扣。此外，各地区因经济发展水平不同、区域特色不同、森林资源分布现状不同等，往往采用有利于自身林业发展效益的技术手段，而忽视了林业生态保护的外部性问题，在普及高新科技产业、提高林业整体发展效率的同时往往给林业的生态保护带来更多的不确定性和复杂性，使得新兴技术赋能下的林业体系在"科技熵增"与"科技熵减"的实现路径上一波三折，这有碍于构建集约、扁平、高效的现代化林业治理体系。"智能＋"技术的普及是必然趋势，也是国家科技实力的体现，然而新兴技术在林业中的应用并非个人、企业、政府机关或某一行业、某一区域的独唱，而是全国上下的大合唱，只有在弘扬科学精神的前提下，破除传统林业治理体系的樊篱，把握好生态逻辑与技术逻辑之间的进退程度与平衡，才能切实有益于林业的进一步改革与发展，实现这一切的必要条件则是构建现代化林业治理体系、促进林业高质量转型和可持续发展。因此，科技利用与林业生态保护之间的矛盾带来了构建现代化林业治理体系、促进林业高质量转型和可持续发展的科技必然性。

三　国内林业发展的现状、问题与挑战

森林是具有多样性功能的陆生生态系统，其具备调节气候、涵养水土、防风固沙、维护物种多样性等一系列生态功能，也具备林木生产、药材生产等一系列经济功能，还具备美化景观、旅游康养、休闲观赏等一系列社会功能。因此，只有精准把握林业资源的发展现状，剖析现存的棘手问题或挑战，才能明晰林业发展的优势与劣势，厘清"危"与"机"之间的辩证关系，这不仅是保护林业生态环境、建设林业生态文明的基础条件，也是构建现代化林业治理体系、促进林业高质量转型和可持续发展的重要依据。

（一）发展现状

伴随着经济的增长，中国的林业发展总体上呈现出一片欣欣向荣的景象，林业产业的发展态势持续向好，优质林产品的供给能力持续增强，林下经济产品的种类不断丰富，绿色及有机产品的比重持续增加，2018 年各类经济林产品出产量达 1.57 亿吨，全国各地共建成林下经济示范基地 7000 余个，国家级林下经济示范基地 374 个，林业产业投资基金项目获批 289 个，总投资额达 1353 亿元，林业产业的年产值达 73300 亿元，林产品进出口贸易额达 1600 亿美元①。当前，中国林业主要开展了以下几项要务。

第一，绿化造林。习近平总书记等党和国家领导人，对"三北工程"高度重视，为充分落实国家储备林建设工程、开展全国森林城市发展等重大规划，国土绿化工程通过"互联网 + 全民义务植树"的方式推广到全国 10 个省份进行试点。此外，通过启动百万亩人工林基地建设项目，已经打造了 30 个森林质量精准提升示范性项目，完成了一系列社会造林、公益造林、

———————

① 国家林业和草原局编著《中国林业和草原年鉴 2019》，中国林业出版社，2019。

退耕还林工作，截至 2019 年底，全国范围内已完成造林 706 余万公顷。

第二，森林资源保护。为保护森林资源，国家有关部门积极开展林地年度调查变更工作，打造全国林地"一张图"式数据库，利用"互联网＋"和遥感技术升级森林资源的清查与监督管理方式，并在全国 17 个省市开展"林长制"试点改革工作，积极鼓励森林保险参与森林资源保护管理体系，积极开展古树名木资源普查、林业碳汇计量监督、林病虫害防治、林地野生动物疫情防治、森林防火功能提升等一系列重点工作，取得了阶段性成果。

第三，林权制度改革。为解决频现的承包经营纠纷，国家有关部门启动了新一轮集体林业综合改革工作，印发了《关于进一步放活集体林经营权的意见》，提出集体林地三权分置、培育新型经营主体、充分吸纳社会资本等改革建议，同时进一步深入开展林业人事制度改革和林权抵押贷款改革工作，扩大林权抵押贷款的范围并增加额度，移交集体林业原有的行政、社会管理人员至地方。上述工作均取得了显著成效。

第四，林业生态扶贫。通过大力发展森林旅游，认定林业示范园区和重点龙头企业，审核认证一批森林生态标志性产品，《林业草原生态扶贫三年行动方案》得以有效落实，累计选聘超过 50 万名生态护林员，精准带动 180 余万贫困人口脱贫增收，通过北京世园会等国际性林业会议力推林产品出口销售，在特定的"三区三州"等深度贫困地区扎实推进林业扶贫专项工作，帮助定点扶贫县与银行签订扶贫贷款协议，引入林业龙头企业增加岗位供给，促进林业人员从业，循序渐进推进林业生态扶贫工作顺利开展。

由此可见，当前国内林业各项建设工作正在如火如荼的进行中，有关部门正在积极采取一切措施优化林业结构、提升林业绩效、丰富林业内涵、构建现代化林业治理体系，这些工作的根本目的与促进林业高质量转型和可持续发展相一致，因此有理由认为，在整体政策和战略方向上，林业的发展与演进革新符合新时代中国特色社会主义社会主要矛盾的转化规律，符合林业深化改革的迫切需要。

（二）问题与挑战

虽然国内的林业发展成绩斐然，各项工作正在有条不紊地积极落实，林业的高质量转型正在加速，现代化林业治理体系已具雏形，但是在促进林业高质量转型、实现林业可持续发展的宏大进程中，依然存在些许问题与挑战。

第一，森林资源采育失衡。林木的生长通常需要较长周期，一些名贵树种的生长周期更是长达数十年之久。虽然在政府的积极引领下，企业、个人及其他有生力量通过公益造林、社会造林的方式积极落实国土绿化工程，种植林木的效率有所提升、面积显著增长，但由于森林资源的不断消耗，林木的生长速度往往无法跟上森林资源的消耗速度，森林的自我恢复能力以及外界的干预亦难以完全弥补高频的采伐，从而导致了森林资源的采育失衡。一方面，人工造林的林种较为单一化，幼林较多，成活率较低，造林的成本逐年上升。另一方面，盲目造林缺乏综合性评估，也会引发一系列新问题，譬如，陕西榆林地区用于防风固沙的沙蒿就被质疑是当地过敏性鼻炎患者激增的原因，沙蒿的花粉被认为是变应原之一[①]。

第二，林业科技推广不足。科技创新是助力林业高质量转型、实现可持续发展的关键支撑，也是构建现代化林业治理体系的关键要素。然而，一方面，当前林业科技的推广任务主要下沉至各级林业站及国有林场，这些基层单位虽然会严格遵循国家政策去执行科技推广任务，但依然缺乏主观能动性。另一方面，推广的手段仍然以口头讲授、印发宣传单页这样的传统形式为主，缺少信息化、网络化和数字化等高技术辅助，推广形式效率低下且浮于表面，成效较差。加之诸多林业站及国有林场日常业务繁忙，往往疏于林业科技的推广，且缺乏有效的资金支持，推广工作往往如蜻蜓点水一般成了"面子工程""包装袋工程"。

[①] 《榆林：沙蒿或为过敏性鼻炎的"突袭客"》，新浪陕西，2014 年 9 月 5 日，http：// sx. sina. com. cn/news/s/2014 – 09 – 05/0951118759. html。

第三，林业人才青黄不接。随着城市化建设的加速，许多新岗位、新职位、新工种的从业者年龄构成都在年轻化，相较之下，林业从业者却以中老年人群为主。林业中的大多数工作具备实践性极强、工作强度较大、户外活动时间较长的特点，由于无法忍受这种艰辛，许多林业种植地区的青壮年劳动力大量流失，加之基层林场和工作站的配套设施往往不尽如人意，因此难以吸引优质的青年人才，导致林业从业者特别是从事林业科技工作的研究人员队伍老龄化严重。以浙江的开化县林场为例，截至2019年底，在38位拥有中、高级职称的林场专业技术人员中，竟然没有1位年龄低于30岁的，而30岁至35岁的也仅仅有5人，中青年劳动人群的断层导致了林业人才队伍，特别是基层林业人才队伍青黄不接，这严重制约了林业的高质量转型与可持续发展，阻碍了现代化林业治理体系的构建。

第四，林业经济形式单一。相比于工业和其他行业，林业经济主要依托于森林资源，其经济基础相对薄弱，加之生态环境保护的约束以及资源的趋紧，可供投入林业经济的生产要素十分有限，林业产业的资源无法得到及时补充，因此无法实现涌现形式的规模经济增长，而这些有限的林业生产要素，其市场化程度较低，资源配置的形式主要依托计划经济，林业的主导产业尚显稀少，产业优势并不明显，实现产业化的模式和管理手段较为单一，缺乏科学合理的产业规划布局与管理创新，粗放式的消耗型经济模式使得林业生产缺乏品牌文化建设，林产品品牌在国际市场上的口碑较差、含金量较低，缺少核心竞争力。此外，林业缺乏"大而强"的龙头企业，无法形成"以点带线、以线带面"的产业辐射效应，社会参与力度较小，林业上下游各利益相关主体的协同程度较差，这导致了林产品的科技附加值较低、林业深加工能力较弱，阻碍了林业经济的多元化发展，对构建现代化林业治理体系、促进林业高质量转型和可持续发展极其不利。

四 国外经验及启示

构建现代化林业治理体系的关键，是将作为林业依托基础的森林资源与政治背景、社会因素、经济发展、文化创新等内容有机耦合，从而形成四横八纵、贯穿融通的系统，如此才能兼顾多方利益，在不同领域形成不同侧重，将单一、僵硬的传统林业发展模式带入高质量转型的进程中，逐步实现林业的可持续发展。一些国家根据自己的国情与文化背景，形成了一些独具特色的林业发展亮点，这些经验在一定程度上值得借鉴，下面列举一些典型案例。

（一）马来西亚的林业高等教育

马来西亚是世界上 12 个极具生物多样性的国家之一，而且拥有 1 个不断扩大的林业部门，林业部门的扩充使得马来西亚拥有足够多数量的专业林业人员来管理森林资源。从 1971 年开始，马来西亚博特拉大学（Universiti Putra Malaysia，UPM）便引入了英国的林业高等教育模式，设置了林学学士学位，为国家培养专业林业工作者。其林业高等教育的亮点莫过于 20 世纪 80 年代开始的联合培养硕士及博士项目，这一项目通常与马来西亚林业部门、野生动物保护部门和国家公园、马来西亚森林研究所（Forest Research Institute Malaysia，FRIM）、木材工业技能发展中心（Wood Industry Skill Development Centre，WISDC）、马来西亚棕榈油委员会（Malaysian Palm Oil Board，MPOB）等联合开展，除理论课程外，还将实践培训纳入必修环节，比如野外的田间作业，联合培养单位则提供就业岗位，优先聘用那些优秀的硕士或博士毕业生①。

（二）日本的林业机器人技术

由于日本已进入老龄化社会，劳动力不足的现象越发明显，这对于那些高强度的劳动密集型传统产业，比如林业而言是巨大的冲击。为此，日本政府和科研界大力发展林业机器人技术用以弥补劳动力缺口。譬如，日本早稻

---

① Faridah - Hanum I.，Salleh M. N.，"Tertiary Forestry Education Beyond 2020：The Case for Malaysia," *Journal of Tropical Forest Science* SI（2018）.

田大学的 Sugano 实验室，它于展了一系列的林业机器人项目（Forest Robot Project）：2003 年开发的"Woody"机器人，可以抓住树干向上攀爬，并使用自带的切割器修剪树枝，这一机器人可以分解为两部分并分别执行不同任务，帮助在困难地形（比如陡峭的山地、乱石岩等）上作业的林业工人完成工作。另外，Sugano 实验室还分别于 2005 年、2010 年开展了最新的林业辅助机器人项目。这样的研究不仅限于早稻田大学，日本各大学以及科研院所都积极开发人工智能技术，并将其积极应用于包括林业在内的诸多领域①。

（三）德国的森林资源管理

德国有一套广泛、成熟的林业法律规定体系，根据法律规定，所有森林的持有者都有义务对森林进行"可持续且适当"的管理。因此，德国提出了"多功能森林利用"（Multifunctional Forest Use）的森林资源管理理念，并根据各个方面森林功能的差异制定出不同的优先事项，所有与林业有关的生产经营活动都必须能确保森林在数量上的可持续发展，即"资源消耗小于等于资源再生"，但在具体管理任务的执行上，秉持广泛的生态和社会标准，赋予森林持有者一定的灵活性，这些标准可以是国家或联邦一级的认证方案，也可以是森林持有者自行规定的但有利于森林资源管理的标准。对于森林资源的评估亦必须将管理任务中的生态要求与可持续性发展的目标进行平衡，评估取决于对可持续性的定义及衡量方式。此外，德国对公有林采取了"政企分离"的管理方式，森林的管理权属于林业管理部门，森林的经营权则通过具有法人资格的林企来体现，即"政府管理，企业经营"这一二元模式，森林的各项财政均独立于政府并进行独立核算，收支独立并经历严格审计，这些举措的目的是确保林业企业的合法收益权②。

---

① "Forest Robot Project," Sugano Lab, http：//www. sugano. mech. waseda. ac. jp/project/forest/index. html.

② Andreas Häusler, Michael Scherer - Lorenzen, "Sustainable Forest Management in Germany：The Ecosystem Approach of the Biodiversity Convention Reconsidered," *Bundesamt für Naturschutz* BfN（2002）.

（四）瑞典的森林财政体系

瑞典拥有一套非常完备的森林财政体系，其优势主要体现在投资、税收和补贴三个层面。在投资层面，瑞典政府通常不会对森林经营进行直接投资，而是充分吸纳社会资本进行投资，瑞典大多数森林属于私人经营，而政府对林业的投资仅限于教育宣传和科技推广，这种高度市场化的投资方式减轻了政府的负担，也使得森林经营更具弹性；在税收层面，瑞典政府早已取消对林业用地征收的赠与税及遗产税，而增加了环境税的征收，这激励了经营者对林业的投资，同时也对环境保护起到了积极作用；在补贴层面，瑞典政府的补贴主要有针对历史文化遗迹和自然保护区域的环境修复补贴、自然森林灾害损失补贴以及能源林经营补贴，其中最为常见的是针对能源林的经营补贴，能源林是指提供木材（主要为柳树）作为生物燃料的林地，这类补贴为每公顷 5000 瑞典克朗，此外还有 10000 瑞典克朗的一次性补贴，这类补贴鼓励了生物能源的使用，减少了化石燃料的消耗，对森林资源的生态保护起到积极作用[1]。

此外，法国、瑞士、俄罗斯、巴西等国家的林业治理体系也有值得借鉴的亮点，比如法国的平行式林业经营管理制度、瑞士的生态保护林红线规划、俄罗斯的林业经营分权管理制度、巴西的森林资源分级管理模式等[2]。

五　对策建议

构建现代化林业治理体系，促进林业高质量转型和可持续发展，是落实"两山"理论，践行"美丽中国"战略，实现"两个一百年"奋斗目标与

---

[1]　陈洁、李剑泉：《瑞典林业财政制度及其对中国的启示》，《世界林业研究》2011 年第 5 期。

[2]　李晔、陈奕延：《推进"智能"利用，构建科技生态林业体系》，王浩等主编《生态林业蓝皮书：中国特色生态文明建设与林业发展报告（2019～2020）》，社会科学文献出版社，2019。

中华民族伟大复兴的关键组成部分。构建现代化林业治理体系，是充分满足人民日益增长的美好生活需要、推动林业改革的根本。现代化林业治理体系的构建是一项复杂而艰巨的系统工程，可从以下几方面开展工作。

第一，积极规划布局国家级林业科技战略工程。根据中国工程院战略咨询中心等联合发布的《全球工程前沿2019》报告可知，作物基因组选择育种、植物免疫调控机理、生物多样性与生态服务系统、全球气候变化与作物生产、林业高光谱遥感监测成为当前全球研究的热点。针对这一科技发展态势，国家应提前规划布局，不仅要从科技主管部门层面开展深度理论规划，更应该结合实践，将科研攻关的重点和具体方向下放至基层林业工作站和林场进行讨论，制定相应任务清单，力争打造一批能够极大提升国家林业科技竞争力的重大林业工程项目，从而吸引更多社会优质资源参与，最终带动整个林业的上下游产业链，政府部门、企业、高校、科研院所、社会团体等多主体应形成科技合力，利用科技赋能构建现代化林业治理体系。

第二，大力推进林业青年拔尖人才支持工作。应积极创新人才评价机制，充分考虑林业工作实践性强、科研成效获取周期长、科研条件艰苦的特点，及时调整人才评价方式方法，在遵循人才成长规律、杜绝"揠苗助长"的基础上实现林业科技人才评价工作的创新常态化。建议破除"唯论文""唯学历""唯资历""唯帽子"的人才评价标准，将职业规划和实践工作绩效纳入林业人才评价体系中，鼓励青年科技人才自我推荐，通过"双导师"（学术导师与企业导师）制度强化青年人才的科技实践能力，对那些具有一技之长和突出贡献的青年人才应给予大力支持并破格提拔。此外，要大力提升青年拔尖人才的各项待遇，特别是在落户、配偶就业、子女入学、住房医疗等方面开通"青年拔尖人才绿色通道"，完善基层林业工作站、林场所在行政区划的基础配套设施，筑巢引凤，做好青年人才培养扶持工作。

第三，全力完善森林资源管理制度。加强森林资源管理是保护森林资源的必要手段之一，因此，必须提升对森林资源的管理质量。应建立严格的责任制度，落实好奖惩机制，在"林长制"的基础上将各林业部门负责人工作职责内的林业绩效纳入考核环节，对考核不合格的官员依法依规进行惩罚。另外，林业部门必须与森林管护人员签订具有法律效力的责任书，约定森林区划中各项任务清单的"责权利"问题，确保森林管护能够具体落实到责任人。应对林业各级部门及林业从业人员进行《罚款分离制度》与《行政执法过错责任追究制度》相关内容的普及，对森林资源应定期、定点开展巡护，做好巡护记录并及时掌握林区内森林资源的具体分布情况和林木抚育采伐状况，严防森林灾害和人为破坏行为。

第四，充分优化林业经济结构，推进农林一体化产业策略。林业经济的结构优化是构建现代化林业治理体系、促进林业高质量转型与可持续发展的必要组成部分。应健全林业经济体制，摒弃传统林产结构的糟粕、剔除不适应生产力水平的林业生产结构，重新分配生产要素，调整生产力输出。积极引进先进技术，利用技术赋能提高林业生产效率，减少林业经济中的高耗能，规范产业指导方针，统筹安排全国范围内的林业产业资源放布，使林业形成规范化、制度化、创新化、市场化的良性经济结构。此外，应积极开拓国内外林业市场，打造一批具有国际竞争力与高附加值的知名品牌，延伸林业产业链，鼓励增加林产品精深加工、林业生态旅游、林业文娱项目等特色林业产品服务，积极打造一批林业龙头企业，全面帮扶具有市场创新活力的林业小微企业，提高企业专业化程度，积极开拓互联网、社交平台等新营销交易渠道，构筑满足国内经济循环需求的国际化林业市场。

参考文献

《习近平：森林关系国家生态安全》，央广网，2016 年 1 月 26 日，http：//news. cnr. cn/native/gd/20160126/t20160126_ 521243814. shtml。

《习近平：把造林绿化事业一代接着一代干下去》，新华网，2017 年 3 月 29 日，http：//www. xinhuanet. com/politics/2017－03/29/c_ 1120720192. htm。

孙天阳、陆毅、成丽红：《资源枯竭型城市扶助政策实施效果、长效机制与产业升级》，《中国工业经济》2020 年第 7 期。

Santos A. et al. , "Assessment and Optimization of Sustainable Forest Wood Supply Chains—A Systematic Literature Review," *Forest Policy and Economics* 105 （2019）.

Shabani N. , Akhtari S. , Sowlati T. , "Value Chain Optimization of Forest Biomass for Bioenergy Production: A Review," *Renewable & Sustainable Energy Reviews* 23 （2013）.

B.7
完善森林生态效益补偿制度
促进森林高质量管理保护

毛宇挺*

摘 要： 为完善森林生态效益补偿制度，促进森林高质量管理保护，在借鉴了比较成熟的耕地补偿政策后，本报告从林业"三权分置"开始研究，认为只有将所有权、承包权、经营权分离，才能更好地落实补偿制度，将林业保护责任落实到人。此外，补偿来源分别为政府、市场和其他区域。对于政府而言，需要调动各类第三方中介机构，对各类林地有严格界定，在确认林地性质的基础上进行政策、补偿方案制定。对于林业经营者而言，通过规模化生产、信息化销售充分激发市场对于森林产品的认可，挖掘潜在的市场价值，所创造价值越多，主体之间可分配利润越多，补偿制度可进一步完善。同时由于森林资源是牵一发而动全身的资产，因此区域之间生态、经济效益再分配也非常重要。为了促进补偿资金在各主体之间分配，政府还需要进一步加大市场建设力度，利用金融机构、政府服务机构加快林地所有权、经营权流动，让市场发挥价值发现功能，更好地完善森林生态效益补偿制度。

关键词： 森林生态效益补偿制度 三权分置 补偿资金来源 价值发现 再平衡

---

* 毛宇挺，博士，上海浦东发展集团财务有限责任公司投资银行部经理助理，研究方向为经济预测。

一 引言

目前，中国在耕地建设和补偿方面已经有了长足的发展和进步，这主要得益于土地所有权、承包权和经营权的分离，同时土地流转市场的蓬勃发展和农产品定价的市场化、透明化，给予了土地实际经营者足够的生态维护补偿，而政府给予土地所有者和承包者的维护耕地的补偿金，也在土地流转和补偿金二次分配的过程中，在土地所有者和实际经营者之间达到一个再平衡，从而更好地帮助保护耕地。

在观察森林生态效益补偿制度现状时，我们发现几个比较明显的问题，导致森林生态效益补偿制度对于调动实际经营者保护生态环境的积极性不高。主要是由于，第一，森林资源比较难以集约化生产，因此经营权很多时候与承包权、所有权是混淆的，大家只知道拿国家补贴，并不能提高生产力及护林意愿；第二，同一区域内森林能被开发和经营的潜力不同，对此缺乏准确的认定；第三，森林的附加值比耕地更加复杂，同时附着物也更多，很难界定权利与义务；第四，目前森林经营权流转的市场化程度还不够高，森林的经济产出物市场化程度受区域因素限制，还不够市场化，因此很难通过市场调节同一区域内所有者、承包者和经营者之间的利益关系，同时也很难调节不同区域森林之间的补偿关系。

二 森林生态效益补偿制度简述及问题分析

（一）制度简述

中国目前正在遵守的关于林权制度改革的法律法规还是 2008 年 6 月 8 日发布的《国务院关于全面推进集体林权制度改革的意见》（以下简称《意见》）。

《意见》明确将集团林地经营权和林木所有权落实到农户，将农村家庭承包经营制度从耕地延伸到林地，其目的主要还是改善农民生活条件，促进脱贫致富，使农民生活有了进一步保障，同时寄希望于农民能够自愿自主地保护林地。但很明显，由于农民同时获得两块收入——国家给予的保护林地的补贴及森林经济产出的收入，农民在权衡两块收入后，可能最终选择了放弃生态保护而多多产出。

农户的生产能力有限，农民首先无法最大限度地挖掘林木资源价值，其次技术落后，并无法在挖掘木材价值的同时保护生态环境，最后就是各个农户之间其实间隔较远，互相之间联系不够紧密，无法形成产业集聚效应，因此更加无法发展森林旅游等副业。

由于目前林地承包商本身体量不够大，一家承包商无法承包大规模和成片林地，因此无法实现规模化生产和销售，林地经营权流转并不能提升森林开发的效率。同时由于林农自身的局限性，尽管落实了处置权，但在出租转包的过程中，往往不能给出合理定价，因此自身的权益很难得到保障。

补偿部分主要是政府统一承担，但是这种补偿机制，实际缺乏科学性和客观性，没有考虑到各区域之间森林的生态效益相互影响的特点。以长江流域森林来说，上中游区域对于森林的保护使得下游地区水文环境极好、森林保护要求降低，由此在长江下游产生的经济效益应该有一部分转移至上游地区。这部分就很难界定。政府本身对于补偿金大包大揽，而不考虑各区域之间的转移效应，不利于激励地区对于森林的保护意愿。

在2018年4月后，为深化集体林权制度改革，中国着力探索建立集体林地"三权分置"运行机制，这个机制也是在耕地的"三权分置"运行良好的基础上改进而来的，在依法保护集体林地所有权和农户承包权前提下，平等保护林地经营权，建立林地经营权依法向金融机构融资担保、入股从事林业产业化经营相关制度。"三权分置"只是经营权流转的一个基础，但实际流转过程中，不论是流程，还是价格，都面临很多问题。只有在不断完善林权流转管理制度、创新林权抵质押贷款及林权收储担保融资方式、改革社会资本投入林业模式等方面开展工作，才能推动林权流转。但目前尚未出台完整文件，仅有小部分区域开展试点，大规模试点估计要等小范围试点成功后才能进行。

（二）问题分析

1. 林地划分较为困难

与耕地不同，林地本身需要进行分类定义，根据《意见》要求，需要将林地划分为商品林和公益林，商品林和公益林本身又是根据开采后是否会对周边环境及生态造成破坏来划分的。这就导致了，商品林在开发几年后，可能转变为公益林，但是由于认定规则陈旧，过度开发可能导致相应林地彻底荒废。本身的划分需要更细致、更准确的标准，并向社会及林农公布，只有这样划分方式才公平、公开；此外，对于林地划分的评价周期也是重要细节。

2. 所有权与经营权依然模糊不清

林地所有者本身需要负担起保护森林的任务，这也是其能获得国家补偿的主要原因，但由于农民依然实际参与森林资源的开采和砍伐，故无法真正做到保护资源。部分村民既是所有者，又是经营者，部分仅为经营者，没有产权，国家补偿金却直接给了所有者，对实际经营者和保护环境的人不太公平。

3. 森林生态资源的附加值难以衡量

耕地的主要价值就是农产品价值，以及耕地能够一直保持地力，能持续被开垦。但森林与耕地不同，除了能够产出木材、水果外，还具有极高的生态保护价值、环境保护价值。西北地区的经济作物林，不仅能用于制作木制品，本身还有助于防止土地荒漠化；西南地区的森林可以保持森林内物种多样性，同时还能预防水土流失、泥石流等自然灾害。但这部分价值难以衡量，可以说，这部分价值只有等这片森林消失的时候，才能真正算得清楚。

4. 林业发展及森林经营权流转市场化程度不够

在土地经营权流转的过程中，出现了大型企业作为耕地经营者的情况，在大片耕地实现了集约化生产。如知名快餐企业菜根香承包了江苏省某县近一半的土地，用于种植粮食、蔬菜。一方面降低了生产成本，另一方面由于自身经营快餐行业，进一步提高了该部分粮食、蔬菜的价值。而林木业目前的发展模式还是大型家具企业等公司向农民直接收木材，企业并未直接掌握林木的经营权，因此森林真正的经营者无法获得最大的市场利润。由于经营者无法深度获取利润，因此林地流转市场也较小，市场的价值发现功能没有体现。

三　森林生态资源各方之间的关系及权利义务分析

（一）林地所有者、承包者、生产者之间的关系

结合土地"三权分置"的经验，目前林地也可以通过"三权分置"的模式，鼓励和引导林农依法通过转包、出租、入股等方式流转林地经营权和林木所有权，盘活林地资源，推动家庭经营、集体经营、合作经营等多种经营形式共同发展。其中森林所有者和森林承包者对森林有直接的保护义务，相当于直接与政府签订合同，约定在发掘森林商业价值的同时，保护森林生态环境，可以直接获得政府资金补偿。承包者将经营权转让给森林经营者，以进行最终的森林资源开发开采，承包者获得租金或股份，同时经营者实际承担起转让的费用和保护森林环境的责任。所有者和承包者一般为村集体和农户，经营者大多为合作社、农户或者是大型公司。目前来看，由于林农本身发现价值能力较低，很难判断合理的出租价格，因此入股、合资是最适合林农的经营权流转方式。若采取股权形式，农民的收益可通过每年分红获得，当林木市场发展良好时，农民可进一步提升收入水平。至于生产者，目前来看，作为木材产业的下游，家具、纸张等行业的经营者并不愿意直接接入前期原材料的采集，因此建议部分国有企业可以作为一大片区的统一的生产和经营商，集中对森林木材资源进行开发采集。国有企业优势在于本身资金体量较大，可以大规模拓展业务范围；不以利润追求为唯一目标，可以适度让利给林农，使他们的生活得到保障；可接受行政命令，完成生态保护的任务。

（二）森林生态效益补偿来源：政府、市场、其他区域

从权利义务对等的角度分析，如果林业经营者完全落实了政府对于森

林保护的要求和指导，那么受益最大的肯定是整个国家。首先，林木资源本就是国家重要战略资源；其次，森林对于生态保护有重要作用，包括防治土地沙漠化、防治水土流失等；最后，对于保护生物多样性、便于国家开展生命科学研究都具有重要科学意义。因此国家财政肯定是最重要的一部分补偿来源。但这部分资金如何更好地在林业所有者、承包者、经营者之间分配，需要我们继续探讨。此外，很多市场参与者会因为森林保护较好而获益，包括大型的林木贩卖商、森林周边旅游景点度假村负责人、森林产出物贩卖商等。这些人在赚钱的同时也为森林保护做出了贡献，有些仅仅是进一步利用了森林的商业价值。因此政府可通过调节税收等方式引导市场参与者对部分利润进行再分配。最后就是其他区域，不同区域之间尽管相隔甚远，但是依然会相互影响，因此不同区域之间的利润再分配也非常重要。

四　挖掘森林市场价值，多方位完善补偿制度

（一）针对不同类型林区制定补偿标准

1. 完善商品林、公益林区分方式，针对不同类型的林木制定不同发展规划及补偿标准

实施公益林生态效益补偿，推进河岸生态治理工程和防护林体系建设工程，同时抓住旅游业不断发展的机遇，推动以森林游憩为主要内容的生态旅游发展。

针对森林生态环境一般，但是有改善空间的区域，可优化森林资源结构，增强森林生态系统功能；实施公益林生态效益补偿政策，增强森林涵养水源、保持水土能力，进一步优化生态环境。

对于生态环境压力过大的区域，规划继续实施退耕还林工程，综合治理坡耕地，增加林地面积，防治水土流失；加大人工用材林的经营力度，大力培育以马尾松、桉树为主的工业原料林和速生丰产林，增加木材的产出。

对于生态环境有一定压力，但原始森林保存较好的区域，可规划继续实施严格的保护政策，增加林地面积，防治水土流失，提高森林质量及小流域的生态保护功能。

2. 当发生退耕还林、商品林和公益林转化等情况时，应根据实际情况增加或减少补偿

一些生态脆弱的耕地，在经过了退耕还林之后，生态价值和潜在经济价值大幅提高，但是经营者直接到手的收入大幅减少，因此需要政府每年通过监测进行补助。但是，当一些比较脆弱的公益林在经过所有者努力改造转化成商品林之后，由于商品林本身市场经济价值较高，因此不论是转让经营权的所有者，还是最终的经营者，都能从市场上得到更好的回报，因此可以降低补偿。同样，当商品林退化成公益林时，国家应该继续减少对于该块林地的补助，应当由经营者拿出一部分收益作为补偿，补偿所有者损失的国家补偿部分。

3. 针对近年来各类灾害造成的残次林、森林火灾造成的迹地，采取工程措施恢复森林植被

针对退化林地，依托石漠化治理试点工程，探索在石漠化林地恢复植被的技术、管理手段等一系列问题的解决办法，主要破解人为活动频繁的岩溶区域生态改善的难题。针对临时占用林地，对期满后林业生产条件未恢复的，根据数量与分布制定规划，尽快恢复森林植被；对规划期内临时占用林地的，提出森林植被恢复的监管措施；对毁林开垦的林地，制定限期还林规划。禁止毁林开垦、毁林挖塘，防止将林地转化为其他农用土地，在农业综合开发、耕地占补平衡、土地整理过程中，不得挤占林地。

（二）通过集约化生产提高森林经济作物的市场价值

类比于土地经营权转让及补偿的相关制度，森林经济作物的生产者主要的收入来源也应该是森林经济作物的市场价值。为了提升这部分市场价值，第一是森林所有者在转让时可适当降低价格，将国家补贴的一部分收入转移

至实际经营者手中；第二是森林经营者提高自己的生产效率，通过规模经营增加利润；第三是经营者从自身利益角度出发，可能会兴建公路、航道等基础设施，由于这些设施可长久使用，因此建议政府对这些措施进行回购，实现双方共赢。

在林地所有者将林地转让给经营者之后，除了转让费用和部分保留的股权外，农民本身作为最熟悉森林经营模式的生产者，可以去经营者的公司打工，以获得一部分稳定的工资，从而增加自身收入，为生活提供保障。

建议政府可以通过人才引进、大学生回乡创业等政策支持，进一步提升整个林地运作过程中的科技含量，让农科人员加入新型林业经营，发挥示范带动作用，通过职业培训、技术认定等手段，进一步带领林农丰富林业工作中的科技手段。

政府本身可以通过助农等手段，利用现代网络销售平台协助推销在护林方面有突出贡献企业所生产的林业产品，进一步帮助生产者增加市场销售额。

（三）组织中介机构对森林附加值进行测算

由于森林可以带来的潜在效益远不止木材价值这么简单，因此科学测定森林带来的附加经济价值，是保证补偿机制公平公正的重要因素。森林周边很多地产企业或相关的食品加工厂，可能就是因为森林作为旅游资源得到开发，从而大幅获利。

除了发展主要的木材产业外，其实立足于木材，并向外拓展，发展苗木花卉、特色经济作物、特色农产品等也是提升森林附加值的一个重要手段。同时在科技水平和集约化生产能力提高的前提下，可推进林业产出物就地实现加工转化，提高生产者和农民的总收益。

随着产业结构调整加快，森林康养逐步成为当下热门的新兴产业，根据人民群众对于绿色生态产品的需求，应大力发展生态旅游、老人康养、生物制药等绿色产业。

这种情况下，依托森林保护而获利的企业，在一定程度上其实是受益于森林的所有者和实际经营者在保护森林上的付出，因此这些企业应该在一定程度上给予森林的保护人补偿金，以更好地促进森林保护。至于补偿金额，建议由掌握翔实经营数据的税务部门来进行核算。同区域两家公司，一家在森林附近，一家在市区，对比缴税情况差异可以测算相应因森林保护而额外获利的部分。挖掘这种森林保护的附加值其实才是林业保护的最重要目的之一。

（四）通过定量分析，完善跨区域之间的经济补偿机制

森林生态环境影响的不仅仅是本区域的水文环境、生态环境，更会影响到整个大片区的生态环境。以长江为例，整个长江流域，上游森林覆盖率会影响到中游、下游森林的需求率。贵州、云南森林覆盖率远高于江苏、浙江，其根本原因就是贵州、云南植被保护了长江上游水文环境，导致了长江入海口不再需求那么多森林进行土地保护，可以将土地开发成工业或商业用地。因此简单来说，这两个区域之间应该有一个协调补偿机制，以此提升中国人民整体保护森林的热情和意愿。

（五）政府通过中介机构，进一步完善林地流转过程，发现价值

1. 完善产权交易所交易流程

林业所有权、承包权、经营权如何合法合规地转让登记，是目前政府机关最需要关注的内容。另外，如果出现异地转让的情况，应该如何完善流程，涉及国有资产转让时具体审批程序如何走完，也是目前产交所需要重点突破的内容。

2. 政府本身可进一步加大对于林业建设的公共财政投入

整合区域的资金，加强现代林业产业基地建设，同时与政府安全保障部门、保险公司合作，联合开展防灾减灾、宣传培训、队伍建设等工作。在部分关键节点，林农或企业资金有缺口时给予重点帮扶。

3. 通过各类金融工具支持林地转让

通过银行、保险公司、证券公司等金融机构，进一步挖掘林权价值。银

行可通过林权抵押等模式向林权经营者发放贷款，助力合规经营者更好更多地承包更多林地；保险公司可针对森林经营开采开发相关的保险业务。两类金融机构可以同时参与林权抵押资产评估、备案登记、资金监管、贷款贴息、风险防控等环节的制度机制建设。鼓励银行业金融机构积极推进林权抵押贷款业务，开发适合林业特点的信贷产品，科学确定贷款期限，探索开发林业经营收益权和公益林补偿收益权市场化质押担保贷款项目。同时国开行等政策性银行可以根据政策要求加大贷款支持力度，完善林业贷款贴息政策。上交所也可以制定相关法规，鼓励林业经营者探索以林权或者项目公司经营收入作为底层资产，发行资产证券化融资工具，或利用公司本身资质发行绿色债券等直接融资工具。

4. 鼓励各类中介机构设立并培育林权的转让、保值、价值发现功能

包括担保机构：设立林权抵押贷款风险金，探索设立多种所有制森林资源担保。评估机构：积极培育第三方森林资源调查设计机构、森林资源资产评估机构。鼓励和引导市场主体对林权抵押贷款进行担保，并对出险的抵押林权进行收储。这部分主体既包括大型国有企业，也包括市场上一些小型机构。

5. 中介机构设立与林权流转繁荣相辅相成

中介机构越完善，保值、价值发现功能越可靠，不论是林农还是大型的木材开采商，就越愿意承包林地，林地本身的价值就更加稳定；同样市场上保值功能越可靠，整个流转市场就越完整、越活跃。

（六）通过农民访谈与问卷调查进一步完善补偿标准体系

在确定耕地补偿金额过程中，每个区域都会对农民进行实地的走访和调查，以确认农民对于耕地保护的认识和对于补偿金额的感受。目前调查问卷有两个非常朴素但是好用的结论，笔者认为可以在林业补偿机制中借鉴。第一，由于补偿金的发放，部分农民确实认识到了耕地需要保护，同时也认识到了保护耕地需要付出成本，这部分成本大多数由国家承担，小部分由农户自己承担；第二，大多数农户觉得补偿金少了，应该增加补偿金。

同样，通过各级政府的护林宣传，林农也能认识到保护树林的重要性，但是对于保护树林所能创造的价值和自己应该获得多少收益还没有客观的评价。只有与农民建立起良好的沟通机制，才能确定补偿金额合理与否。

五　促进森林高质量管理保护的其他建议

（一）提升集体林业管理水平

首先引入科技人才，其次在人才带动下建立起一支专业的护林人队伍，提升林权管理能力。利用信息技术手段和计算机系统，建立森林资源、权属、生产经营主体信息数据库和管理系统。将集体林地保护的权利和义务落实到户、落实到人，同时保证信息透明公开可查，切实维护当事各方合法权益。

（二）加快科技服务体系建设

加强林业科技人才培养，建立适应现代林业发展的林业科技服务体系。从高校等科研单位引进林业人才，经营方利用自身资源优势与高校等展开深度合作，努力在育种、防灾、防害等方面有新的突破。在商品林领域，通过采取科学技术手段，培养更加容易成长成熟的品种，研究一些经济类作物，提升整体经济效益。在公益林领域，培养更能改善生态环境的品种。

（三）政府加快职能转变，承担更多服务性功能

林业主管部门不仅是管理部门，更是服务部门。在编制林业规划时，也需要参考林农意见，并将森林资源资产评估情况、市场信息、技术培训信息完全透明地向林农公开。研究探索通过政府购买服务方式，利用好第三方中介机构，进一步完成林权价值评估、贷款抵押等一系列工作，主动为林业经营者提供各类融资服务、担保服务，确保林业开发开采公司持续经营。

（四）加大宣传力度

加大对集体林权制度改革法律法规、政策规章的宣传力度，做到家喻户晓，保证林农的知情权。认真排查辖区内林权改革中出现的问题，对错登、漏登、重登的林权，由林农提出变更申请，乡镇登记后报县不动产登记中心，按不动产登记相关程序和规程进行变更或注销登记，同时报县林业和园林局备案。

（五）加强组织领导

党的十八大以来，以习近平同志为核心的党中央高瞻远瞩，从中国特色社会主义事业"五位一体"总体布局的战略高度，为实现中华民族伟大复兴中国梦，大力推进生态文明建设，制定了新的发展战略，出台了一系列新的政策，开创了生态文明建设的新时代。而森林生态环境保护也离不开从上至下的政策贯彻。其核心原因在于，与耕地之间互相独立不同，森林之间关联性更强，因此各林区之间的森林保护不能各自为政，而应在上级政府的统一领导下，共同完成森林的保护与开发，力争获得总收益的最大化。同时最低一级政府也需要将相关任务分解到户、分解到人，保证组织对于林农的精确领导。

（六）明确责任分工

为支持森林生态保护，各政府部门、社会资本、个人都要协同作战，这样才能更好地完成任务。政府部门中，由建筑部门负责林区周边基础设施建设，保证森林产品能有效面对市场；水利部门负责森林灌溉用水；生物研究部门负责研究相关动物生活习性进而进一步丰富生命科学研究。社会资本在明确利润来源后，可从木材收购商逐渐向产业链前端转移，成为林业经营者，一方面有利于规模化经营，另一方面有利于护林工作的整体通盘开展。对于有护林任务的林农而言，最重要的就是完成自己的护林、开采工作；同时向政府提出自己对于补偿金的要求，这更有利于政府补偿金定价机制的完善。

六　结语

为完善森林生态效益补偿制度，促进森林高质量管理保护，在借鉴了比较成熟的耕地补偿政策后，本报告认为有以下几点可以注意，首先建议将林业"三权分置"，所有权、承包权、经营权分离，将林业保护责任落实到人，其次补偿来源分别为政府、市场和其他区域。对于政府而言，需要调动各类第三方中介机构，对各类林地进行严格界定，在确认性质的基础上进行政策、补偿方案的制定。对于林业经营者而言，通过规模化生产、信息化销售充分激发市场对于森林产品的认可，挖掘潜在的市场价值，所创造价值越多，主体之间可分配利润越多，补偿制度可进一步完善。由于森林资源是牵一发而动全身的资产，因此区域之间生态、经济效益再分配也非常重要。为了促进补偿资金在各主体之间分配，政府还需要进一步加大市场建设力度，发挥金融机构、政府服务机构的作用，加快林地所有权、经营权流动，让市场发挥价值发现功能，更好地完善森林生态效益补偿制度。

参考文献

赵文元、邵乐夫：《关于国家湿地生态效益补偿试点情况调研报告》，《新农业》2020 年第 13 期。

臧克清、穆贵玲：《河南耕地生态保护补偿标准研究——以河南省滑县为例》，《水利与建筑工程学报》2020 年第 5 期。

阮熹晟等：《基于生态服务价值的长江经济带耕地生态补偿量化研究》，《中国农业资源与区划》2021 年第 1 期。

王少杰：《江苏省耕地保护补偿激励机制发展现状、问题及建议》，《安徽农业科学》2020 年第 13 期。

赵亚莉、龙开胜：《农地"三权"分置下耕地生态补偿的理论逻辑与实现路径》，《南京农业大学学报》（社会科学版）2020 年第 5 期。

葛颖、徐崇森、李坦：《农户视角下耕地生态服务保护补偿意愿研究》，《云南农业大学学报》（社会科学版）2015 年第 5 期。

B.8
高质量推动中国林草国际合作
与交流研究

刘平阔 卢存禹*

摘 要: 为高质量推动中国林草国际合作与交流，本报告总结了现阶段林草领域的项目情况和政策环境，并利用 SWOT 战略分析工具研究了高质量推动中国林草国际合作与交流的优势、劣势、机遇和挑战；同时选取了角色定位、领域选择、发展模式和人才交流四个维度设计了高质量推动中国林草国际合作与交流的机制框架。主要结论为：目前中国开展林草国际合作与交流的条件良好，且通过国际合作推动高质量中国林草事业建设和生态文明建设具有鲜明的必要性和重要的战略意义；在高质量推动中国林草国际合作时，虽然中国具有一定的优势和机遇，但也需要克服一些劣势、应对部分挑战，应积极探索寻求新的发展空间、不断提升国际合作交流水平；就目前的林草国际合作与交流机制而言，应科学明确角色定位，合理选择合作领域，设计配套发展模式，并高效组织人才交流。最后，提出针对性建议。

关键词: 高质量发展 林草业 国际合作

---

* 刘平阔，管理学博士，上海电力大学经济与管理学院副教授，研究方向为能源转型与升级机制、生物质能产业发展；卢存禹，上海电力大学经济与管理学院硕士研究生，电力工程经济与管理专业，研究方向为产业发展动力机制。

一　国际合作与交流的必要性

（一）中国林草领域开展国际合作与交流的趋势

全球生态环境问题日益严峻，以国际合作推动林业、草原领域高质量发展已经引起了各国政府及专家学者的高度重视[1][2][3][4]。如中国—东盟林业合作机制、中俄林业合作机制[5]、中国－中东欧地区林业合作机制[6]，双方领导人高度重视林业领域的合作与发展，林业合作一直以来是双方经济合作的重要环节。国家林业和草原局发起和成立了国际竹藤组织、亚太森林组织两个国际组织，承担着多项国际履约工作，涉外工作任务繁重。当前和今后一个时期，林业和草原国际合作工作要推动构建人类命运共同体，主动融入"一带一路"建设[7][8]，在服务国家外交大局中寻找切入点和着力点，建立健全双边和多边合作机制，在此基础上推动形成固定工作机制，建立相关工作组，将具体工作落到实处。着眼"高质量"发

① Deqiong Ding, Junping Shi, Yan Wang, "Bistability in a Model of Grassland and Forest Transition," *Journal of Mathematical Analysis and Applications* 451（2017）.

② Muhammad Zahrul Muttaqin, Iis Alviya, Mega Lugina et al., "Developing Community-based Forest Ecosystem Service Management to Reduce Emissions from Deforestation and Forest Degradation," *Forest Policy and Economics* 108（2019）.

③ 梁剑：《人类绿色命运共同体视角下的中国—东盟林业交流合作机制途径探讨》，《西部林业科学》2020年第1期。

④ Julia Naime, Francisco Mora, Mauricio Sánchez-Martínez et al., "Economic Valuation of Ecosystem Services from Secondary Tropical Forests: Trade-offs and Implications for Policy Making," *Forest Ecology and Management* 473（2020）.

⑤ 梁馨元：《中俄木材贸易合作研究》，硕士学位论文，黑龙江大学，2019。

⑥ 王燕琴、陈洁、顾亚丽：《中东欧地区林业发展现状及"16＋1"合作前景分析》，《林业资源管理》2017年第1期。

⑦ 张宇佳、杜秋：《重视"一带一路"能源建设与合作中的政策问题》，《国际融资》2019年第9期。

⑧ 师成：《"一带一路"倡议背景下的中俄产能合作研究》，硕士学位论文，黑龙江大学，2019。

展，加强修炼内功，努力做好参与全球生态环境治理、拓展多双边关系的各项准备。

在"双循环"新发展格局中，影响国际林草合作与交流的因素较为复杂，如国际形势、各国的政治政策与保护主义行为、环境保护与经济发展规划、各国对林草领域可持续发展的重视程度、原有合作机制的安排，以及现有集团的利益均衡等。近年来，如何在林草领域寻求高质量的合作，发展演变为世界各国想要探寻的一个重要课题。基于此，中国应当秉持大国担当意识，坚持林草领域的可持续发展道路，倡导各国加强合作，共筑人类绿色命运共同体。

（二）高质量推动中国林草国际合作与交流的意义

目前，中国平稳有序推进林草国际合作与交流。针对面临的新形势新任务、新时代林业和草原事业的新变化，判别国际发展合作重大趋势，研究林业和草原国际合作的机遇、挑战及思路。发挥林草优势、紧扣林草特点，综合施策、区分施策，主动谋划、合理设计，主动融入国家外交大局，配合"一带一路"倡议的实施。高质量推动中国林草国际合作与交流：一方面，可积极融入国家外交大局、应对和处置林草国际敏感热点问题，以共建"人类命运共同体"的理念处理好国际关系；另一方面，统筹国际国内两个大局，可提升林草外事管理和服务水平、加强对"两种资源、两个市场"的统筹以及林草国际合作的能力建设。在贡献中国智慧、彰显负责任大国形象的同时，高质量推动中国林草国际合作与交流旨在提高中国的林草国际合作能力，提升中国参与和引领全球生态治理的能力，全方位、宽领域、多层次地推进中国林草领域的高质量发展，为中国林草部门创造良好的国际环境。

二　国际合作与交流的现状

从现有的合作项目定位来看，林草国际合作是建立在林业、草原等生态领域基础上的一种广泛的国际互动基本形式，其涉及林业、草原的各学科、各领域，具有全球性、持久性等特点，且合作的范围大、领域宽①②。

从现有的合作项目功能来看，在"双循环"新发展格局中，有效的国际合作对中国林草事业建设和生态文明建设具有较为积极的促进作用，其既是为经济利益开展的共同研究、生产和劳动，更是环境效益与社会效益的公益性投入。

开展林草国际合作，不仅可以增加资金来源的多样性，而且可以获得大量的新观念、新知识、新技术、新经验、新方法，在加快林草体系建设的同时，推动中国林草经济环境的发展。因此，中国高度重视林草领域的国际合作，以多种形式积极参与相关国际事务，与国际社会共同推进全球林草事业的高质量发展。

（一）中国林草国际合作与交流的项目情况

林业和草原的高质量对外合作，既肩负着服务国内林草改革与发展的重要使命，又影响着对外创造良好林草发展空间的深刻问题。多年来，在参与国际规则制定、履行国际义务等方面，中国既是资金、技术以及理念的"受益者"，又是发展资金、治理经验、科学技术以及管理理念的"贡献者"。目前，中国开展的林草领域国际合作与交流，主要集中在三个主要地区：与欧洲、美洲各国，与亚洲各国，与非洲各国（见表1至表3）。

---

① Zhiwen Gong，Li Gu，Shunbo Yao，Yuanjie Deng，"Effects of Bio-physical，Economic and Ecological Policy on Forest Transition for Sustainability of Resource and Socioeconomics Development，" *Journal of Cleaner Production* 243（2020）.

② 《国家林业和草原局关于促进林草产业高质量发展的指导意见》，中国政府网，2019年2月19日，http：//www.gov.cn/xinwen/2019－02/19/content_ 5366730.htm。

表1　中国与欧洲、美洲等国家的合作现状

合作国家 （组织或地区）	合作领域	起始 年份	合作文件/合作项目	合作关键内容	中国的 角色定位
中东欧	林业领域经贸 合作	2013	《中国—中东欧国家合作 布加勒斯特纲要》	加强合作、鼓励投资	促进相互 投资
	林业领域经贸 合作	2014	《中国—中东欧国家合作 贝尔格莱德纲要》	提升经贸合作规模和 水平	促进相互 投资
	行政管理、科研 教育合作、工商 和投资机会	2016	《中国—中东欧国家林业 合作协调机制行动计划》	开展政策对话，增进 共识，扩大合作	合作共赢
	林业领域经贸 合作	2015	《中华人民共和国国家林 业局和斯洛文尼亚共和国 农业、林业和食品部关于 建立中国—中东欧国家林 业合作协调机制的谅解备 忘录》	林产品贸易	投资
斯洛伐克	林业教育和培 训、林业行政 管理	2001	《关于林业合作的协定》	林木育种、人工林营 造与经营、森林病虫 害防治、森林防火、林 产品加工和贸易	合作共赢
	造林绿化	2003	《关于在造林领域合作的 议定书》	建成中斯友好公园	（接受绿 化）
捷克	林业经营	2005	《关于林业合作的协议》	森林资源开发和利 用、生物多样性保护、 科技合作与交流、林 业和木材加工投资	合作共赢
波兰	林业经营	2014	《关于林业合作的谅解备 忘录》	森林可持续经营和利 用、木材及木制品市 场营销和贸易	合作共赢
罗马尼亚	林业研究和 教育	2014	《关于森林、湿地保护和 野生动物保护合作的谅解 备忘录》	生态重建和恢复、湿 地保护和野生动植物 保护、林业研究和 教育	合作共赢

续表

合作国家 (组织或地区)	合作领域	起始 年份	合作文件/合作项目	合作关键内容	中国的 角色定位
斯洛文尼亚	森林健康保护	2015	《关于林业合作的谅解备忘录》	林业和气候变化(减缓和适应)、防治土地退化和流域管理、农村林业改革和发展、木材及木制品加工和贸易、林业科技和教育	合作共赢
	林业领域经贸合作	2015	《中华人民共和国国家林业局和斯洛文尼亚共和国农业、林业和食品部关于建立中国—中东欧国家林业合作协调机制的谅解备忘录》	林产品贸易	投资
德国	林业领域交流合作	2019	中德合作山西森林可持续经营技术示范林场建设项目	林业可持续发展	学习借鉴
	林业领域交流合作	2018	"中德合作贵阳森林体验教育中心"项目	为贵州省开展森林体验、森林康养、森林旅游和森林文化知识传播提供先行示范	学习借鉴、引进先进管理方法
法国	林业领域交流合作	2013	湖南森林可持续经营项目	增强项目区森林水源涵养	共谋生态文明建设
俄罗斯	科技交流与经济合作	2016	《中华人民共和国国家林业局和俄罗斯联邦林务局关于林业合作的谅解备忘录》	森林业立法和执法、森林可持续经营、森林监测与森林清查、森林保护与利用、打击木材非法采伐及相关贸易、荒漠化防治	林业投资(合作共赢)
	野生动物保护	1997	《关于保护虎的议定书》	采取措施打击偷猎虎和走私	制定政策、协同发展
	野生动物保护	2013	《保护候鸟及其栖息地环境的协定》	保护候鸟及其栖息环境、设立自然保护区	制定政策、协同发展
	环境治理与风险规避	1995	《关于森林防火联防协定》	预防、扑灭和相互通报两国边境地区的森林、草原火灾	制定政策、协同发展
	环境治理	1996	《关于兴凯湖自然保护区协定》	建立自然生态体系监测系统	合作共赢

续表

合作国家 (组织或地区)	合作领域	起始 年份	合作文件/合作项目	合作关键内容	中国的 角色定位
美国	打击违法犯罪、林业领域经贸合作	2008	《关于打击木材非法采伐及相关贸易的谅解备忘录》	加强打击木材非法采伐及相关贸易的能力	制定政策、协同发展
澳大利亚	打击违法犯罪、林业领域经贸合作	2009	《关于打击木材非法采伐及相关贸易的谅解备忘录》	加强打击木材非法采伐及相关贸易的能力	制定政策、协同发展
	野生动物保护	1986	《保护候鸟及其栖息环境的协定》	保护候鸟及其栖息环境	制定政策、协同发展

表 2　中国与亚洲国家的合作现状

合作国家 (组织或地区)	合作领域	起始 年份	合作文件/合作项目	合作关键内容	中国的 角色定位
日本	森林可持续经营	2010	《关于打击木材非法采伐及相关贸易支持森林可持续经营的合作备忘录》	鼓励合法来源木材及木材产品的贸易和使用	经验交流、合作共赢
	野生动物保护	1981	《中华人民共和国政府和日本国政府保护候鸟及其栖息环境协定》	保护候鸟及其栖息环境、设立自然保护区	制定政策、协同发展
蒙古	经贸合作	2013	《中华人民共和国和蒙古国战略伙伴关系中长期发展纲要》	牧业、林木资源、草原资源	进口
		2014	草原之路		
	环境规划	2018	蒙古国戈壁熊技术援助项目实施协议	对外野生动物保护技术援外项目	援助
	环境治理与风险规避	1999	《关于边境地区森林、草原防火联防协定》	预防、扑灭和相互通报两国边境地区的森林、草原火灾	制定政策、协同发展
印度尼西亚	野生动物保护	1995	《关于保护虎的议定书》	采取措施打击偷猎虎和走私	制定政策、协同发展
	林业领域经贸合作	2002	《关于合作打击非法林产品贸易的谅解备忘录》	遏制非法贸易、向可持续森林发展	制定政策、协同发展

合作国家 （组织或地区）	合作领域	起始 年份	合作文件/合作项目	合作关键内容	中国的 角色定位
韩国	野生动物保护	2007	《关于候鸟保护的协定》	候鸟保护合作	制定政策、协同发展
	林业领域交流合作	2020	签署了"京畿道—辽宁省友谊林三期造林项目"合作协议	防沙治沙混交林	投资
东盟	生态环境保护	2016	《中国—东盟环境保护合作战略（2016—2020）》、《中国—东盟环境合作行动计划（2016—2020）》	"一带一路"绿色发展理念	投资
	林业领域交流合作	2019	《"一带一路"增绿行动计划》	促进亚太区域林业可持续发展	政策对话

表 3　中国与非洲国家的合作现状

合作国家 （组织或地区）	合作领域	起始 年份	合作文件/合作项目	合作关键内容	中国的 角色定位
南非	林业领域经贸合作	2014	《中华人民共和国和南非共和国5—10年合作战略规划2015—2024》	加强森林健康技术合作	合作
	生态系统及野生动植物保护	2013	《中华人民共和国和南非共和国政府关于湿地与荒漠化生态系统和野生动植物保护合作的谅解备忘录》	制定湿地与荒漠生态系统和野生动植物保护的战略、政策和规划	合作共赢
	双边技术管理、经贸合作	2006	《中华人民共和国和南非共和国政府关于林业合作的谅解备忘录》	制定林业发展规划	合作与协调
	林业合作机制	2006	《中华人民共和国政府与南非共和国政府关于林业合作的谅解备忘录》	制定林业策略、协调林业发展	合作、磋商

由目前中国开展的林草国际合作项目可知：

一是中国与欧、美等国的合作领域较为广泛。中美、中欧林草合作所涉及领域从林草教育和林业行政管理等到森林防火和野生动物保护等，形成了多维度、多角度的深入互动，为世界林草合作机制建设做出了巨大贡献。中国与欧美等国在林草领域合作初具规模，在现有的合作机制当中，合作关键内容集中于资源禀赋的开发与利用、林产品贸易和生态环境保护等方面，与之对应的中国角色定位主要为合作共赢、制定政策和协同发展。中国一直秉承"共商"、"共享"和"共建"等原则，且根据双方林草现实情况和需求，结合中国林草发展的中心思想、优势领域和重点发展方向，探寻双方（多方）开展林业合作的基础与现实途径。

二是中国与亚洲国家的合作有待深入。20 世纪 50 年代，中国林业国际交流合作领域很窄；60～70 年代，中国先后派林业专家组赴越南、柬埔寨、朝鲜等国工作；80 年代初，其他国家和国际组织的资金和捐款在一定程度上促进了中国林草事业的发展。与亚洲国家的合作，主要涉及环境规划、野生动物保护以及经贸合作等相关领域，加快了与各国之间的政策制定步伐，提升了协同发展速度，使得林草对外合作在指导中国企业在海外开展森林可持续经营和拓展林业产业发展空间等方面发挥了重要作用。

三是中国与非洲国家的合作具有更为广阔的空间。目前，面向非洲国家，中国积极开展野生动物保护、竹藤种植与加工利用、荒漠化防治、森林执法与管理等务实合作，对外实施培训、分享林业发展技术，发挥林业国际合作在国家整体外交的影响力。合作关键内容主要集中于制定林业发展相关规划，而在经贸方面的合作较为欠缺，因此在经济上具有更大的发展空间。

（二）中国开展林草国际合作与交流的政策环境

推动中国林草国际合作与交流离不开政策的支持和保障。中国林草国际合作与交流政策的制定与国际形势，国内外环境，国家在处理国际关系时的方针、路线，以及中国整体实力、治理能力的变化密不可分。表 4 为近年来中国在林草领域的相关政策。由目前的政策框架可知：中国推动林草国际合作与交流的政策工具，既包括中央政府层面的具体措施，也包括相关省市层面的执行办法。

表4　中国近年来在林草领域的政策支持

政　　策	提出年份	部门（机构）	具体政策
《林业科学和技术中长期发展规划（2006—2020 年）》《国家林业科技创新体系建设规划纲要（2006—2020 年）》	2006	全国林业科技大会	增加林业科技投入、提高科技人员比例、重视林业技术创新、提高林业科技贡献率
《推动共建丝绸之路经济带和21 世纪海上丝绸之路的愿景与行动》	2015	国家发展改革委、外交部、商务部	使林业交流与合作聚合双边林业产业发展的优势资源，充分利用国际和区域林业合作机制，推进植物多样性保护、森林资源保护、林业科技发展
《关于加强农业职业经理人队伍建设的意见》	2016	四川省成都市林业和园林管理局	积极探索构建以林业职业经理人为核心的新型职业林农遴选培训、认证管理、政策扶持"三位一体"培育体系，既推进了林地适度规模经营，又带动小农户融入林业产业发展大市场
《国家林业局司局单位与境外非政府组织合作与交流管理办法》	2017	国家林业局	进一步规范和指导国家林业局各司局、各直属单位与境外非政府组织开展合作与交流，有效监管境外非政府组织在华活动
《国家林业和草原局办公室关于规范有序推进国家储备林等林业和草原贷款项目的通知》	2018	国家林业和草原局	防范林业草原金融风险
《关于加快推进长江两岸造林绿化的指导意见》	2018	上海市、江苏省、安徽省、江西省、湖北省、湖南省、重庆市、四川省、云南省发展改革委、国土资源厅、水利厅、林业厅	实施生物多样性保护重大工程，加强对大熊猫、金丝猴等野生动物抢救性保护工作
《关于支持工商资本"上山入林"投资林业产业的若干意见》	2019	浙江省林业局	鼓励和支持资本、技术、人才等生产要素"上山入林"，加快打通绿水青山向金山银山的转化通道

资料来源：作者整理。

由目前中国开展的林草国际合作与交流政策可知：

通过制定发展规划加快科技进步与人才引进，通过制定政策方针实现林草可持续发展。在科技方面，着眼林业和草原中心任务及重点工作确定国际合作工作重点，积极引入国际先进技术理念，分享国内成功经验做法，加快实现科技进步；在人才培养方面，统筹内部资源，有效运用现有平台，加强顶层设计，合理确定国际培训、考察交流等涉外活动；在林草培育、野生动物保护等方面，鼓励科研单位、事业单位承担更多国际合作工作，以习近平外交思想和习近平生态文明思想为指导，顺应形势变化，创新国际合作形式，统筹推进林草多双边交流活动。

三 国际合作与交流的战略分析

利用 SWOT 模型对中国高质量推动林草国际合作与交流进行战略分析，构建分析模型如图 1 所示。

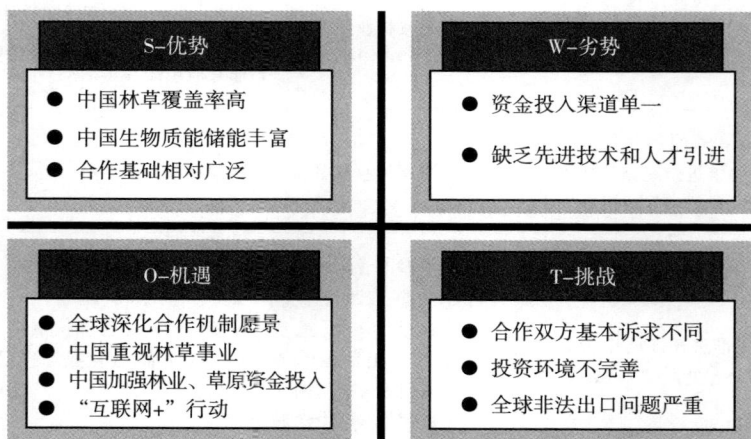

图 1 战略分析框

（一）高质量推动的"优势"分析

一是中国林草覆盖率高。中国幅员辽阔，森林占地面积高达 1.75 亿公顷，森林覆盖率超过18%，人工林面积居世界首位。中国草原占地面积高达3.928亿公顷，约占全球草原面积的12%，居世界首位；草原作为中国重要陆地生态资源，占据了中国近25%的国土，其中，北方的天然草原是主体部分，约占80%，因地制宜利用好中国的林草覆盖率高这一特点将成为中国高质量推动林草国际合作与交流的固有优势。

二是中国生物质能储能丰富。中国林业生物资源可利用的资源潜力巨大，就现有的2.83亿公顷的林业地而言，有3亿吨可作为生物能源利用，可合成标准煤2亿多吨，能源林可以提供大量的生物柴油以及木制产品[1][2]。

三是合作基础相对广泛。例如，中国与东盟、中东欧、俄国等国已经建立了良好的合作伙伴关系。多年来，中国与东盟、中东欧、俄国等国双边保持频繁的经贸合作，双方关系发展顺利，逐步确立了多个合作对话机制，双方所确立多层次的经贸、人文等领域的合作机制也为中国高质量推动林草国际合作与交流机制奠定了良好基础。

（二）高质量推动的"劣势"分析

一是资金投入渠道单一。当前，中国在林草领域的资金投入过度来源于政府，即使是一些个人经营的小型林草企业，也依靠政府的补贴。资金渠道过于单一，会使得政府经济状况欠佳的一些山区无法获得资金来源，丰富的林草资源无法发挥其优势，制约林草领域的发展。

二是缺乏先进技术和人才引进。中国在林业保护、草原治理方面的高层次人才较少，专业技术以及管理人员在林草系统中占比不及20%，与许多林草领域发达国家具有明显差距。此外，中国在林草方面科技投入不足，科

---

① Xiaofei Liu，Xuehua Liu，Xiaoming Shao et al.，"Plant Diversity Patterns of Temperate Forests with Logging and Restoration Practices in Northwest China," *Ecological Engineering* 124 (2018).

② Ziyan Li，Xiting Sun，Zuhui Huang et al.，"Changes in Nutrient Balance，Environmental Effects，and Green Development after Returning Farmland to Forests：A Case Study in Ningxia," *Science of The Total Environment* 735 (2020).

技对于林草的贡献过少，林草科技上的发展迟缓对于中国推动林草高质量发展起到了严重的阻碍作用。

（三）高质量推动的"机遇"分析

一是从政策方面来看，中国加大了对林草事业的政策扶持。2018 年，国家林业和草原局的重新组建，显示出我国对森林和草原保护事业发展的高度重视。中国秉持大国担当意识，坚持绿色发展理念，向"一带一路"国家提出绿色发展倡议，倡导加强各国之间的生态环境保护合作，共同构筑人类绿色命运共同体。"一带一路"倡议的实施，给中国林草领域的发展带来了难得的机遇。

二是中国加强林业、草原资金投入。据《中国林业统计年鉴》，在财政投入层面，2015 年林草领域本年实际投资 3867 万元，中央投资 975 万元；2016 年林草领域本年实际投资 4509 万元，中央投资 1061 万元；2017 年林草领域本年实际投资 4800 万元，中央投资 1107 万元；2018 年林草领域本年实际投资 4817 万元，中央投资 1144 万元。逐年递增的林草投资为中国林草领域的发展带来新机遇。

三是"互联网 +"行动计划促进草业发展。从创新层面来看，"互联网 + 草业"模式创新提供发展新机遇在"互联网 +"大潮改造各行各业的大时代背景下，新时期的草业企业经营管理模式也正在发生深刻的创新性变化。目前，"互联网 + 草业"模式虽然在大部分草业企业中仍然处于发展阶段，且通过利用互联网的优势促进企业发展的效益尚不普遍，但"互联网 + 草业"必然会推动中国草业企业的发展。

（四）高质量推动的"挑战"分析

（1）合作双方基本诉求不同。中方与其他国家进行合作时，基本诉求可能不同。例如，对于俄国而言，中国对俄林业投资的企业大多是中小企业，由于俄罗斯法律变化较央，投资风险较大，企业为快速回收成本，投资多以短平快为主，从事简单的木材加工，所加工的产品大都运回国内，这与俄罗斯提高原木出口关税的目标不一致。

（2）投资环境不完善。中国与国际林业合作发展缓慢在很大程度上与世界各国投资环境不完善有关，其主要表现在以下几个方面。一是法律多变，不稳定；二是法律法规的不可预见性；三是复杂的海关手续；四是成本上涨的不可预见性，特别是电力成本的上升；五是繁杂的税收；六是专业技能人员的不足。

（3）全球非法出口问题严重。例如，在俄罗斯特别是远东地区，非法采伐问题特别严重，虽然没有具体的非法采伐数据，但据世界自然基金俄罗斯支部数据推测，远东地区每年非法采伐量为1900万到2800万立方米，其中一半以上为非法出口。若不能很好地解决非法采伐问题，这必然会给林草合作带来巨大的挑战。

四　国际合作与交流机制设计

（一）高质量的角色定位

1.角色一：资本输出国

根据中国在林草领域的现状和目前的合作方式，中国的资本输出可分为两种：经贸往来与援外项目。在林草经贸往来方面，中国应当构建并完善相对完整的贸易链条（见表5）。

表5　中国作为资本输出国在经贸往来的角色定位

任　务	具体内容
确定产品定位	发掘林草产品的附加值，不依赖资源密集型产品，将原有的劳动密集型产品转化为科技类产品，加快林草产品的转型升级
市场开拓	利用好一些具有活力与潜力的市场，寻求有资质的国家进行国际合作，扩大中国市场
交易结构转型	打破原有的资源束缚，加快林业贸易结构转型使其向多元化发展
建立良性磋商机制	针对合作国家，整合双方有利因素，建立良好的合作磋商机制，对于贸易中出现的问题合理地划分责任

任　务	具体内容
制定合理的政策	针对林草产品进出口问题,适当减少林草产品在交易过程中的一些非必要环节,制定特定的林草产品关税减免政策,降低双方合作的成本与投入
建立市场长效机制	建立市场的交易保护机制,鼓励良性竞争,遏制恶意破坏市场的行为

其中,合作磋商机制框图见图2。

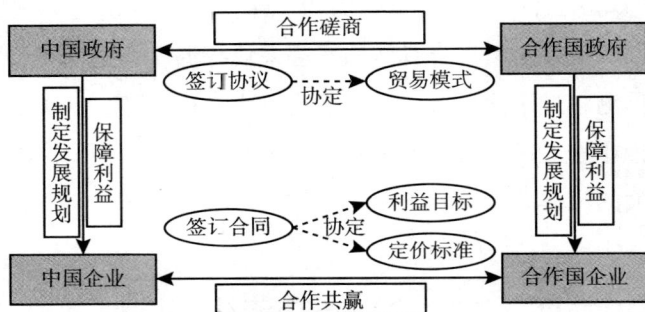

图2　合作磋商机制框图

良性的合作磋商机制包括政府间磋商以及企业之间的磋商,政府进行统筹规划,依据自身优势确定角色定位以及自身需求,进而对企业进行宏观指导,制定清晰的发展规划。企业间通过此机制增强交流,进而形成合作共赢的发展模式。

在林草援外项目方面,作为新时代中国援外事业和林草对外开放工作的重要组成部分,其承担着弘扬中国生态文明、绿色发展理念和维护全球生态安全的重任。中国应当进一步积极有效地推进援外合作(见表6)。

表6　中国作为资本输出国在援外项目中的角色定位

任　务	具体内容
健全配套的管理	加强"部际协调机制"进行宏观调控,协调地方部门加强对援外项目的监督与管理
突出援助模式的特点	中国一些实用性的对外援助已经处于世界前沿,应当加大在中长期培训、境外培训、高学历人才培养等方面的投入力度

续表

任 务	具体内容
保证良性资金运行	对于林草援外项目在项目立项阶段就可对其进行适当的资金倾斜,保证项目运行时不会出现资金链断裂的情况
援外培训长效机制	明确援外培训的领域、扩大林草援外培训总量、扩展林草援外培训交流项目渠道

2. 角色二：政策主导国

林草政策所涉及的主体众多,利益关系较为复杂。因此,中国应当展现大国担当,勇于承担责任,从政策的目标、过程、手段等方面入手,引领各国完善相关的政策,旨在各国在林草领域可以开展深入务实的合作。单纯地依赖政府或者完全地交给市场进行操纵,都无法很好地实现林草领域的有效管理。因此,中国应该仔细梳理国内外林草领域发展的历程,"自上而下"研究理论框架,"自下而上"研究回溯型理论,将政策科学与林草科学融为一体,发挥出各自优势。步骤见表7。

表7 中国作为政策主导国的角色定位

任 务	具体内容
构建相关配套制度	制定明确的发展策略,并为之提供制度支持
完善相关法律法规	严格遵守《濒危野生动植物种国际贸易公约》,并在法律框架内逐步完善立法体系
成立专业性联合组织	有针对性地成立联合组织,考虑"政策制定"与"规范监管"部门的划分,发挥各自优势
制定相关政策	给予林草领域良好的财政支持与政策保护;通过发展基金的形式,构建激励相容性政府框架
形成治理体系	保护生物多样性与生态环境;打击乱砍滥伐、破坏草场等破环行为
控制合作风险	成立风控管理部门,从源头上控制合作风险
建立冲突解决机制	对矛盾或冲突进行科学预防与解决,协调多方利益,实现各合作主体的互惠互利、合作共赢
促进多方参与	倡导国际合作,促进各国交流,组织高效的谈判活动

147

其中，对于冲突解决机制首先应当由冲突调解委员会进行统筹协调，明确双方共同利益与立场，求同存异，协调政府出台相关政策，积极引导企业进行调整（见图3）。

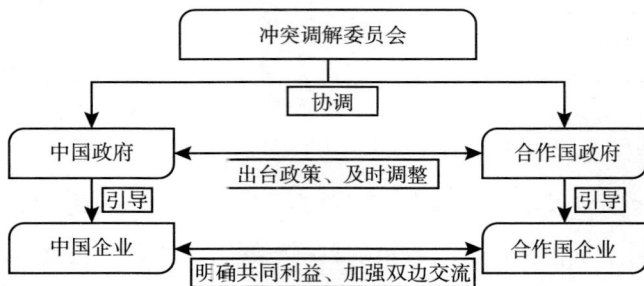

图3 冲突解决机制原理框

3. 角色三：技术输入国

林草领域的发展不但能为国家稳定就业、促进国家经济平稳增长，而且已经成为国际交流合作的重要组成部分，逐渐成为国民经济基础产业之一。因此，林草领域的科技革命可以提高中国林草产业在国际上的竞争力。中国应当引入林草科技，并加强林草科学学科人才队伍建设（见表8）。

表8 口国作为技术输入国角色定位

任　务	具体内容
加强林草科技输入	按照巩固传统科技、发展新兴科技、拓展交叉领域的原则,引入先进的科技,并支持林业高校和科研院所加强在林草领域方面的建设,对林草领域方面一些重点学科进行适当的政策倾斜
打造专业科研团队	建立健全科技引入的审查制度与评审方式,支持中国与世界各国跨地域进行技术交流,努力实现中国在林草科学领域的科研队伍国际化发展
增强高新技术人才储备	增强中国在林草领域科技人才交流的流动性,改善科技引入的政策环境,打破形式约束,实现林草领域的人才净流入

4. 角色四：资本输入国

在进行林草国际合作时，吸引国外的投资是必不可少的一个部分，中国在林草领域引入资本时应当从国家、地方政府、企业三个层面入手，具体行为如表9所示。

表9　中国作为资本输入国的具体行为

层　　面	行　　为
国　　家	对地方政府的资本引入提供宏观的规划,可适当建设林草经济开发区作为林草领域发展的示范区,对于资本引入提供制度设计与政策支持,并避免地方政府间恶性无序的竞争
地方政府	地方政府发挥当地林草优势,提供良好的资金引入环境、构建优良的服务体系、保证市场公平平稳运行,进而提高资金引入的效率和质量
企　　业	提高自身硬实力,提高自己的核心竞争力、善于获取创新资源、构建创新生态、推动企业创新升级。合理利用政府制定的法律法规,加大人才与科技引入,为引入外资做好硬件支撑

（二）高质量的领域选择

1. 林草产品结合贸易

中国在过去一段时间内，林产品贸易飞速发展，但是过度依赖国际森林资源，交易模式多局限于进口原木，这种交易模式综合效益极差[1]，因此中国应当综合考量林业政策、草原政策、国民经济发展、环境保护战略等方面因素，因地制宜，将林草产品进行贸易结合，在此过程中具体行为见表10。

表10　中国在林草产品贸易结合领域的行为

任　　务	具体内容
大力发展林草结合生产模式	林草结合的生产模式转化效率较高,如林业可以为畜牧业提供饲料,畜牧业可以为林业的发展提供肥料,二者可以相互依存
解决林草产品加工的技术问题	林草产品加工的技术问题在国际贸易中越发受到关注,中国应当不断探寻有利于环境保护且对人身体健康无危害的生产技艺

---

[1]　Ni Chen, Fan Qin, Yanxin Zhai, et al ., "Evaluation of Coordinated Development of Forestry Management Efficiency and Forest Ecological Security: A Spatiotemporal Empirical Study Based on China's Provinces," *Journal of Cleaner Production* 260 （2020）.

续表

任　　务	具体内容
趋利避害,积极发展	增加森林资源政策的可选择性,在国际化进程中趋利避害,积极利用好中国不同地区、气候、物种、环境,因地制宜发展林草产品结合贸易,并利用好国内外不同市场及不同资源
探寻国际贸易发展战略	仔细研究中国在林草贸易领域的供给与需求、参与贸易的方式、参与贸易的产品类型与产业结构,不断强化自身优势,补齐短板,寻求在国际贸易中的战略性地位
提高林草产品国际竞争力	降低成本,使中国的林草产品在价格上具有竞争力,降低关税。改善畜牧业生产条件,提高中国畜产品检验合格标准并与国际接轨,以此来打破所谓的"绿色贸易壁垒"

2. 森林可持续经营

非法采伐、破坏草场与森林可持续发展是互相排斥的,非法采伐、破坏草场等行为不但会使政府损失税收,而且会破坏当地居民赖以生存的生态环境①。联合国粮农组织(FAO)2010年出版的报告显示,全球每年由于非法采伐造成的直接或间接的经济损失高达4.5亿美元。打击非法采伐、破坏草场等行为,国际合作是关键,其主要措施见表11。

表11　中国在森林可持续经营方面的行为

任　　务	具体做法
出台相关法律	出台具体、可行、详尽的法律严厉打击乱砍滥伐、破坏草场等行为,避免给中国乃至世界带来直接或间接的经济损失
保证交易的合法性	在进行林草产品交易时,需要进口商出具木材等原材料来源合法性的证明,对非法的林草产品进口进行严格管控及干预,限制其流入中国境内,避免中国庞大的市场和充足的劳动力在林草贸易中起到反作用

---

① Komeil Jahanifar, Hamid Amirnejad, Hossein Azadi et al., "Economic Analysis of Land use Changes in Forests and Rangelands: Developing Conservation Strategies," *Land Use Policy* 88 (2019).

任 务	具体做法
签订国际协定	签订以市场为导向的打击非法采伐、破坏草场等行为的国际协定,保证林草领域的贸易健康、平稳运行
明确责任归属	制定统一的林草产品合法性认证体系,当出现违法产品时,明确其责任国的归属问题

各国应当注意不要设置生态壁垒,不要阻碍林草产品贸易的正常进行,在完善法律法规的同时不要增加林草产品贸易的成本。

(三)高质量的发展模式

中国可与其他国家开展双边"投资共赢模式"与"生产贸易一体化模式",例如,俄罗斯、加蓬、加拿大、老挝、柬埔寨、新西兰、格鲁吉亚、圭亚那、蒙古、朝鲜、缅甸、越南等国可以作为中国的主要出资对象。中国提供科技类人才,合作国提供原材料和场地进行合作,建立林草产品加工贸易产业园区。双方通过出台相关政策、减少税收等方式建立边境自贸区,促使双方形成稳定的合作伙伴关系(见图4)。

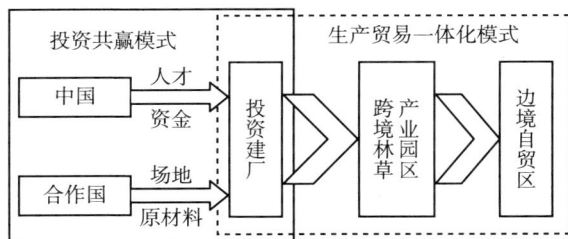

图4　中国的高质量发展模式框

(四)高质量的人才交流

科技人才通常指能直接参与科学技术知识创造、循环流转及应用,或能为这些活动提供直接、间接支持并具有一定专业技术水平和职业技能的人员。中国应当在新时代的背景下，通过国际交流的方式提高对于林草人才队伍建设重要性的认识、对于人才队伍建设机制进行创新、建立健全现代林业教育培训体系。针对人才交流提出几点建议（见表12）。

表12　中国进行人才交流的具体行为

任　务	具体内容
明确人才培养方向	把握好林草科技人才总量、人才培养量、人员投入使用量，弥补中国在林草领域科技人才，尤其是高科技人才不足的短板
探索林草主场外交	国家林业和草原局生态司、草原司、湿地司等部门可务实推动与世界各国分享中国林草领域的发展经验和创新成果。国家林业和草原局国际司与合作中心可按照商务部的要求，持续推进林业援外培训班建设，通过此方式推动中国林业模式"走出去"
通过国际会议与专家访谈促进人才交流	定期举行国际会议，通过国际会议与专家访谈的形式促进人才交流，定期开展具有针对性的合作，通过合作专利数量、合署论文产出量对合作成果进行评价
加强国际间林草高校共同建设	加强高校国际间沟通与协作，按照各自在林草领域的需求，及时梳理与交流人才需求信息，通过人才交流的方式与世界各国实现资源共享、互通有无、相互促进

五　结论与启示

基于高质量发展目标，对推动中国林草国际合作与交流进行研究，总结了几条重要结论。

第一，为了寻求在林草领域的高质量合作与交流，在"双循环"新发展格局中，基于推动改革和发展深度融合高效联动的理念，研究了在推动林草领域高质量发展进程中的国际形势。随着各国对于林草领域可持续发展的重视程度的提升，有效的国际合作将会进一步促进中国林草业建设和生态文明建设，在提升国家经济利益的同时，为环境效益与社会效益带来了积极影响。在准确把握高质量发展的内涵与特征、创建和完善相关制度和政策环境的条件下，推动林草外事管理和服务水平的提升，加强对"两种资源、两个市场"的统筹能力，对实践环境保护与经济发展规划具有重要的指导意义。

第二，针对中国在林草领域国际合作与交流的投资环境不完善、合作机制不健全以及技术人才紧缺等问题，利用 SWOT 模型对中国高质量推动林草国际合作与交流进行了战略分析，从优势、劣势、机遇和挑战四个方面进行阐述。研究结果表明：中国资源禀赋丰富，其林草高覆盖率和丰富的生物质储能使得合作的国家基础相对广泛，然而在资金来源和技术人才方面则较为紧缺。因此，在共建"一带一路"的绿色发展倡议下，应当抓住机遇，沉着应对非法采伐和非法出口、诉求不同和投资环境不完善等问题带来的挑战，不断提升国际合作与交流水平。在面临全球化经济发展和深化转型的风口之上，借助"互联网＋"行动计划促进林草业发展，进一步拓展林草领域的国际市场。

第三，就角色定位而言，依据自身优势明确市场需求，做好资本输出、政策主导、技术输入、资本输入，构建相应的合作磋商以及冲突解决机制，提高中国林草业的国际竞争力，进而形成合作共赢的发展局面；就领域选择而言，做好林草产品贸易结合与森林可持续经营，不断强化自身优势，补齐短板，在可持续发展的前提下寻求中国在国际贸易中的战略性地位；就发展模式而言，通过开展双边"投资共赢模式"与"生产贸易一体化模式"，与其他国家形成稳定、长久和高质量发展的合作伙伴关系；就人才交流而言，创新人才队伍建设机制，建立健全现代林业教育培训体系，通过人才交流的方式与世界各国实现资源共享、互通有无、相互促进。

高质量推动中国林草国际合作与交流的重点在于：（1）重点加强林草国际合作能力建设，加强与国际组织机构的合作交流，讲好中国林草故事，扩大中国林草在全球生态治理中的影响；（2）抓住全球治理体系改革的历史机遇，提升中国林草的国际话语权和影响力；（3）夯实林草国际合作基础，提升服务国家外交大局的水平，为构建新型国际关系注入更多林草元素；（4）继续完善林草外事管理，不断提升管理水平，强化规矩意识和纪律意识，遵守中央外事纪律和八项规定，确保林草外事安全。

B.9
推动林草融合高质量发展的研究

唐贇*

摘　要： 在大农业、大生态和大林草背景下分析中国林草资源环境保
　　　　护现状与存在的问题，对美、法、澳、日、德的林草治理经
　　　　验进行归纳，提出建议立足于新发展格局，结合乡村振兴战
　　　　略，深度运用数字技术，增强市场导向，同时完善市场机
　　　　制，以林（草）长制为抓手全面协调可持续地稳步推进中国
　　　　林草融合高质量发展的对策建议。

关键词： 林草融合　高质量发展　生态治理

　　习近平总书记多次强调，山水林田湖草是一个生命共同体，党的十九届五
中全会提出"推行草原森林河流湖泊休养生息"，这就为林草融合高质量发展指
明了方向，提供了遵循。国家林业和草原局副局长李树铭指出，中国是一个草
原资源大国，草原和森林一样，同样是自然生态系统的重要组成部分，是具有
重要生态、经济和社会功能的战略资源，必须对林业和草原两项工作统筹考虑、
同步推进，"两手抓、两手都要硬"，让"生命共同体"理念在林业草原部门真
正落地生根、开花结果，在实践中得到有力体现和印证。近年来，从顶层设计
到地方实践都对林草融合进行了积极的探索且成效显著。中办、国办印发《关

---

* 唐贇，博士，南京林业大学马克思主义学院讲师，南京林业大学中国特色生态文明建设与林
　业发展研究院成员，国家林业和草原局林业遗产与森林环境史研究中心成员，研究方向为生
　态文明。

于全面推行林长制的意见》，借助林（草）长制为进一步探索林草融合之道提供了强有力的抓手，各地多方面的典型示范为林草融合高质量发展提供了借鉴参考，相关科研创新为林草融合优化升级不断提供思路指南和技术支撑。

一 大农业、大生态和大林草背景下中国林草资源环境保护现状与存在的问题

生态文明建设是以习近平同志为核心的党中央站在战略全局的高度作出的重大战略决策，生态文明是人类文明可持续发展的一种方式，是以绿色发展为目标且贯穿始终的建设理念和路径。这就要求必须坚持节约资源和保护环境的基本国策，坚持节约和保护优先，以自然恢复为主，同时形成相应的产业结构和生产生活方式的大生态方针，实现"绿水青山就是金山银山"。党的十八大以来，党和国家、人民经过不懈的努力奋斗，在与大生态和谐共生、共进的发展道路上实现了大农业和大林草的绿色发展。美丽乡村看得见绿水青山，乡村振兴不再依赖传统的粗放型发展方式，农村集体产权制度改革已接近尾声，农民合作社"三位一体"综合合作改革正在加紧推进，大农业正在绿色发展的进程中焕发出新的勃勃生机。近年来林草资源生态环境保护工作取得积极进展，"十三五"期间林草系统在保护修复、国家公园、野生动植物保护以及生态富民和脱贫攻坚等方面不断取得进展，全国完成造林 5.45 亿亩，连续 30 年保持双增长，300 多种珍稀濒危野生动植物种群稳中有升，同时，逐步提升灾害防控能力，不断提升林草工作形象，与 25 个国家签署了 33 份合作协议；草原保护修复政策和重大工程项目得到了深入实施，人工种草生态修复试点正式启动，天然草原综合植被覆盖度达到 56.1%，草原生态质量得以显著提升，在防风固沙、保持水土以及调节气候和维护生物多样性等方面取得了优异的成效。林草治理体系和治理能力现代化处于稳步提升之中，林长制正在全面推行，林草融合取得了较好的进展。但也存在一定的不足之处有待完善。一是治理能力现代化未能区别治理体系现代化，尚处于治理体系现代化之后治理能力自然而然地现代化的认知状

态；二是林长制尚处于职责、任务、程序以及要求等落实阶段，未涉及例如措施、工具乃至思路、决策等方法论层面，随着任务链的延伸，难以保障质量；三是政策制度的制定略显滞后，表现在政策出台法规延缓、对于生态优先没有具体的参考指标和程序要求以及缺乏与时俱进的调整和修正；四是基础工作、重点工作以及督查工作不到位，表现在明细不清、数据不详、落实不严等方面，在精细化方面亟待加强。

二　发达国家林草治理的经验做法

"他山之石，可以攻玉"说明了借鉴他方经验的重要性及作用，中国推动林草融合高质量发展需要借鉴林草业发达国家的经验。为保护及充分利用土地资源和生态环境，一些发达国家从政策、制度、法律、管理等方面对林草治理进行了创新，取得了良好成果。过去的 10 年间，中国林业和草业发展取得了长足进步，但仍然面临许多问题，寻求突破发展瓶颈，走林草融合高质量发展之路，需要重视并借鉴发达国家林草治理的经验做法。

（一）美国的经验

美国林务局于 1905 年成立，以保护森林和对国有林实施科学经营为主要任务，对林草方面的治理以依法治理为主。美国依法治林凭借不同侧重点的法律的制定呈现出不同的阶段性特征。1891 年《森林保护区法》以及 1897 年的《森林生态系统管理法》等标志着美国森林治理走向法制化轨道的法律问世，是美国依法治林的起始阶段；随后的 20 世纪 30～50 年代末，是其工程项目的起步实施阶段，代表性法律是《美国林业联邦计划》和《森林病虫害防治法》；20 世纪 60～80 年代，《森林多种利用及永续生产条例》、《森林和草地可再生资源计划法》、《国家环境政策法》以及《森林生态系统与大气污染研究法》等陆续通过和颁布，标志着美国依法治林进入到依法保护阶段；20 世纪 90 年代至今，是其依法治林的现代系统性森林保护阶段，具体体现为 2008 年出台的加强森林恢复、林业生物质能源建设的

《食物、环境保育及能源法》，2009 年颁布的《美国经济恢复和再投资法案》，其中 512 个项目中有 170 个致力于减少森林火灾，保障森林健康。

美国的依法治林还表现在与林业标准管理体系机制的有机契合上面。美国涉及林业标准化管理的机构有：美国国家标准学会（ANSI）、美国国家标准与技术研究院（NIST）、美国农业部（USDA）以及美国联邦环境保护署（EPA），其标准体系具有两大显著特征，即以共同治理为核心理念以及以与法律衔接为体系、机制的根本保障。美国涉及林业的标准主要集中在林产化学加工学、森林土壤学、木材学、森林昆虫学以及木材加工和人造板工艺学这 5 个领域，发布涉林标准最多的部门是美国国家标准学会和美国材料与实验协会。美国通过法律程序成立标准化管理机构，随后以市场为主导，自愿为原则，协商一致为准则，制定一系列有关标准化的法律，并援用于涉林治理，确立了美国林业标准化、法制化管林体系、机制的基础。美国林务局在经过对国家草原进行评估后发现，国家草原管理的法律、法规和相关政策在林务局工作人员和公众的理解、接受和执行方面落实得并不是很好，为此，特意编发《美国国家草原管理白皮书》（以下简称《白皮书》），明确并解释了相关法律法规，以提升草原利用与保护工作者的工作能力。《白皮书》重点关注了美国国家草原的法律体系以及草原放牧、基础设施、收费、管理方面。

美国通过明确产权形成了以私人保护为主的草原保护格局，国家所有的天然草原主要实行许可证管理制度，私人所有的草原主要通过政策指引和技术推广等方式，加强私人牧户对草原的保护，政府不能干涉私人牧场的经营，但牧场必须遵守环境及公众利益保护方面的法规。美国采用保护地权交换的方式保护草场，即用新建的保护区替代被开发的草原，面积为被开发的1/5，并以信托基金形式委托农业专业机构管理。美国在将草原视为重要生产资料的同时，高度重视草原的自然生态属性，为此颁布了多部法律，其中《国家环境政策法》首次提出环境影响评价制度，为草原保护建设以及草原生态评价、预警技术打下了法制基础。同时，还建立了草地健康评价体系和标准，监测、控制草原利用，草原利用采用了精细化管理，依据自然条件和土壤状况进行区分管理，将相关信息录入数据库并在线公开，有利于更加科学地决策、管理。在草原产业经济政策方面，美国在通过《泰勒放牧法》限定放牧范围和放牧量的同时利用税费政策进行生态补偿，并推行自然保护项目（CRP），竞标成功的牧民可获得相应的支持。

（二）法国的经验

法国国家林业局（ONF）对公有林严重退化、林木死亡率增加、林木病虫害以及气候变化等问题提出立对的管理思路及方法。一是通过营造"马赛克森林"即利用经实验证明的有较强适应性的树种营建人工林改善森林对气候变化的适应能力；二是采取更加现实的森林经营举措，通过制定长期规划、开展定期监测与评估、平衡狩猎林生态三方面，在实践中采取更为平衡的林木经营策略；三是加强社会合作，争取更多的社会资源支持，更清晰地向公众展示、解释治理理念、措施和方案，吸纳公众建议，做到共治、共建，同时发展品牌计划，把品牌认证实践和经验向全国全面推广、复制。

（三）澳大利亚的经验

澳大利亚草原资源大部分归私人农场所有，政府管理的主要任务是监督和支持私人农场主对草地的保护，并作出遵循防止草场土地恶化、努力改善土地状况等要求。澳大利亚鼓励社区化管理模式，支持共同协商的管理方式，并要求共同承担后果，以此促进草原经济发展和生态保护。在生态环境管理方面，澳大利亚重视生物多样性，1996 年制定了《为保护澳大利亚生物多样性的国家战略》和《国家杂草治理战略》，在注重有效分配资源的同时，在生态敏感地区实行自然保护区制度。在草原利用管理政策方面，通过实行围栏放牧和划区放牧的轮流制，使得草场得到充分利用和休养。此外政府通过推行减税及补贴对适用先进技术的牧场给予免税、对遭受自然灾害的牧场给予补贴，来减小生态政策对牧场主经济的影响。澳大利亚还很重视草原科技服务，政府通过组织科研院所、农业技术推广等机构提供技术支持和咨询服务以及加强宣传来帮助农牧户更加有效、环保地利用草场资源。

（四）日本的经验

日本林木治理注重依法治林、循环利用以及智慧林业等，特别重视与自然灾害相关联的方面的研究。日本在 2019 年 4 月开始实施《森林经营管理法》，林野厅于 2019 年 6 月 5 日制定并通过了《国有林经营管理部分法律修正案》，自 2020 年 4 月 1 日起生效，创建了"林木采伐权"制度，规定在国有林特定采伐区域内，林业经营者可在一定时期内稳定地采伐木材。同时，日本利用此次东京奥运会的举办机会，激发日本国产木材的循环利用。日本近年来的"林业创新"主要体现在数字化森林信息应用、信息通信技术管理技术的推进、林业机械自动化与先进造林技术的引进与实践等方面。此外，日本在自然灾害发生后，林野厅会派遣技术人员前往受灾地区，为灾后重建提供调查与规划方面相关的技术支持。

（五）德国的经验

德国的森林经营具有 200 多年历史，特别是在近自然育林与自然生态、社会环境以及经济发展多种要求保持高度和谐方面享誉世界。在林业生产实践中，围绕良种源选择、工厂化育苗、机械化造林以及合理密植、混交模式等，形成了一套完整的营林造林技术体系。从 20 世纪 50 年代后期开始，德国的林业工作以恢复稳定的森林生态系统为主要目标，改造林分结构，在 2003 年进行国有林管理体制改革，将主要用于军事目的的联邦林的管理另成体系，由联邦林管理局直接管辖。国有林管理改革的核心内容是"政企分离"模式，即政府林业行政管理机构作为职能部门，不直接经营，由相应的企业经营并接受监督。同时，注重及时调整林业政策，因此政策阶段性特点明显。德国的林业管理注重标准化，并以标准化体现体系化和法制化。涉及林业标准化的管理机构有德国标准化学会（DIN）、德国农业协会（DLG）等，国家标准的制定和修改由 DIN 负责，DIN 下辖 78 个标准委员会，其标准与国际、欧盟标准具有高度协调性，涉林标准集中在木材学、森林土壤学以及林产化学等方面。DIN 标准享有事实上的法律约束力。

三　中国林草融合高质量发展的路径与模式

林草融合高质量发展方面，中国在顶层设计的指导下，在学界科研的进步以及各地积极主动的探索实践中，逐渐形成了集制度、政策、科研、实践以及地方首创于一体的现代化、特色化、协同化的高质量发展路径与模式。

（一）管理层提出要求

自 2018 年 4 月 20 日，草原监理中心被从农业部整体划转到国家林业和草原局，林草融合就作为一项重要工程而展开。国家林业和草原局副局长李叔铭要求，要高起点谋划，全面推进草原与林业工作深度融合，并强调，推进林草融合是一项系统性的工程，必须考虑全面、细致、周到，草原监理中心全体同志要尽快熟悉林业和草原局的基本工作流程，尽快掌握各方面规章制度和有关要求，尽快适应新环境，融入新单位，并具体要求各司局、单位积极推进落实草原各项工作部署，同时强化政策法规、资金保障、组织人事、党的建设等方面的融合以及林业与草原干部队伍思想上、情感认同上以及事业心上等多方面融合，并且在机构改革方面，着重强调，要按照中央确定的改革方案和"先立后破　不立不破"的原则切实抓好草原机构改革任务的落实。2021 年，国家林业和草原局管理司在学习研讨《关于全面推行林长制的意见》会议中要求，要按照国家林草局党组的统一部署，贯彻落实好林长制，进一步探索融合之道，在思想感情、观念、目标、职能、规划、资金、标准、监测、执法等方面全方位融为一体。同时，要求对照职能，结合草原工作六大体系，完善职能设置，唱响草长制，强化执法监督、草管员等体系建设，建立明晰的考核机制。

（二）学界展开科研

2020 年 1 月 16 日，国家数字林业重点实验室全体工作会议暨首届数字林业论坛举行，会议主题是"加快融合发展，建设现代林草业"。该实验室以林草业专业知识结合林草统计数据、科研及网络数据，利用大数据决策支撑、富媒体内容呈现及交互技术、内容可视化技术、人工智能技术等，加快林草融合发展。

中国林业科学研究院草原保护与生态修复创新团队以草原保护与生态修复创新技术的研究与突破为重点，为林草融合发展提供科技支撑，2020年，在内蒙古自治区锡林郭勒盟正蓝旗建立且推广应用草地资源遥感监测与草畜平衡评价技术体系。

（三）多地探索实践

1. 山西模式

山西省在全国率先出台《山西省草原生态保护修复治理工作导则》，推进林草融合高质量发展，具体措施包括：林下、荒山荒滩种草以及退耕还草。山西省林业和草原局明确提出，2020年要通过草原管理工作"八大突破"，实现林草"六大融合"。即在寻求政策支持宏观指导、摸清草原资源本底、研究草原科技服务支撑、搞好草原资源专题调研、探索草原保护修复路径、加大草原保护宣传力度、开展草原资源依法保护、理顺职能提升治理能力这八个方面力求突破；在思想认识、发展理念、工程布局、保护修复、科技支撑、体制机制这六个方面实现融合。山西省太岳山国有林管理局聚焦林草"六大融合"要求，把草原、草地、草甸放在建设美丽林区以及维护生态安全的战略地位来抓，以介庙林场牛角鞍和好地方林场大曼为试点单元打造草原科普、科研、保护修复、文化生态传承以及休闲体验、乡土风情观赏基地，作为林草融合突破口，贡献了林草融合的"太岳方案"。山西省关帝林局率先启动智慧林草大数据管理平台试点建设，建立"天、空、地、人"立体监测、可视管理、查询展示、分析应用的智慧林草建设管理平台，实现"数据可见、资源可看、趋势可知、森林可感"的基本构想，2019年底，关帝林局林草火情卫星监测应用服务平台正式启用。同时，关帝林局还借助先进的网络科技、整合技术人才等，使现代科技与林草行业进行深度融合，逐步实现由传统林业向现代林草发展方向的转变。

2. 贵州模式

贵州省独山模式通过加快发展林下草业促进林草融合。贵州省草推站独山奶牛基地，长期与新西兰梅西大学等国内外科研院所合作，开展林下种草、林间种草，形成了林、草、牧、产以及土壤养护和灾害防控的立体生态、复合生态的林草融合发展独特模式。

3. 内蒙古模式

内蒙古自治区坚持林草融合发展推进草原保护与建设，良好的森林与草原生态共同构筑中国的北方生态安全屏障。内蒙古自治区多年来积极探索草原经营体制机制改革，在全国率先推行"草畜双承包"和草原"双权一制"，把人畜草、责权利统一协调起来，实现了生态保护和生产发展的统一良性发展，并且在全国率先出台《草原管理条例》《基本草原保护条例》等地方性法规和规章，目前已建构自治区、盟市、旗县、苏木乡镇四级执法体系。同时，通过采用遥感技术、地理信息技术和全球定位技术进行监测，积累了大量数据，为决策体系和能力的现代化提供了依据和工具。

四　促进中国林草融合高质量发展的对策建议

推进中国林草融合高质量发展，是贯彻落实习近平总书记生态文明思想，实现对山水林田湖草这一生命共同体系统治理的重大战略部署，是各级林草部门共同面临的重大课题。建议立足于新发展格局，结合乡村振兴战略，深度运用数字技术，增强市场导向同时完善市场机制，以林（草）长制为抓手全面协调可持续地稳步推进中国林草融合高质量发展。

（一）运用数字工具建设林草融合制度体系

在信息化、数字化程度不断提升的当下，建议采用数字人文方法论综合利用林和草以及林草融合的大数据建立并完善林草融合的相关制度体系。一是要以林（草）长制为总抓手，顶层设计以数字人文方法论为切入点的林草融合方面的制度体系的建构和完善；二是引入数字人文相关人才或对具体的制定、实施、监督等工作人员进行相应的数字人文培训；三是逐渐将相关资源、业务、档案、材料数据化、数字化，为运用数字人文制定制度奠定基础；四是组织业务精熟工作人员开发林草融合制度建设所需的新机构、新项目以及新科研的问题、方案以及创意等，并付之数字化，再运用数字技术例如大数据的跟踪、检索等功能寻求突破；五是在实践中完善林草数据库，在数字技术中提升融合数据运用成效，并持续改进、完善制度。

（二）健全信息机制，提升林（草）长治理能力

提升林（草）长及相应机构、人员的治理能力，是设立林（草）长制的题中应有之义。治理能力中最重要的是决策能力，机制中最重要的是决策机制，信息化时代的今天，决策机制中最重要的是信息机制，建议通过健全信息机制来提高林（草）长的决策能力及机构系统的运行能力，进而提升治理能力。一是树立共享、共建、共治的林草融合的价值观，林和草各部门之间，林草部门与其他部门之间，各区域、各行政级别之间以及与社会、公众之间，要基于信息的公开、透明以及时效注重公共性，让决策更加"以人民为中心"，更加科学、合理、廉洁、高效；二是建立交叉复核制衡共享的林草融合信息治理制度体系，这就要切实处理好"分布式"和"集中式"之间的关系，既能够依据大数据自行客观处理好日常具体融合事务，又能够依托数据精准决策"上报""沟通"等紧急状况并同时做好处置工作，主要就是不同机构职能、空间分布、投入渠道、检测监督以及执法体系之间的事务包括需要协同应对的问题的信息处理以及突发灾害等紧急事故，特别是传染性极强的、需要最高指示和集中协调应对的问题；三是设立林草融合政策信息机构共同体并保障有序运行，要综合发挥好主流媒体和市场化媒体的作用，要特别重视全媒体的建构和应用，把握好建言献策以及宣传、监督功能的协同，形成林草融合及治理的决策共同体；四是建立富足的林草融合及治理的信息获取环境，除不可公开的信息和数据外，林草融合相关工作的数据应当公开为公众悉知，可采用官网发布、微信公众号推送以及与流量较多的 App 合作等渠道，方式上可采用数字人文形式，用政策统筹数据，用数据佐证政策，用信息化、智能化方式呈现出来。

（三）试点林草融合样板地乡村振兴路径

林草融合是生态文明建设的一个重要举措，既要注重对林草的生态保护、修复，又要利用林草资源发展经济社会，因此，林草融合要放在新发展格局和乡村振兴的大环境大背景下来考量，建议设立试点，用林草产业促进乡村振兴。一是依托现代林草产业示范区的创建工作，构建林草产业链，组建林草产业集群，同时设置统一的林草产业市场，促进林草产业高质量发展，进程中要发挥好林（草）长的领导、组织、协调和管理的作用；二是借鉴农民合作社"三位一体"的做法，试点林牧民合作社"三位一体"，以类似于小农的小林牧民为中心，以供销社、林草联等为载体，综合运用产业、供销、信用合作社推进林牧地的乡村产业振兴；三是践行"绿水青山就是金山银山"理念，在产业振兴进程中不断探索林草融合生态保护和经济效益的最佳契合点以及践行的方式方法，创新生态经济模式，例如，可借鉴浙江安吉的政经分离、专业运作的方式，将资金、科技和专业融入其中，亦可采用江苏最美自驾公路溧阳 1 号公路设计思路和元素，将旅游路线"画"进竹林、绿草、湖泊之间，等等；四是将样板地的试点成效总结归纳，探索规律，并因地制宜向全国各地林草融合区域推广。

（四）依据"宜林宜草"设立生态"三偿"机制

生态"三偿"机制是指生态功能转移补偿机制、生态产品使用有偿机制以及生态环境损害赔偿机制。其中有偿使用不仅是指具体的林草孳息产物商品，也指林草融合整体的环境效应带来的生态经济的商品属性并外显于价格，这一点与生态补偿机制可相互协调、相互延伸。长期以来，草业的受重视程度不如林业，其中一个重要的原因是草业的经济价值相比林业特别是经济林来说有差距，因此，宜林宜草的原则和标准，会对宜草部分的经济造成损失，但是，宜草部分却是林草融合整体优化的贡献者，理当与收益者分享成果。一是要依托数据制定环境价格指数，制定林草融合的生态系统生产总值（GEP）；二是要为因宜林宜草标准而放弃更高经济价值的林木种植的地区依据林草融合的整体 GEP 设计补偿或有偿购买方案和托底价格指数，并以法制保障落实；三是在补偿机制有失公平的状况下要多采用市场化的生态环境购买方式，将因生态受益的地区的收益公平地向生态供给方流动；四是要对不执行宜林宜草的地区的部门、单位和个人给予惩罚，要严格生态损害赔偿的实施。

参考文献

吴钦孝、赵鸿雁：《黄土高原森林水文生态效应和林草适宜覆盖指标》，《水土保持通报》2020 年第 5 期。

吴岚等：《水土保持林草措施生态服务功能价值化研究》，《干旱区资源与环境》2007 年第 9 期。

谷洪波：《我国中部六省农业高质量发展评价研究》，《云南农业大学学报》（社会科学）2019 年第 6 期。

专题篇

Special Topics

B.10
中国林权法律法规现状、
问题及应对措施

董一鸣　邓陈超　石　静*

摘　要： 近年来，中国推行集体林权制度改革，成效颇丰。结合国际
　　　　 发展绿色能源大潮与中国国土绿化行动、林业经济建设的政
　　　　 策方向，聚焦现行林权相关法律法规与制度现状，分析林权
　　　　 流转交易、林权流转监管、生态效益补偿等方面的问题并提
　　　　 出应对措施，是进一步推进林权改革创新工作、促进林业高
　　　　 质量发展的根本所在。

* 董一鸣，中国政法大学宪法行政法法学博士，众成清泰律师事务所创始合伙人、众成清泰
（北京）律师事务所主任、中国国际经济贸易仲裁委员会仲裁员、中华全国律师协会知识产
权委员会委员，研究方向为生态文明法律服务、国际业务、知识产权等；邓陈超，中国人民
大学经济法法律硕士，众成清泰（北京）律师事务所律师，研究方向为生态文明法律服务、
经济法等；石静，中国人民大学民商法法学硕士，众成清泰（北京）律师事务所律师，研究
方向为生态文明法律服务、建设工程等。

关键词： 林权流转　生态效益　市场机制

2021 年 2 月 2 日，国务院颁布《国务院关于加快建立健全绿色低碳循环发展经济体系的指导意见》提出："培育绿色交易市场机制。进一步健全排污权、用能权、用水权、碳排放权等交易机制，降低交易成本，提高运转效率。加快建立初始分配、有偿使用、市场交易、纠纷解决、配套服务等制度，做好绿色权属交易与相关目标指标的对接协调。"在全球进行森林建设、发展绿色资源的大背景下，中国提出国土绿化行动，提升生态系统碳汇能力等策略，越发重视森林资源保护、林业经济建设。面对相关问题，中国现行各部门法均有所规定，包括宪法、民法、行政法等，本报告将结合林权具体法律规定现状，分析林权相关制度现存问题并提出对策措施及建议。

一　中国林权现行法律规定

（一）《中华人民共和国宪法》相关规定

《中华人民共和国宪法》（以下简称《宪法》）第 9 条规定："矿藏、水流、森林、山岭、草原、荒地、滩涂等自然资源，都属于国家所有，即全民所有；由法律规定属于集体所有的森林和山岭、草原、荒地、滩涂除外。"《宪法》以根本大法的形式确立了森林资源所有权一般归属于国家，法律明确规定属于集体的森林所有权归属于集体。

（二）《中华人民共和国民法典》相关规定

与《宪法》第 9 条规定相符，国家和集体对于森林资源的所有权再次在《中华人民共和国民法典》（以下简称《民法典》）中得以确定。《民法典》第 250 条规定："森林、山岭、草原、荒地、滩涂等自然资源，属于国家所有，但是法律规定属于集体所有的除外。"《民法典》第 260 条规定：

"集体所有的不动产和动产包括：（一）法律规定属于集体所有的土地和森林、山岭、草原、荒地、滩涂……"

另外，《民法典》第262条规定："对于集体所有的土地和森林、山岭、草原、荒地、滩涂等，依照下列规定行使所有权：（一）属于村农民集体所有的，由村集体经济组织或者村民委员会依法代表集体行使所有权；（二）分别属于村内两个以上农民集体所有的，由村内各该集体经济组织或者村民小组依法代表集体行使所有权；（三）属于乡镇农民集体所有的，由乡镇集体经济组织代表集体行使所有权。"该条规定确立了不同集体所有森林资源所有权的行使主体。

《民法典》第330条规定："农村集体经济组织实行家庭承包经营为基础、统分结合的双层经营体制。农民集体所有和国家所有由农民集体使用的耕地、林地、草地以及其他用于农业的土地，依法实行土地承包经营制度。"第331条规定："土地承包经营权人依法对其承包经营的耕地、林地、草地等享有占有、使用和收益的权利，有权从事种植业、林业、畜牧业等农业生产。"第332条规定："耕地的承包期为三十年。草地的承包期为三十年至五十年。林地的承包期为三十年至七十年。"第333条规定："土地承包经营权自土地承包经营权合同生效时设立。登记机构应当向土地承包经营权人发放土地承包经营权证、林权证等证书，并登记造册，确认土地承包经营权。"《民法典》以上条文规定了林地的承包经营制度、林地承包期、林权证发放等内容。

（三）《中华人民共和国森林法》相关规定

《中华人民共和国森林法》（以下简称《森林法》）第14条规定："森林资源属于国家所有，由法律规定属于集体所有的除外。国家所有的森林资源的所有权由国务院代表国家行使。国务院可以授权国务院自然资源主管部门统一履行国有森林资源所有者职责。"第15条规定："林地和林地上的森林、林木的所有权、使用权，由不动产登记机构统一登记造册，核发证书。国务院确定的国家重点林区（以下简称重点林区）的森林、林木和林地，由国务院自然资源主管部门负责登记。森林、林木、林地的所有者和使用者的合法权益受法律保护，任何组织和个人不得侵犯。森林、林木、林地的所有者和使用者应当依法保护和合理利用森林、林木、林地，不得非法改变林地用途和毁坏森林、林木、林地。"第 16 条规定："国家所有的林地和林地上的森林、林木可以依法确定给林业经营者使用。林业经营者依法取得的国有林地和林地上的森林、林木的使用权，经批准可以转让、出租、作价出资等。具体办法由国务院制定。林业经营者应当履行保护、培育森林资源的义务，保证国有森林资源稳定增长，提高森林生态功能。"第 17 条规定："集体所有和国家所有依法由农民集体使用的林地（以下简称集体林地）实行承包经营的，承包方享有林地承包经营权和承包林地上的林木所有权，合同另有约定的从其约定。承包方可以依法采取出租（转包）、入股、转让等方式流转林地经营权、林木所有权和使用权。"第 18 条规定："未实行承包经营的集体林地以及林地上的林木，由农村集体经济组织统一经营。经本集体经济组织成员的村民会议三分之二以上成员或者三分之二以上村民代表同意并公示，可以通过招标、拍卖、公开协商等方式依法流转林地经营权、林木所有权和使用权。"《森林法》是中国林业保护的基本法，以上条文对森林、林木、林地的权属作了原则性规定，规定了林权的具体类型、林权流转的权利类型以及林权的流转方式。

（四）《中华人民共和国农村土地承包法》相关规定

《中华人民共和国农村土地承包法》（以下简称《农村土地承包法》）第 16 条规定："家庭承包的承包方是本集体经济组织的农户。农户内家庭成员依法平等享有承包土地的各项权益。"第 17 条规定："承包方享有下列权利：（一）依法享有承包地使用、收益的权利，有权自主组织生产经营和处置产品；（二）依法互换、转让土地承包经营权；（三）依法流转土地经营权；（四）承包地被依法征收、征用、占用的，有权依法获得相应的补偿；（五）法律、行政法规规定的其他权利。"第 36 条规定："承包方可以自主决定依法采取出租（转包）、入股或者其他方式向他人流转土地经营权，并向发包方备案。"第 37 条规定："土地经营权人有权在合同约定的期限内占有农村土地，自主开展农业生产经营并取得收益。"以上条文规定了家庭承包经营权承包方的权利，家庭承包经营权流转的主要方式、法律程序、法律条件等内容。

（五）《中华人民共和国森林法实施条例》相关规定

《中华人民共和国森林法实施条例》（以下简称《森林法实施条例》）第15条规定："国家依法保护森林、林木和林地经营者的合法权益。任何单位和个人不得侵占经营者依法所有的林木和使用的林地。用材林、经济林和薪炭林的经营者，依法享有经营权、收益权和其他合法权益。防护林和特种用途林的经营者，有获得森林生态效益补偿的权利。"该条文明确了森林、林木、林地经营者的权利归属及利益分配。

（六）《林木林地权属争议处理办法》相关规定

《林木林地权属争议处理办法》第2条规定："本办法所称林木、林地权属争议，是指因森林、林木、林地所有权或者使用权的归属而产生的争议。处理森林、林木、林地的所有权或者使用权争议（以下简称林权争议），必须遵守本办法。"第6条规定："县级以上人民政府或者国务院授权林业部依法颁发的森林、林木、林地的所有权或者使用权证书（以下简称林权证），是处理林权争议的依据。"以上条文确立了林木林地权属争议的范围及处理权属争议的依据。

（七）《林木和林地权属登记管理办法》相关规定

《林木和林地权属登记管理办法》第3条规定："林权权利人是指森林、林木和林地的所有权或者使用权的拥有者。"该条文明确了林权权利人的范围。

（八）《中华人民共和国刑法》相关规定

《中华人民共和国刑法》（以下简称《刑法》）第345条规定："盗伐森林或者其他林木，数量较大的，处三年以下有期徒刑、拘役或者管制，并处

170

或者单处罚金；数量巨大的，处三年以上七年以下有期徒刑，并处罚金；数量特别巨大的，处七年以上有期徒刑，并处罚金。违反森林法的规定，滥伐森林或者其他林木，数量较大的，处三年以下有期徒刑、拘役或者管制，并处或者单处罚金；数量巨大的，处三年以上七年以下有期徒刑，并处罚金。非法收购、运输明知是盗伐、滥伐的林木，情节严重的，处三年以下有期徒刑、拘役或者管制，并处或者单处罚金；情节特别严重的，处三年以上七年以下有期徒刑，并处罚金。盗伐、滥伐国家级自然保护区内的森林或者其他林木的，从重处罚。"该条文规定了盗伐、滥伐林木，非法收购、运输明知是盗伐、滥伐的林木的刑事责任。

通过上述法律规定可以发现，虽然中国初步建立了以《森林法》为基础的森林资源保护法律体系，但在统一界定林权内涵、外延，统一规制林权交易流转方面并无明确规定。当前，中国林业发展和生态文明建设进入一个新的历史时期，推动林权制度改革，促进林权交易有序流转，推进现代化林业建设等任务，对中国相关立法、执法、司法工作提出了新的要求，中国亟待完善现行林权法律法规，优化林权流转交易相应制度，找出现存问题并采取合理措施，对症下药。

二　中国林权现存问题

（一）林权交易流转法律法规不健全，林地经营权流转无序

现阶段，中国林权交易流转相关的法律法规并不健全，中国集体林权制度改革主要依托于政策，现行法中对林权的规范散见于不同法律部门和不同效力层次的规范性文件中，例如《土地管理法》、《土地承包法》与《土地管理法实施细则》等，却尚无一部国家层面统一的法律法规对林权交易流转进行规制，在上述背景下，中国林权流转面临不明确、不规范、不科学等问题。

中国林权流转中的产权保护并不明确。林农通过分配取得的林地承包权、经营权与集体林权流入方通过林地流转取得的经营权的法律地位并不同

等。在实践中，个体之间订立的权属流转合同并不规范，当事人双方权利、义务不够明确。文化水平不高、权利意识不强的林农往往采用口头协议的形式来订立流转合同，合同没有完善约定双方的权利义务，特别是对于林地的预期性收益以及合同终止后相关利益归属未明确完整规定，使得林农的生产经营权利丧失了重要的合同保障。

（二）林权流转监管体制不健全，执法与管理职责不明，纠纷调解机制尚未建立

具体法律法规的缺失导致了林权流转监管体制不健全的问题，监督管理体系层次模糊，有着较大的随意性。解决如何规范和监督林权流转的问题意义重大，有效和有力的监督能够更好地保障林农各项权益。尤其是在相对落后的乡村地区，存在的问题更加显著，林权流转完全受管理人掌控，甚至出现哄抬价格、弄虚作假等较失公平的现象，造成混乱局面。这些问题严重扰乱了市场秩序，影响林权交易的正常开展。

执法与管理职责不够明确，各参与主体权利义务不够分明等方面有待进一步完善。由于法律制度上的欠缺，林权流转各参与主体的各项权利义务不够明确，尤其体现在监管主体上的确定以及监督权的行使等方面都暂未有明确的条文或机制进行规定，监管主体的不确定导致监督权无法有效行使，相关部门工作人员之间也容易出现互相推诿、玩忽职守的情况。

在解决林权纠纷方面缺乏完善有效的处理解决机制，林权纠纷大多源于利益分配等方面存在难以调节的问题，由于部分林农在改革中未获取到所期待的利益，甚至失去林地使用权等，加之在监管体系存在漏洞的情况下，哄抬林价等现象频发，林农认为自身利益受到威胁，心理波动较大，由此通过各种方式企图夺回原本的利益而与相关企业和管理人员产生林权纠纷。

（三）林业发展资金多为政府财政投入，社会资金支持占比少

目前有待进一步探索林业发展资金多元化投融资机制，吸引更多社会资本参与林业生态建设。基于林业产业生产周期长、成本投入高、经济效

益差、运营效率低等因素，难以吸引政府财政投入以外的社会资本。近年来，各级财政林业贴息贷款政策有效缓解了林业信贷融资困难问题，但是实践中林业贷款审批条件严格、审批流程复杂，贷款周期短，难以覆盖林业生长周期等问题仍然存在。商业贷款对抵押担保能力要求较高，而林业抵押物主要是林木所有权和林地使用权，抵押价值受市场行情影响大，难以有效评估其价值，林业信贷风险高，对银行等金融机构吸引力不足，现有的银行贷款渠道不足以解决林业发展融资贵、融资难问题，在一定程度上制约了林业发展。

（四）林农分散经营，难以实现规模经济，林业生态面临风险

随着集体林权制度改革和林权产权规定变动，现存林权问题逐渐凸显。由于林地使用权被控制在以家庭为单位的林户手中，而没有完整统一的管理机构或行业协会对此进行监督管理，林农的经营方式相对分散、经营规模相对较小。该问题导致了分散经营和林业生产效益难以实现规模经济，增加了林业生态效益风险①。

林农分散经营模式，缺少相关行业协会进行监督管理，这就造成企业不能及时有效地与市场进行接轨，快速了解市场信息与现存行业风险，导致林农的信息获取受到限制，甚至是产生信息偏差，与此同时，林农收益渠道与方式单一，林农收入来源受限，难以创造更大的财富。分散经营为少数人开辟了乱砍滥伐的道路，不利于林业资源的生态保护，这也增加了宏观管控与经营管理的难度。

（五）森林生态效益补偿标准偏低，来源单一，市场化补偿形式长期缺位

相关法律依据笼统、简略、可操作性不足。自 2004 年森林生态效益补偿基金建立以来，其为中国森林资源保护和森林生态好转做出了贡献，但随

---

① 曹利斌：《基于生态保护视角的林业可持续发展策略》，《绿色科技》2015 年第 10 期。

着中国经济发展水平的提高，尤其是在国家要求大力发展绿色经济的现实之下，中国现行森林生态效益补偿基金制度在政策、实施、监督等方面的问题凸显①。财政部与国家林业和草原局于 2004 年、2007 年与 2009 年制定并修改了《中央财政森林生态效益补偿基金管理办法》，但该管理办法已告失效。目前中国生态公益林补偿的主要法律依据为《林业改革发展资金管理办法》，相关规定将森林生态效益补偿基金纳入林业改革发展资金，但在设立、管理和监督方面并无详细规定，体现不出《森林法》第 29 条中"专款专用"的要求。

基金来源单一，规模受限。目前，中国森林生态效益补偿基金主要来源于中央和各级地方政府，由公共财政负担，来源单一，政府部门背负着较大的财政压力，导致补偿标准相对较低，难以调动林地经营者的积极性。现行法规政策并没有规定直接受益者的补偿义务。此外，对于森林生态系统的污染者和破坏者，虽然政府会向其收取恢复费用或处以罚款，但这一部分费用并未被专项用于森林生态效益补偿②。

补偿资金标准确定不够科学。自森林生态效益补偿基金正式建立以来，补偿标准经历过两次提升。2017 年，国家林业局在《"关于建立森林生态效益补偿标准动态调整机制的提案"复文》中提到，国有国家级公益林补偿标准由 2004 年的每年每亩 5 元提高到每年每亩 10 元，属于集体和个人所有的国家级公益林补偿标准由 2004 年的每年每亩 5 元提高到每年每亩 15 元。此外，对于地方公益林，可由地方财政安排森林生态效益补偿，并视自身财力状况逐步提高补偿标准，但实际情况却是该基金仅对公益林管护费进行了补偿，而难以弥补经营者或林权所有人因划分公益林所受到的经济损失。此外，中央及各地政府对不同性质、产生不同生态效益的公益林的补偿标准几乎无差别，具有"一刀切"的弊病。

---

① 曹昌伟：《健全我国森林生态效益补偿基金运作机制的探讨》，《池州学院学报》2018 年第 4 期。

② 蔡艳芝、刘洁：《国际森林生态补偿制度创新的比较与借鉴》，《西北农林科技大学学报》（社会科学版）2009 年第 4 期。

（六）森林资源评估制度不健全，林权交易流转过程中专业评估机制有待建立

科学的价格评估体系是科学评估森林资源价格、规范林权流转市场的基础①。林权作为生态产品在市场上流转须以价格为前提，权威专业的资源价格评估至关重要。中国现行《森林资源资产评估管理暂行规定》《森林资源资产评估技术规范》出台时间较早，部分评估规定、评估指标过于原则抽象，可操作性不强，部分内容已经不适应当前实际需求。实践中也存在评估监管主体不明、行政不正当干预评估、评估收费标准过高、技术标准不统一等问题，种种不规范现象导致林权流转过程中定价随意、价格价值不符、林权纠纷数量增多，亟须建立统一、权威、专业的森林资源评估机制。

在实践中，林地权属转让的价格并无科学标准，整体呈现转让价格过低的特点，而作为交易主体的林农认知个体差异大，其经济实力、市场判断能力、信息获取能力都有所不同。在这样的条件下，市场机制难以在林权流转过程中发挥作用。林权权属信息和林业资源价值评估情况对于林农来说并不公开透明，因而造成林权流转的市场环境同样不公开、不透明、不统一，市场机制难施拳脚，林农在林权流转中的交易成本和信息成本较高，流转效率受到阻碍。受制于此，林农之间的林权交易流转范围有限，而不能在更大范围的交易中真正发挥市场化林权流转机制的优势，难以实现土地资源的优化配置。

三 应对措施

针对以上问题，本报告从健全法律法规、强化行政管理、完善政策措施等方面提出几点相关建议。

---

① 侯璐：《黑龙江省集体林权流转的发展策略》，《东北林业大学学报》2019 年第 8 期。

（一）建立健全规范林权流转交易的法律法规体系

解决林权问题，当务之急在于建立健全规范林权流转交易的法律法规体系。2020年3月，国家林业和草原局出台了《工商企业等社会资本流转林地经营权管理办法（征求意见稿）》，涉及适用范围、监督管理主体、审查审核条件和程序以及风险防范等问题，这反映了中国林权立法工作正在稳步进行。针对实践中流转合同不规范，权利主体合法权益无法得到切实和持续性保护的问题，应当强化集体林权流转后续管理，指导各地建立林权流转配套服务制度，逐步推广集体林权流转合约保险。

（二）强化政府监管职能，建立林权流转和林业发展长效机制

在林权流转方面，突出政府监管角色，强化政府监管职能，建立林权流转和林业发展长效机制，落实包括流转前、流转中和流转后三个阶段的监督管理，防止造成林地、林木资源的浪费，损害集体经济组织和林农的合法利益。落实各方面主体资质审查，加强对林地开发、林木采伐等方面的监督。

面对执法与管理问题，政府应强化林业行政管理服务，建设培养林业行政综合执法队伍，探索提供林业交易专业化服务；政府和行业协会需要加强研究制定林权流转具体操作规程，落实对林权流转工作的指导，从村民自治组织层面试行林农培训，切实履行好林权流转管理职责。

健全林权经营交易纠纷调处机制，探索建立律师、公证机构参与纠纷处置的工作机制，将矛盾化解纳入法治轨道。面对纠纷解决诉求，相关工作部门应依法依规办事，坚持预防为主、调解优先的原则，明确专人职责，协调各方力量，做好法律咨询服务、来信回复、接访、调查取证等工作。

克服流转信息障碍，加快建设林权信息共享，提升集体林权信息的公开性、透明性，为集体林权管理、交易、抵押贷款等活动提供坚实的信息基础，统一整合各级各地林权管理平台系统与相关信息，提高信息系统标准化程度，加强信息系统功能多样化建设，在国家层面互通集体林权登记（含变更）、交易、抵押、处置等信息，加强林权交易流转的管理与监督。

（三）拓展林业多元化投融资渠道，激励社会资本投入林业发展

推进林业碳汇交易。碳汇交易是实现生态产品价值和生态补偿的重要市场化手段，目前中国碳汇生态产品主要购买方是碳市场履约企业，市场购买主体单一、产品流动性不足，亟须建立多元化的碳汇市场交易体系。建议国家主管部门出台鼓励性政策，引导环保型企业参与碳汇生态产品自愿交易，设计碳汇生态产品期货期权等金融产品，吸引金融机构、广大非履约企业自愿交易；建立信息开放共享的普惠市场运行平台，向社会广泛宣传碳汇生态产品价值实现的新理念、新政策，将碳汇生态产品交易与商业活动、公益活动有机结合，调动社会公众参与的积极性，进一步扩大碳汇生态产品市场需求、激活碳汇生态产品交易，创建覆盖市场履约企业、资源减排企业、社会公众等多类需求对象的多元化碳汇生态产品交易体系，提升生态碳汇能力，助推实现碳中和目标。

建立健全林业投融资机制。政府部门发挥协调作用，搭建统一林业投融资平台，与金融部门、林业确权登记等部门共享数据信息，破解金融机构林权信息不对称的问题，降低林权融资风险和成本。政府部门完善配套的法律咨询服务，对投资者投资的林业项目，提供专业化指导，防范法律风险。引导鼓励银行等金融机构开发设计与林业生态建设项目收益周期长的特点相匹配的信贷产品、林农小额信用贷款产品等。健全林权担保收储运营机制，推动各地成立林权担保收储机构，以林权收储担保机制为突破口，在信贷、保险、抵押登记等方面制定配套政策，优化林权变更程序，引导收储机构会同合作银行简化林权收储担保评审审批流程，更好地为林业经营者的林权抵押贷款提供服务，破解林权融资难、融资贵、融资周期短的问题，吸引社会资本和金融资本参与林业生态保护和开发，助推林业发展。探索林业碳汇交易权进行综合质押融资模式；推进林业抵押贷款证券化，通过发行证券的方式，盘活森林资源，实现资金融通，让更多生态资源高效转化为生态资产。

（四）创新林业经营模式，推动林业规模经营，提升综合效益

加强有关生态经营的宣传，使林农进一步了解相关经营制度理念与精神。在当下，大多数林农对林权制度改革没有深刻的认识，对其认识目前仍处于潜在层面，例如经营收入，农林经济发展的制度表层等。森林资源在社会、经济、生态方面都有着较高的价值，林木具有涵养水源、调节气候、改善环境污染等生态功能，但是由于认知水平有限与对制度研究不够透彻，林农尚未认识到森林资源的生态价值和社会价值，因此需要我们通过监督管理与宣传手段加大保护力度，要求政府与相关林业部门加强对林业生态价值与社会价值的相关宣传，充分利用如今迅速发展的新媒体行业，例如微博、抖音、今日头条等多种途径向社会大众宣传目前中国在林业方面的相关法律法规与最新政策制度、向大众展现林业保护成果并分享相关经验①。在部分平台的评论区域可以通过投票等方式收集社会群众对资源保护措施的意见以及要求。为了更好地加强社会公众的生态环境资源保护意识，通过以上渠道和方式可以创造一个良好的林业资源生态保护环境，从而使林农树立一个正确有序的生态经营观念。

政府在宏观方面需要给予政策扶持，建立健全相关保护政策并打造社会化服务体系，服务于现代林业经营发展，为其提供多层次多方位的支持与保障②。明确更加有效地建设社会化服务体系这一目的，在自愿、公平、合法、有偿等原则下，鼓励林农相互联结，由小个体向集体趋势发展，形成合作制、股份制林场经营模式。与此同时，采取"公司＋林农"的企业带动等经营模式，逐步实现林业规模化、产业化结构调整。此种方式既能够提高林农抵御风险的能力，又能够在市场中加强相关产品的竞争力。健全林业专业合作组织，为林农提供技术支持，为其提供相关学习交流平台，搭建林业撮合交易平台，最大化保障林农的各项权益，促进交易流转。积极推动林业

---

① 余荣华、徐进：《加强林业生态保护实现林业可持续发展》，《现代农业研究》2021年第3期。
② 胡小柯等：《我国集体林权制度改革现状问题与对策》，《防护林科技》2011年第5期。

生态旅游，发展多样化林下经济特色产业，充分发挥林业协会组织的行业引领作用，为林业建设提供政策支持和科技服务，提升林农发展林下经济产业的组织化程度和抗风险能力，促使林下经济向专业化、集约化发展，推动林业产业高质量发展。

（五）完善森林生态效益补偿制度

鉴于目前中国森林生态效益补偿制度的法律依据笼统、简略、可操作性不足，中国需要加强森林生态效益补偿基金制度的规范化，面对全国大规模国土绿化行动，从中央层面先行立法，建立从中央到地方层面统一、规范的管理体系，各级地方政府在中央统一规范的前提下结合本地实际，制定切实的实施细则，为森林生态效益补偿制度提供明确的操作方法和流程，为森林生态效益补偿基金的分配和监管提供法律后盾。

针对补偿主体问题，2005 年，"十一五"规划提出，"按照谁开发谁保护，谁受益谁补偿的原则，加快建立生态补偿机制"。为解决补偿基金"开源"的问题，应当贯彻"谁受益谁补偿"的原则，将直接受益者纳入补偿义务主体范围，比如要求依靠森林生态效益进行经营活动的主体承担补偿义务，以其营业收入缴纳补偿资金[①]。与此同时，将污染、破坏森林生态系统行为的罚款收入转化为专项资金，投入森林生态效益补偿中。

中央和各级地方政府应考虑多方面的因素，科学制定补偿标准，统筹兼顾各方面利益，做到补偿基金足够弥补经营者在公益林培育、管护中的支出与经济损失，根据公益林管护效果设置奖惩机制，进一步调动公益林管护者的积极性，体现积极管护者的价值。

（六）建立和完善科学的森林资产评估体系

健全林地、林木资产评估法律法规。尽快修订完善《森林资源资产评估管理暂行规定》《森林资源资产评估技术规范》，明确评估主体及职责，

---

① 张海鹏：《森林生态效益补偿制度的完善策略》，《重庆社会科学》2018 年第 5 期。

充实和完善评估技术标准，优化评估方法，规范资产评估执业行为，强化资产评估执业监督，充分保护资产评估当事人合法权益。

强化资产评估行政监管。发挥政府职能作用，由政府统一建立林权交易专业化价格评估平台，把资产评估工作纳入规范化轨道。加强资产评估过程监管，严格规范评估程序和评估执业行为，发挥行业协会（中国资产评估协会）行业自律作用，引导监督行业内部资产评估工作良性发展。

建立专业化评估队伍。高素质、专业化评估队伍是做好森林资源评估工作的基础和根本。2020年，国家林业和草原局在《"关于建立完善林业金融政策体系的建议"复文》中指出："全国已成立了800多个森林资源资产评估机构，培训了近万名森林资源资产评估咨询人员，基本能够满足森林资源资产评估市场中介服务需要"，但是，现有评估人员均是通过培训考核方式取证，人员素质参差不齐。建议建立森林资源资产评估执业资格考试认证机制，把森林资源资产评估专业纳入注册资产评估师执业资格中，通过国家统一资格考试选拔高素质森林资源资产评估专业人才，培育专业化评估人才队伍，完善持证人才培训机制，提升行业整体素质，促进评估行业健康发展，在加快推动林权规范流转中更好地发挥作用。

参考文献

牛玲：《碳汇生态产品价值的市场化实现路径》，《宏观经济管理》2020年第12期。

B.11
实现天然林保护全覆盖的政策建议

董　洁*

摘　要：　天然林是我国森林资源的主要部分，在生态文明发展中扮演
着非常重要的角色。我国对天然林的保护进行了大量的、细
致的实践探索，此外，天然林保护政策也发生了数次变革。
本报告首先对中国天然林资源概况进行了总结，并对中国林
业政策体系进行了梳理，深入探究了天然林保护政策的制定
过程，最后针对天然林保护全覆盖的实现，本报告从五个方
面提出了相应的政策建议。

关键词：　天然林　保护与修复　林业政策

一　引言

　　天然林保护全覆盖的提出充分体现了人类与自然环境的和谐共生，为森
林资源提供了休养生息的机会。我们着力贯彻保护优先、自然恢复为主的方
针，向全球展示了中国应对气候变化的决心与贡献，这对于建设美丽中国、
实现中华民族伟大复兴具有重大意义。党的十八大以来，我国逐渐加大了对
天然林的保护力度，特别是全面禁止天然林商业性采伐之后，取得了举世瞩
目的成就，实现了我国天然林保护的历史性转折。当前，我国天然林保护进

---

* 董洁，农学博士，北京市科学技术情报研究所副研究员，研究方向为科技政策、新兴产业竞
争情报研究。

入了一个全面发展的新阶段，尤其是《天然林保护修复制度方案》的出台，成为贯彻落实习近平生态文明思想和党的十九大精神的重大举措，为国有林区、林场改革提供了强有力的支撑，使得我国天然林保护事业再上新的台阶。

二 我国天然林资源基本状况

天然林也称自然林，包括自然生长的森林以及经过采伐或破坏后自然恢复或人工干预自然更新所形成的次生林。从广义上讲，天然林的含义基本等同于森林分类区划中的公益林，也就是说，在国家重点工程范围内的所有公益林均应统一纳入天然林的范畴，包括属于公益林范畴的人工林。

我国地域辽阔，自然条件复杂，森林类型包括了诸如森林苔原（forest tundra）、北方（泰加）森林（boreal or taiga forest）、针阔混交林（mixed conifer-forest）、落叶阔叶林（deciduous broadleaved forest）、常绿阔叶和落叶混交林（evergreen and deciduous broadleaved forest）、热带常绿阔叶林（tropical evergreen broadleaved forest）等多种类型。《中国林业和草原统计年鉴2018》数据显示，我国森林面积为22044.62万公顷，森林覆盖率为22.96%，森林蓄积量为175.6亿立方米，其中天然林面积为14041.52万公顷，占森林面积的63.7%，蓄积量为141.1亿立方米，占森林蓄积量的80.4%。从具体分布来看，我国天然林可以划分为以下三种类型：①处于基本保护状态的天然林，包括森林类型的国家自然保护区（932个）、国家森林公园（874个）、西藏林区（未开发）、海南热带雨林区（已实施保护）等，可占我国天然林总面积的23%左右；②我国各地零散分布的天然林，可占我国天然林总面积的20%左右；③亟须重点保护的天然林，重点分布于江河源头以及山脉核心地带等，占我国天然林总面积的57%左右。

虽然我国森林资源面积位居世界第五，但人均森林面积仅为世界人均水平的1/4，人均占有的森林面积非常低。从地域来看，我国的森林资源主要集中在东北林区与西南林区，其中黑龙江、内蒙古、吉林三个省区的森林资源可占全国的 28% 左右，南方十省区的森林资源可占全国的 36% 左右。但我国依旧是世界上土地荒漠化以及沙化问题最严重的国家之一，第五次全国荒漠化和沙化监测结果显示，我国荒漠化土地面积为 261.2 万平方公里，占国土面积的 27.2%；沙化土地面积为 172.1 万平方公里，占国土面积的 17.9%，荒漠化和沙化土地面积之和将近占到国土面积的一半。面对如此严峻的形势，我们一直在积极地采取措施解决土地荒漠化和沙化问题，以实现对森林资源的保护和林业的可持续发展。

三　我国林业政策体系及对天然林的保护

自改革开放以来，随着依法治国战略的有效实行，我国对林业政策的制定与完善日趋成熟。1979 年《中华人民共和国森林法（试行）》的颁布与落实，以及 1981 年《关于开展全民义务植树运动的决议》等相关林业政策的出台，标志着我国林业建设与生态建设逐步迈入法治建设的轨道。随着林业现代化的推进，共有 8 部法律的执法主体为林业部门，分别为：《中华人民共和国森林法》《中华人民共和国农业法》《中华人民共和国防沙治沙法》《中华人民共和国野生动物保护法》《中华人民共和国农村土地承包法》《第五届全国人大四次会议关于开展全民义务植树运动的决议》《中华人民共和国种子法》《中华人民共和国农业技术推广法》。此外，还有《中华人民共和国自然保护区条例》《中华人民共和国森林法实施条例》《植物检疫条例》《森林病虫害防治条例》等，而且我国与林业政策相关的地方性法规和规章有 200 多件，与林业政策相关的其他国家级和省级规范性文件达 1000 多件。现有与林业相关的部门规章 80 多部，包括《中华人民共和国植物新品种保护名录》《林业行政处罚程序规定》《林木和林地权属登记管理办法》等。保护与发展林业的各项规范既在林业行业政策中得到了落实体现，也在《中华人民共和国宪法》《中华人民共和国行政诉讼法》《中华人民共和国刑法》以及经济法等不同法律中发挥着重要作用，林业经济运行过程的所有环节都有明确具体且覆盖广泛的法律法规作为支撑。

随着生态文明建设的逐渐加强与落实，我国林业发展已由林业经济生产转向生态文明建设。由于现阶段我国林业采伐的主体是人工林，所以天然林得到了很好的保护。森林的使用由原来的无偿逐渐转化为现在的有偿，生态效益得到了很好的实现。目前，我国共启动了六大林业工程，分别是：三北防护林工程、天然林资源保护工程、退耕还林还草工程、京津风沙源治理工程、野生动植物保护及自然保护区建设工程、重点地区速生丰产用材林基地建设工程。其中，以生态建设为目标，以保护环境为中心的林业工程有五个，此类工程的实行主体与投资对象主要是政府。而重点地区速生丰产用材林基地建设工程则是为了弥补实施其他五个工程所造成的木材产量的缺口，满足市场对木材及林产品的需求，其主要的运作主体是企业。六大林业工程是我国具有重大意义的林业工程，我国林业未来发展方向在六大林业工程中得到了很好的体现。

天然林是我国森林资源的主要部分，是自然界中群落最稳定、生物多样性最丰富的陆地生态系统。1956 年，国家发布了《关于天然森林禁伐区（自然保护区）划定草案》，明确指出有必要根据森林和草原分布的地带性，在各地区天然林和草原中划定禁伐区，进而保存各地带自然动植物的原生状态。1998 年特大洪灾后，中共中央办公厅、国务院办公厅联合出台的《中共中央　国务院关于灾后重建、整治江湖、兴修水利的若干意见》指出"全面停止长江、黄河流域上中游的天然林采伐，森工企业转向营林管护"，同时国家林业局也出台了《长江上游、黄河上中游地区天然林资源保护工程实施方案》以及《东北、内蒙古等重点国有林区天然林资源保护工程实施方案》等相关政策，明确了天然林资源保护工程的实施范围以及保护力度。2000 年，天然林资源保护工程（天保工程）正式启动，开始全面停止天然林采伐，加快工程区内的宜林荒山荒地造林植树，将工程区林业用地划分为禁伐区、限伐区和商品林经营区，有步骤地调减木材产量。2015 年 3 月，中共中央、国务院发布《国有林区改革指导意见》，正式启动重点国有林区改革工作，明确提出从 2015 年 4 月 1 日起，全面停止东北、内蒙古重点国有林区的天然林商业性采伐，这标志着以牺牲森林资源为代价的发展历史宣告结束，从此我国进入了天然林全面保护发展的新阶段。2019 年，中共中央办公厅、国务院办公厅出台了《天然林保护修复制度方案》，要求对全国所有的天然林进行保护，并全面落实天然林的保护责任，加大天然林修复科技支撑力度，完善天然林保护修复效益评估制度。党的十九大以来，我国不断加大对天然林的保护力度，实现了天然林保护全覆盖的历史性转折，取得了举世瞩目的成就。

四 天然林保护全覆盖的政策建议

（一）统一调查规划设计，提高林业资源整合能力

1. 加强对天然林的调查规划管理，建立完善的管理体系

天然林的调查规划是国家实施可持续发展战略的基础性工作，主要包括：森林资源连续清查、规划设计调查、作业设计调查以及其他专业类调查（包含土壤、植被、生长量、生长率、立地类型、野生动物、林业社会经济等）。此外，还需在调查基础上为各级政府、林业主管及生产经营部门编制出各类林业发展规划纲要等。因此，实施单位应为具有国家事业单位登记管理注册的、拥有合法资质的、县级以上人民政府林业行政主管部门直属的林业调查规划单位。为了保障天然林调查规划实施的长期稳定，从体制层面考虑，建议国家林草局可设置林业调查规划专门管理部门，主要负责组织、协调、指导天然林调查规划工作，同时制定天然林调查规划管理办法及实施细则，使其向法制化、规范化管理的方向发展。此外，亟须开展天然林退化专项调查，对其总体质量进行全面评估，针对天然林退化具体分布及规模，采取对应的保护修复措施，并在修复关键技术、高新技术集成应用等领域进行科技攻关，加速对应的科技成果转移转化。

2. 加快新基建融合应用，提高天然林调查规划工作效率

互联网技术的飞速发展与更新，对天然林调查规划工作提出了更高的要

求，只有专业技术的有效迭代，调查管理技术水平的与时俱进，功能软件的开发利用等，才能真正实现现代化的调查规划设计，进而满足现代林业的发展需求。因此，我们亟须加快林业调查规划设计的信息化进程，突出其国际领先地位，加快新基建融合应用，使其在市场竞争中立于不败之地。同时，天然林调查规划的档案管理工作亟须从传统的管理方式向先进的信息化管理方式转变，运用信息化技术进行档案管理可有效地提高档案管理的利用效率，保证档案资源能够充分发挥自身作用。对于相关专业人员而言，借助科学器械可有效分析地理位置、有效统一相关数据、有效减轻具体工作量，进而提升其工作效率。并且可以确保采集的数据信息的准确性、全面性，确保天然林调查规划工作向科学化、规范化的方向发展。

3. 加大天然林调查规划资金投入，促进林业现代化发展

天然林资源管理需要大量的经费支持，资金不足会对林业资源的长远发展产生严重的阻碍作用，因此，各级政府应该加大扶持力度，从根本上促进林业资源管理与经营。在具体规划资金配额过程中，应根据调查规划工作以开展耗费为基础，考量改善工作环境、提高工资待遇、加强先进设备投入等各个方面，为林业调查规划设计人员尽可能提供良好的工作环境，为天然林调查规划设计质量奠定坚实的基础。此外，政府在坚持其管理的主体职能的同时，还应当适当引入市场机制，转变单一的公有制产权结构，变成以公有制为主体、非公有制经济快速发展的模式，引入社会资金，解决健全林业管理基础设施的资金问题，让林业管理在激烈的市场竞争中不断突破自身管理的栏梏，创新林业管理机制，实现现代化林业的可持续发展。

4. 加强对天然林调查规划的技术支持，培养专业人才队伍

天然林调查规划设计涉及面较广、技能性较强，这就要求林业技术人员具有较高的业务素养和才干，这样才能确保其调查规划设计的高质量。随着时代的不断进步，林业3S技术（即GPS、GIS、RS）在林业调查规划设计中的使用更加广泛，在进行调查规划设计时需要把技能性和科学性有机结合起来，需要技术人员依据资源现状进行归纳剖析，因此对其专业技能提出了

更新更高的要求，需要不断加强林业技术人员的业务培训学习，广泛地开展林业技能交流与合作，切实掌握林业调查规划设计的新方法，努力提高相关专业技能，提升林业技术人员的整体水平。同时，建立量化考核标准，提高林业调查规划设计人员的主观能动性。此外，还需构建完善的激励政策，为其提供充足的发展空间，满足林业调查规划设计的质量要求。

（二）完善保护修复制度，全方位深化改革

1. 完善财政支持政策

针对天然林抚育的财政支持应进一步加大，建立财政专项补助，提高天然林的质量。同时，不断完善各类奖励、补助政策，包括森林管护、社会保险、政策性支出以及改革奖励等，逐步建立天然商品林差别化补偿机制。特别是统一规划天然林管护与公益林的补偿政策，对集体和个人所有的停伐管护补助争取实现全覆盖。此外，优化调整财政支出结构，积极强化预算资金绩效管理制度。建立健全林权抵押贷款制度，创新担保机制，加大信贷投放力度。

2. 探索多元化投入机制

各级政府要逐步加大对天然林保护修复的投入力度，支持重点生态工程等保护修复工作，建立和完善以公共财政投入为基础、社会力量广泛参与、多渠道投资的天然林保护修复机制。完善林木良种补贴、森林抚育补贴制度，积极引入市场竞争机制，鼓励和引导多方面参与、多元化筹资投入天然林保护修复机制，鼓励社会不同组织积极参与天然林保护修复，鼓励企业投资造林，建立投资造林核算机制，鼓励通过捐赠、认养、资助等形式进行天然林保护修复工作。同时，探索集体和个人所有天然商品林赎买制度，鼓励开展赎买试点工作。此外，建立健全森林灾害保险制度。

3. 建立责任追究制度

建立天然林资源损害责任终身追究制，各级部门对于保护政策落实不力、不担当、不作为，以及造成重大影响的，可依规依纪依法严肃问责。针

对天然林保护可加大其年度核查力度，将天然林保护修复成效作为综合评价地方政府及领导干部的重要参考指标，并纳入地方政府经济发展规划中。同时，可积极发动广大群众进行联防联控，对破坏天然林、损害社会公共利益的行为，可依法提起民事公益诉讼。此外，可实行管护责任协议制度，包括经营单位、其他权利人、经营主体等需按照协议要求具体落实管护区内的保护修复任务。

4. 健全效益监测评估制度

建议构建天然林保护修复生态效益监测网络体系，科学设置天然林监测布点，并依托现有国家级和省级生态监测站点，逐步健全辐射全国的天然林资源监测网络。健全天然林保护生态大数据中心，并构建我国天然林保护修复综合数据库，同时，定期发布相关监测评估报告，实现全国天然林信息资源的共建与共享。

（三）强化林权制度监督，禁止森林商业采伐

1. 完善森林采伐管理制度，发挥可持续利用功能

坚持全面贯彻禁止天然林商业性采伐，使森林生态系统可进行自我修复。对于纳入国家保护重点区域的天然林，应禁止一切生产经营活动。同时，积极开展森林抚育作业，编制科学合理的作业设计，加大培育大径材树种和珍贵树种，维护国家木材安全。此外，加大天然林地占用管理力度，控制天然林地转化为其他用途，除国防建设、国家重大工程项目建设等特殊需求外，禁止一切违法占用行为。

2. 细化森林分类经营方案，加强行政管理

根据《中华人民共和国森林法》《中华人民共和国森林法实施条例》《天然林资源保护工程管理办法》等政策以及国家天然林保护区域划分相关技术要求，对天然林进行科学的区划界定，利用生态位理论、天然恢复力、生态脆弱性、物种多样性、群落完整性等各项指标，合理确定天然林保护重点区域及一般区域，针对不同的区域特性进行分类细化管理、分区施策，坚持因地制宜的基本原则。

3. 合理采伐与伐区清理，科学利用保护森林资源

根据林场现状及林木生长状况，做到认真调查，详细分析资料数据，结合伐区工艺技术，科学制定采伐实施方案。采伐前要合理确定采伐强度，确定采伐对象，提高林分质量，充分发挥林业的防护功能和生态效益。无论采用何种采伐方式，在采伐过程中必须为幼苗的发育及生长创造良好的自然条件，依据地形、地势规划好伐区位置，保证伐区的合理分布，并限定伐区面积，做好伐区清理工作，从多方面采取措施，保障采伐前后森林生态系统的相对稳定，实现森林资源的持久利用与和谐发展。

4. 强化采伐后的更新监督，放宽幼林抚育管理

在造林过程中，我们使用的多为树苗，其本身极易受到外界环境的影响，适应性、抵抗力有限，因此应更加重视采伐后的幼林抚育工作，在保证幼苗生长速度的同时，增强幼苗的生长稳定性与生长质量，避免出现"年年种树不见树，年年造林不见林"的情况。同时根据不同的幼林地情况采取不同的抚育方式，例如：在造林地成活率不高的情况下多采用补植补造；割灌除草抚育主要针对原有的灌草生长强度大，树苗极易被灌草覆盖，利用割灌除草、松土培肥可促进幼林的生长发育。此外，亟须提高幼林抚育管理意识，将种植栽培与抚育管理并重，提高造林的成功率。

（四）加强森林防火意识，注重科学防护管理

1. 加强封山育林区域的可燃物管理

可燃物管理是森林防火的重要工作之一。近年来，随着封山育林、退耕还林等国家重点工程的实施，林区增加了大量的地面覆盖物，加之草木茂密，其可燃物载量增加明显，高火险林区的面积明显增加，一旦发生火灾，略微延误或遭遇恶劣大风天气，极易造成林区大灾难。各级林业防火部门应当认真履行消防监督与管理职能，从严执行可燃物管理等各项火灾预警防护制度。森林公安机关应当时刻加紧对火灾案件的查处，特别是在高火险时段和火灾多发地区，应加大巡查管理力度，并及时妥善处置各种应急火情。同

189

时广泛深入地宣传普及防火防灾等相关法律法规知识，提高人民群众的森林防火法治意识。

2. 增强对天然林火灾的实时监测与应急处理能力

建立健全森林火险预测预警体系，科学合理布局瞭望监测点，在重点地区可设立火情预警员，并适时增强地面巡护能力，利用卫星监测、高山观察哨、地面巡护，形成"三位一体"的森林火险监测体系，及时消除监测盲区，可有效地降低森林火灾发生频率。此外，在利用公共通信网络资源以及现有设备的基础上，可增加无线短波、有线电话、卫星遥感、无人机等多种技术手段的应用，建立完善以固定通信为基础、以移动通信为支撑、以便携式应用系统为补充的火灾信息指挥系统，可有效地提高天然林火灾应急处理能力。

3. 加大对天然林防火信息化的投入力度，提高装备水平

消防技术装备是防灭火现代化及消防队伍专业化的重要组成部分，是完成森林防灭火任务的物质基础。实践中应充分利用遥感技术、移动互联网、GPS 技术、物联网、GIS 技术、大数据、无人机等高新科技，建立网络化的天然林防护体系，实现网格化天然林管护。利用卫星遥感可大范围开展遥感监测，利用高分辨率的红外扫描辐射仪可获得非常清晰的图像，为工作人员对火情的预警预报以及精准定位提供便利。同时可利用遥感信息借助分辨率不同来划分可燃物类型，对不同类型火情实施精准打击。GPS 技术的利用可为消防人员选择最佳救援路线，及时赶赴火场，防止在烟雾中迷失方向。GIS 地理信息系统可应用于火势蔓延情况、火灾决策及损失评估分析等方面。

4. 建立完善的防火机制，合理配置周边资源

森林防火体系建设是一项综合性、系统性工作，所涉范围较广，包括林业、农业、消防、国土、住建、民政、卫生等多个部门，主要内容包括通信与信息指挥系统、森林火险预警监测系统、林火阻隔系统、火案勘查系统、物资储备、森林消防专业队伍及装备、森林火灾损失评估、森林防火宣传教育工程等。各级政府部门应当将其作为突发公共事件应急处理体系建设的重

要内容来抓，各有关部门要密切配合，通力合作，认真履行职责，共同做好森林防火工作。

（五）持续实施重点国有林区天然林保护工程战略

1. 结合区域自然和社会状况，采取有效的森林管护模式

继续实施国有林区天然林保护工程战略，巩固已经取得的成果，可有效保护好工程区域内的天然林资源，促进林区经济发展和社会稳定。为保证造林种草的成效，提高成活率及保存率，下一步应依据各区域气候条件和地形地貌特征，按照因地制宜原则，将工程范围进行详细划分，分区域确定乔、灌、草适宜类型、造林模式、主要树种（草种）及分配比例等，如青海省南部长江、黄河流域源头的高寒草原草甸区、西南（川、藏、滇）高山峡谷区域、云贵高原区、西北干旱区等，不同区域宜林则林、宜草则草。

2. 提高区域林分质量，加强后备资源培育

结合实施全区域规划发展，针对平原丘陵、山区和城区等分类施策，并且加强经营培育促进林分质量快速提高，重点依托天然林保护资源、退耕还林（还草）、长江防护林、森林抚育、城区山体保护与修复等生态工程项目的实施，对林分结构不稳定、群落结构不合理的区域，调整林种、草种、林龄构成等，有步骤地实施更新抚育，改善林分环境，提高林分质量，确保森林生态系统的稳定和植物群落的可持续发展。此外，以生态敏感与脆弱地区为重点，加强生态治理，加速恢复森林生态系统。同时，超前抓好种苗基地建设和生产供应，提高种苗供应能力和水平，建议建设种苗调剂调度网络，积极推广定向培育、定向供应，建立供需联动制度。

3. 完善科技支撑体系，做好工程建设服务

做好前期工作总结，针对成熟适用的科技成果进行推广及应用，提高项目实施的科技含量，将科技成果直接转化为生产力。在制定规划及方案时，做到科技先行，根据不同立地条件，以及气候、降雨量、地形地貌等进行合理分区，并确定乔、灌、草的种类及配比以及不同林种结构等。同时，完善健全工程技术标准，编制修改相应的工程建设技术规程，建立健全工程质量

监督体系。此外，还需从不同层次入手强化科学技术及管理的高效培训机制，提高工程建设者的整体素质。

4.保障林区人员就业，实现工程区经济社会稳定发展

加强思想政治工作，保障工程区经济与社会的稳定是实现工程目标建设的基础。各级政府及领导应时刻关心群众生活，特别是对森工企业下岗职工要主动送温暖，真正解决实际困难，确保社会稳定。同时，充分发挥林区绿色资源丰富的优势，依法开发利用林下资源，适度发展种植业、养殖业和林副产品加工业等，如野生动物养殖、药材的种植加工、野菜菌类的采摘加工等。一方面可积极创造就业岗位，促进职工转岗就业；另一方面可提高森林资源的综合利用率，繁荣林业经济。

参考文献

孔凡斌等：《70年来中国林业政策变迁与政策绩效评价：1949—2019年》，中国农业出版社，2020。

丁胜等主编《林业政策学》，东南大学出版社，2019。

国家林业和草原局编《2018中国林业和草原统计年鉴》，中国林业出版社，2019。

国家林业和草原局规财司编《长江经济带林业支持政策汇编（地方篇）》，中国林业出版社，2019。

中共中央办公厅、国务院：《天然林保护修复制度方案》，2019。

王金龙：《林业调查规划设计在林业生产建设中的地位和作用》，《乡村科技》2019年第32期。

耿国彪：《把所有天然林都保护起来 夯实建设美丽中国的根基——访国家林业和草原局副局长李树铭》，《绿色中国》2019年第15期。

B.12
国有林场做大做强生态林业产业和产品的政策建议

司海平　闫素芹*

摘　要：　做大做强国有林场生态产业和产品，可以促进国有林场健康可持续发展，能够带动当地就业和提高当地经济水平。本报告研究发现，现阶段中国一些国有林场生态产业和产品发展势头良好，但总体来看，中国林场在提供生态产品上还没有跟上发达国家的林业发展进程。分析其原因，发现中国国有林场存在林业产业链不完善、基础配套设施薄弱、人才紧缺等问题。在此基础上，本报告提出了国有林场应该优化林业生态产品布局、加强基础设施建设、加强人员配备素质等政策建议。

关键词：　国有林场　林业产业升级　林场改革

一　引言

国有林场作为中国林业产业发展的基础组成部分，是提供优质生态产品的重要源泉。国有林场生产生态产品不仅有利于当地的就业率提升和经济增

---

* 司海平，中国社会科学院数量经济与技术经济研究所博士后，研究方向为经济预测与评价、人力资源与经济发展；闫素芹，副教授，中国传媒大学数据科学与智能媒体学院，研究方向为大数据与质量控制。

长，促进了中国生态产品产业链的完善，也为维护国家生态安全做出了重要贡献，推进了中国林业生态的可持续发展。国有林场在中国林业经济发展中起到了不可替代的作用，要充分发挥其在经济社会发展中的参与能力，就要做大做强生态林业产业和产品。

发展壮大国有林场生态林业产业和产品符合中国目前经济社会发展阶段的客观要求。一方面，中国幅员辽阔，拥有众多大型国有林场，林业资源优势得天独厚。天麻、党参等名贵中药材一般主要由分布在东北部的林场提供。楠竹、油茶等生态产品一般由西南部林场产出。多样的气候条件和优越的地理位置使众多国有林场可以提供优质而丰富的生态产品。而现阶段中国林业在提供生态产品和完善产业链等方面，还没有跟上发达国家林业发展的脚步，且不适应中国经济社会发展要求。如何把林业资源转化为经济效益是需要专家学者和当地政府亟待思考的问题。另一方面，生态林业产品已经成为最短缺、最亟须大力发展的产品之一。优质的生态产品是人们高质量生活的必需品之一，目前中国提供的生态产品无论在数量上还是在质量上都还远远不能满足中国人民的需求，另外中国生态产品的供给存在不充分不平衡的特征，主要大城市与国际大城市之间还存在较大差距。当前，在各种客观条件已经具备、时机成熟的前提下，全面推进全国国有林场林业产业和产品的做大做强工作已经刻不容缓。

其实，中国林场自然条件优越，生态产业发展基础较好，只是众多国有林场在生态产品方面的生产力还没有充分释放，丰富的林业产业还没有被完全开发出来，森林旅游、林下经济等还没有形成完整的产业链。近年来，浙江、福建、江西、江苏、辽宁等省在推进国有林场制度改革、构建现代生态林业产业方面取得了明显效果，积累了丰富的经验。但一些国有林场存在林业产业链不完善、基础配套设施薄弱、人才紧缺等问题。建议地方政府加大对国有林场发展生态产业的支持力度，建议国有林场内部进行体制机制上的创新与改革。

首先，国有林场管理层内部应适时推动转型发展，将工作重心从单纯的生产、加工木材转到开发优质生态产品上来，将经营思路从增加林业产品销售量转到拓宽生态产业链上来。通过建立科学合理的制度，提高林业生态产品生产质量与销售量，延展生态产品产业链，提高森林资源利用率，加快新时期生态文明建设，满足人民对高质量生活的多元化需求。其次，地方政府应加强对国有林场的综合管理和科学利用，因地制宜发展林业生产。相关部门应结合实际情况，对管辖内的国有林场生态环境和适宜产出的生态产品进行全面分析，根据分析结果确定其资源优势，利用地缘优势和所处气候条件，大力扶持国有林场发展具有特色的产业，以政府的力量确保国有林场产业和产品项目的开展。具体来说，相关部门应做好林业生态产品推广，为发展生态产业和产品寻找合作机遇，促进旅游、珍贵生态产品生产销售等项目发展和项目拓展，拓宽生态产业链。将林业资源优势转化为经济效益，最终实现从"砍森林要效益"转向"看森林要效益"的目标。

二　国有林场做大做强生态林业产业和产品意义

（一）有利于保证生态环境的可持续发展

森林承担着保护各类生态系统的重要使命。森林在人类生存与生活中发挥了重要作用。科学研究表明，全球生态系统碳储量的绝大部分是通过森林等植被的光合作用固定，森林为人类提供了生存所需的必不可少的氧气；良好的森林生态系统能够带来适宜的气候，为人类提供舒适的生活环境，数据显示，森林能够减少土壤冲刷量，减弱60%的风。此外，林场在保护湿地生态系统、改善荒漠生态系统、维护生物多样性中起到了关键性作用。森林是全球陆地90%生物物种的栖息地，保障了全球的生态多样性。因此，生态环境的保护应该与经济增长一样受到人们的重视。国有林场中的林业资源在中国具有举足轻重的地位，大力发展其生态林业产业和产品对于保证生态环境的可持续发展有着重要意义。经济与生态保护是相互促进的过程，较好的经济基础可以为生态环境发展提供一定的物质基础。国有林场在保护生态环境的过程中生产生态产品，开发森林旅游、种植适宜的名贵中药材等生态产业、产品，有助于进一步对生态环境进行保护。因为生态环境的维护和保护离不开资金的支持，国有林场以发展生态林业产业提高经济效益后，可以有更充裕的资金去维护和保护生态环境，例如购买更先进的环境保护设施、聘用更有经验的环境保护工人等。一系列措施可以反向促进生态环境的良性循环。

（二）有利于带动经济发展

国有林场是生态产品生产的主要阵地，是林业资源的重要组成部分，国有林场生态林业产业的完善有助于带动当地经济，甚至可以实现精准脱贫。"绿水青山就是金山银山"的理念为国有林场的未来发展道路指明了方向。目前，在人民生活水平不断提高、对生态产品和服务的需求日益增长的现实条件下，已有一些国有林场开始向开发生态产品产业、森林旅游、生态疗养等方向发展，且收效良好，不仅满足了周边群众对生态产品多样化的需求，也提高了居民收入水平。一方面，国有林场在拓宽生态产业链的过程中，提供了广阔的就业空间。一些国有林场通过对现有经济物种资源的开发利用形成了新的产业，从而创造一系列的就业岗位；一些国有林场创新林业扶贫新模式，吸引和指导当地居民参与到林下特色种植、养殖和食用、健身养身旅游等工作中，可以实现促进周边群众就业增收和脱贫致富。另一方面，国有林场在发展林业生态产品中实行产业化经营，有助于带动周边其他产业，如旅游业、零售业等。林业产业各个项目的顺利实施，也能够辐射带动周边林区群众开展农家乐、森林健康旅游等活动，为农民增收开辟新途径。林业生态产品销售的拓展，加强了其与周边企业、林农的联系，对其营业收益有明显的促进作用，提高了周边企业、林农参与发展森林生态产业的积极性。可见，国有林场大力发展生态林业产业能够提高林产品附加值，延长相关产业链、价值链，最终提高林地生产率和利用率，是实现林业绿色经济的一条重要途径。

（三）有利于实现人与自然和谐发展

经济发展与生态保护成效的关系从一定程度上反映出了人类与自然和谐

共处、共同繁荣的程度。国有林场做大做强生态林业产业和产品既能促进经济发展，又能兼顾生态保护、保护国家生态安全。林场生态产品的生产不仅不会影响森林在制造氧气、防风固沙、调节气候、吸碳固碳等方面的生态作用，反而还会通过经营效益的提高带动生态保护设施的完善。同时，生态林业产业的发展可以为社会提供更多优质的生态产品和文化产品，能够充分开发森林资源，提高林地利用率，带动周边群众增收，促进当地经济发展，甚至对脱贫攻坚也有一定的效果。国有林场是国家培育和保护森林的重要基地，是中国国土生态安全屏障的基本骨架，也是实践人与自然如何和谐发展的重要试验田。特别是在如今国家非常重视生态保护的背景条件下，国有林场在基础设施设备、林业生态产品生产技术、经营管理等方面具有明显优势，可以发挥其对毗邻乡村集体林业的示范带动作用，发挥其对周边产业的经济辐射作用，实现林业生态经济的可持续发展。因此国有林场大力发展生态产业对于人与自然和谐发展有着重要意义。

三　国有林场生态林业产业和产品现状

（一）国有林场生态林业产业和产品现状

中国现有林地 46.5 亿亩，分三大块：一是集体林，林地面积 27.9 亿亩，目前已经进行了林权改革，林地承包到户经营；二是国有林场，林地面积 8.7 亿亩，目前由省、市、县分级管理；三是国有林区，林地面积 9.9 亿亩，目前主要由国有森工企业经营管理。国有林场是中国林业建设的重要组成部分，是中国生态修复和建设的重要力量，是维护国家生态安全最重要的基础设施，为社会提供了最优质的生态产品和公共服务。

（二）国有林场生态林业产业和产品现状存在的问题

1. 林业经济产业化程度较低

中国国有林场在生态林业产业和产品的发展方面，还处于探索阶段。由于中国国有林场分布比较分散，涉及地区较多，而每个地区的自然禀赋不同，经济发展阶段不同，因此难以对国有林场的运行与发展进行统一管理。一些国有林场地处偏远的山区农村，经济发展落后且市场信息较为匮乏。国有林场的管理人员缺乏对现有林业生态产品的市场敏锐性，导致林场产业调整不能根据市场需求而调整。地方政府也没有将国有林场作为脱贫致富的一个重要基点，对其发展方向把握不足，导致林场没有足够的资金和政策支持。虽然西南、东北国有林场在发展林业产业上有一些改革，但总体来看，国有林场林业产业经济发展缓慢，仅局限于对于生态的保护，没有充分利用起本地丰富的林业资源发展优势生态产业，林业产业的多元化发展受限。同时，当地的林业管理资金投入不足，无法充分发挥国有林场在林业经济中的带头示范作用，造成了生态保护和林业经济无法进行自发的良性循环。

2. 林业产业经济发展配套措施不完善

当前林场发展林业生态产业的各方面配套措施不完善，例如交通道路建设、农林机械设备、畜牧屋舍、旅游业相关设施等严重不足。尤其是在偏远地区，国有林场的发展还更多局限在生产与加工木材方面，或者将重点集中在林业生产剩余物（木材采伐间伐剩余物、森林抚育剩余物等）的利用上，林业资源的更大潜力并未被开发出来。国有林场加快生态产业建设需要配以相应的基础设施，例如向国内其他市场销售本地林业生态产品就需要有便利的交通，发展森林生态旅游就需要加快对当地如供水系统、通信网络和许多商业设施的建设。而大多地方政府缺乏长远规划，仅出台一些保障林业产业的政策法规，没有形成林业经济可持续发展的先进理念。一些拥有林场的地方政府没有将发展林业产业的具体措施列入发展规划中。这导致了林业产业资金投入不够，各方面的相关基础设施配套滞后，阻碍了国有林场在拓宽生态产品产业链上的发展。

3. 国有林场管理和技术人才缺乏

国有林场是国有的全民所有制企业，管理体制和经营机制上存在一些问题亟待改进。在管理体制上，不少国有林场的经营一直沿用事业单位的管理模式，出现了所有权、管理权、经营权混乱的情况。在实际经营中，多头管理的现状造成中层管理人员、基础技术工人工作积极性不高，影响了国有林场在林业生态产业上的改革进程。从经费来源看，一些国有林场负债严重，企业负担较重，而所处地区一般政府财政比较困难，国有林场依靠财政拨款解决债务的可能性较低，只能靠自筹资金自行解决债务问题。近几年，由于生态保护的需要，限制性采伐措施被严格执行，但国有林场无法在短时间内从依靠采伐树木创收转到绿色生产上来。逐年减少的采伐量使国有林场经济收入下降，因此国有林场在资金短期的情况下难以进行对生态林业产业的开发与探索。另外，国有林场机构职工队伍老化，年龄结构失调，缺乏年轻的技术人才。冗余的机构设置也产生了"人浮于事"的现象，导致一些职工工作积极性不高，不能发挥主观能动性，难以形成适应市场经济的发展环境，严重制约了林场的改革与发展。

四　国有林场做大做强生态林业产业和产品的建议

（一）开发国有林场特色产业

结合当地气候与土壤条件，在国有林场探索具有地方特色的生态林业产业和产品，提升当地林业资源和林业产品的市场竞争力。具体来看，在全国层面上，对国有林场按功能进行大致分类，可以分为"生态型、资源型、生态产品供给型、多种功能复合型"等类型，使国有林场在产业发展上有一个明确的方向。在地方层面上，地方相关部门通过对所辖的国有林场的资源情况进行全面分析，在发展规划上体现对于国有林场生态林业产业的规划与扶持。在具体操作层面上，国有林场相关人员在经营过程中应秉承"坚持创新是引领发展第一动力"，通过结合林场实际情况，不断创新生态林业产业的发展模式和林业产品的生产销售模式，从森林旅游和培育珍贵植物方面入手，结合林下有机茶园、生态果园、仿生中草药种植基地、生态养殖场等，深入挖掘林场森林旅游资源特色，为林场培育新的经济增长点，进一步优化产业结构。

（二）加强国有林场生态林业产业与当地产业的结合

一是要合理适当地调整国有林场的产业结构，通过国家战略储备林建设项目，在保护好生态环境的前提下，选择绿色生产方式，同时，充分利用林业资源，与其他企业合作开发生态林业项目。二是在林场套种适宜的珍稀植物和树种，开发珍贵生态林业产品，开拓生态产品的培育—销售的经营模式，打造国有林场生态产品品牌，壮大国有林场经济总量。三是引入其他企业的投资与技术，将林业资源进行加工改造，并融入当地风俗文化，与餐饮、酒店等企业合作，在国有原始林地基础上开发具有特色的旅游业，使生态林业产业的开发带动餐饮业、零售业、交通运输业等其他相关产业。加强生态林业产业与当地产业的结合，不仅有利于提升国有林场自身规模与效应，而且使林业资源能够产生更大的价值，带动地区其他产业的发展。

（三）建立生态林业产品服务平台

单个国有林场的企业规模较小，投资能力与收集信息能力有限，使其不能充分地发挥林业资源优势。为了提高国有林场资源利用率、打通产业链上下的信息障碍，降低生产成本、促进国有林场与不同产业企业间的合作，建议在省级政府建立生态林业产品服务平台。具体来说，地方政府可以根据每个国有林场的发展特点，通过政府引导、市场运作的方式，建立一个以生产性服务为特色的林业产业服务平台，该服务平台应该涵盖交易采购、信息服务、物流配送、研发创新、商务服务以及行业服务等功能，给林业产业带来实质性的帮助。

参考文献

田明华、李红勋、王自力：《中国国有林场改革与发展中若干问题的思考》，《林业经济问题》2009 年第 2 期。

刘璨、张永亮、刘浩：《国有林场改革目标实现面临的困境及对策建议——以江西，浙江，辽宁，云南4省区为例》，《林业经济》2019年第7期。

陈广财等：《广西国有林场存在的问题及高质量发展对策》，《林业调查规划》2020年第1期。

徐高福、余梅生、孙邦建：《建设森林康养国有林场的思考——基于淳安县林业总场的实践》，《防护林科技》2019年第11期。

B.13
林业生态扶贫成效、问题与不返贫应对政策

孙　咏*

摘　要： 林业生态扶贫主要是在政府主导下，发挥、开发、挖掘林业生态系统资源，特别是偏远贫困山区的林业生态环境资源，通过产业、产品将林业生态系统的生态价值和经济价值发挥出来，进行市场化，以带动当地农民脱贫致富。林业生态扶贫有助于构筑国家生态安全屏障、有助于改善贫困地区人民群众的生活。目前，中国林业生态扶贫取得了重要成效，比如，提升生态扶贫支撑保障能力、定点扶贫产业项目成功落地等。但是也存在一些问题，比如，林业生态扶贫的财政支持力度有待提高、扶贫方式有待改进等。为此，本报告提出要采取一系列政策措施以保证和巩固林业生态扶贫发展成果。

关键词： 林业生态扶贫　扶贫成效　生态林业

一　引言

林业生态建设主要是在原有的林业生态系统基础上进行生态恢复和重

---

* 孙咏，中国社会科学院数量经济与技术经济研究所助理研究员，研究方向为政治经济、生态文明建设等。

建，或者运用生态学、植物学等知识，统一自然的客观规律性和人们的主观能动性，通过人工设计和实施建设林业生态系统，以实现生态环境和经济社会协调发展。林业生态扶贫主要是在政府主导下，发挥、开发、挖掘林业生态系统资源，特别是偏远贫困山区的林业生态环境资源，通过产业、产品将林业生态系统的生态价值和经济价值发挥出来，进行市场化，以带动当地农民脱贫致富。林业生态扶贫具有重要意义，首先，林业生态扶贫有助于构筑国家生态安全屏障。在地理位置上，贫困地区与中国一些重要的生态区位叠加，林业生态扶贫发展不但强化当地的生态文明建设，进一步改善优化人们的生活环境，更是促进国家实现生态安全的有效途径。其次，林业生态扶贫有助于改善贫困地区人民群众的生活，乃至促进农民脱贫致富。山区贫困地区长期以来是国内经济发展和扶贫改革的重点，相比于其他的行业，在山区更适合发展林业。林业本身的产业链非常长，同时产品的种类多样化，可以吸收贫困地区诸多的劳动力，促进广大农民实现顺利增收。目前，中国林业生态扶贫取得了重要成效，比如，提升生态扶贫支撑保障能力；定点扶贫产业项目成功落地；金融扶贫呈现亮点；等等。但是也存在一些问题，比如，林业生态扶贫的财政支持力度有待提高、扶贫方式有待改进，林业生态扶贫发展成效较慢，林业生态扶贫地区容易返贫等。为此，我们要采取一定的政策措施以保证和巩固林业生态扶贫发展成果。

二 林业生态扶贫成效

2019 年，国家林草局深入学习贯彻习近平总书记关于扶贫工作的重要论述和最新指示批示精神，认真落实《中共中央国务院关于打赢脱贫攻坚战三年行动的指导意见》和《生态扶贫工作方案》。坚持生态保护、绿色发展，充分发挥林草推进贫困地区脱贫攻坚的优势和潜力，以更加集中的支持、更加有效的举措、更加扎实的工作，不断加大生态建设、保护和修复力度，促进生态产业发展，实现贫困地区生态保护与脱贫攻坚协同推进，在一个战场打赢两场攻坚战。

（一）加强组织领导压实主体责任

2019 年召开 3 次局扶贫工作领导小组会议，深入学习贯彻习近平总书记关于扶贫工作的重要论述、中央关于脱贫攻坚工作部署和专项巡视整改工作要求。9 月 27 日，在深度贫困县广西壮族自治区罗城县召开全国生态扶贫工作会议，扎实推动 2019 年、2020 年生态扶贫任务落地实施，为脱贫攻坚全面收官奠定坚实基础。印发《国家林业和草原局 2019 年扶贫工作要点》《2019 年度林业草原生态扶贫宣传工作方案》。完成《关于支持深度贫困地区脱贫攻坚的实施意见》情况自评报告和《打赢脱贫攻坚战三年行动重要政策措施分工任务落实情况》自评报告。

（二）选聘百万生态护林员队伍

2016 年以来，已累计安排中央资金 140 亿元，安排省级财政资金 27 亿元，在贫困地区选聘 100 万建档立卡贫困人口担任生态护林员，带动 300 多万贫困人口增收和脱贫，分享"绿水青山就是金山银山"带来的实惠。一方面，帮扶这些无门路就业、无技能增收的贫困群体通过劳动脱贫。另一方面，扩充了基层急需的生态保护队伍，织密织牢了生态脆弱区林草资源保护网。印发《关于开展 2019 年度建档立卡贫困人口生态护林员选聘工作的通知》，修改完善《建档立卡贫困人口生态护林员管理办法》，进一步加强生态护林员选聘和管理。

（三）提升生态扶贫支撑保障能力

深入开展林草科技扶贫，通过推进"林草科技活动周""林草科技下乡""科技列车行"等活动，选派科技专家、特派员、指导员深入贫困地区，创建"科技＋企业＋贫困户"扶贫模式，建立各类示范基地 1316 个，举办培训班 7000 多期，培训乡土专家和林农 80 多万人次，发放各类实用技术手册 38 万册，实施科技扶贫项目 626 项。共选派 156 名挂职干部到西藏、青海、新疆、云南、广西、贵州、江西等省区开展帮扶工作，累计接收贫困地区到国家林草局挂职干部 54 人。在滇桂黔石漠化片区，实施四级干部挂派机制，形成省、市、县、村四级帮扶联动。

（四）助力重点地区加快脱贫攻坚步伐

聚焦深度脱贫攻坚区和滇桂黔石漠化片区，认真履行帮扶职责，加大工作力度，确保脱贫进度和脱贫质量。重点推进怒江州深度贫困地区林草生态脱贫，联合国务院扶贫办编制的《云南怒江傈僳族自治州林业生态脱贫攻坚区行动方案（2018—2020）》，得到了汪洋主席肯定批示。2018 年怒江州林业总产值 19.48 亿元，农民人均林业收入 2635 元，占农民人均可支配收入的 41%。与水利部联合召开滇桂黔石漠化片区区域发展与脱贫攻坚现场推进会，与部际联系会议成员单位共同推进片区脱贫攻坚。

（五）定点扶贫产业项目成功落地

国家林草局签订《中央单位定点扶贫责任书》，组织林科院、规划院、设计院、西北院、中南院、华东院、昆明院、中动协等单位积极捐款，发起成立了"林业草原生态扶贫专项基金"，首批募集资金 1656 万元。各定点县对口帮扶单位深入开展调研，选定生态产业扶贫项目，加强科技指导和技术服务，帮助定点县编制项目建设方案。林业草原生态扶贫专项基金安排1200 万元，对专家组完成风险评估和项目评审的 4 个生态产业扶贫项目，包括罗城县生态旅游、龙胜县食用菌、独山县海花草、荔波县铁皮石斛，积极扶持并落地实施。

（六）金融扶贫呈现亮点

贯彻落实习近平总书记关于脱贫攻坚战的重要指示批示精神，探索出"政府引导金融、金融聚焦产业、产业反哺生态、生态精准扶贫"的金融支持生态扶贫模式。与邮储银行在广西联合调研，推动油茶贷产品。2019年 3 月邮储银行总行正式批复了广西油茶贷，并在 9 个地市开展试点。该产品契合了油茶产业小微企业和农户需求，为脱贫攻坚提供了新路径。截至 2019 年 11 月底，广西已对油茶业放贷 68 笔 892 万元。积极协调平安产险公司在国家林草局定点扶贫县推广"平安扶贫保"产品，为罗城县毛葡萄酒酿造企业获得 1000 万元免息贷款，按照约定保底价收购贫困户种植的毛葡萄、选聘贫困户等方式，促进种植贫困户增收脱贫，推动经济发展与生态修复。

（七）整改生态扶贫领域存在的问题

针对中央扶贫专项巡视和考核暗访以及中央审计办发现的问题，印发《关于做好 2018 年脱贫攻坚成效考核林草生态扶贫存在问题整改工作的通知》《关于结合"不忘初心、牢记使命"主题教育　扎实做好今明两年林草生态扶贫工作的通知》《关于做好中央审计办审计发现问题整改的通知》，要求相关省（区、市）认真排查，检视问题，查找薄弱环节，严肃整改生态扶贫领域存在的问题。按照国务院扶贫开发领导小组的统一部署，会同中国人民银行组成联合督查组，赴黑龙江开展脱贫攻坚督查工作，确保中央脱贫攻坚政策部署和林草扶贫举措落地生根①。

三　林业生态扶贫中存在的问题

（一）林业生态扶贫的财政支持力度有待提高，扶贫方式有待改进

目前，林业生态扶贫方面的国家财政支持不足，财政投入总量缺少，而在财政资金的分配范围上非常广泛、分散，标准较低。特别是涉及生态恢复和林业发展的一些扶贫对象，他们实际得到的补助支持方式单一，即小水漫灌式的方式获得低水平的补助，林业生态扶贫对多数贫困户的倾斜程度尚未较好地体现，因此，林业生态扶贫难以取得理想的效果。

---

① 林业生态扶贫成效相关资料，摘自国家林业和草原局网站：http://www.forestry.gov.cn/。

（二）林业经营难成规模

以家庭为单位，长期以来都是中国林业的经营模式，这种经营方式不符合林业发展的两个最关键的因素：集约化经营和规模化经营，以致难以节约生产成本，难以取得理想的收益，实为林业扶贫发展的一个关键性的制约因素。实行集体林改后，小作坊形式为目前林业经营模式，难以满足林业整体经营发展的实际需要，经营主体的发展受到拘束，林业生态发展的诸多潜力受到抑制，林业生态扶贫的价值难以充分发挥出来。

（三）林业生态扶贫发展成效较慢

和农业截然不同，林业经营具有经历一定时间的、较长的周期性，一般而言，林业经营发展成为生态扶贫产业，即价值实现周期需要 5～8 年的时间，而 2020 年实现标准贫困人口脱贫是国家规定的时间、要求和任务，因此，林业生态扶贫的周期性和国家脱贫攻坚的紧迫性具有一定程度的不协调性和不适应性。林业生态扶贫发展能否多措并举，采取创新的方式方法，让林业生态扶贫的长期价值实现短期效益，以更好地跟上国家扶贫攻坚的整体要求实为一个巨大的挑战。

（四）缺乏林业扶贫相关人才和劳动力

贫困高发区往往在边缘地区和偏远山区，交通多不便利，扶贫地区和城市往来的成本较高，极度缺乏林业技术专业人才和扶贫人才等林业相关人才，先进的林业科技知识流动不顺畅，当地林农主要依靠自身经验和亲友交流经验来获取相关知识，林业发展对当地经济发展的带动效应有待提高。此外，林业生态扶贫缺乏林业劳动力，目前，偏远山区的林业偏向于劳动密集型产业，特别是在林木幼苗的栽种和培育、树木的砍伐和搬运、木材的初步加工等方面需要强壮的劳动力，但实际上大部分的农村劳动力，特别是青壮年劳动力已经转移至城市，这使得留在农村的劳动力大幅度减少，青壮年劳动力的流失尤为严重，农村多为老年人和留守儿童，在一定程度上制约了林业生态扶贫的发展。

（五）林业生态扶贫的市场机制体现不够

特别是在偏远山区，政府在林业生态扶贫工作中占据了主导地位，政府主导林业生态扶贫资源的调节和分配，缺乏市场资源的调动，林业生态扶贫资源配置效率的有效性尚需要提升。缺乏合理、有效的市场机制导入，使林业生态扶贫项目中投入的社会资源较少，扶贫资源主要来源于政府，这就加大了政府的财政负担。在当前的林业生态扶贫中，如何引进市场机制、提高资源配置效率、改善林业扶贫资源稀缺性至关重要。

（六）林业生态扶贫的正常运转在一定程度上受到制度的制约

林业生态扶贫中，相关负责人员身挑重任：一方面要确保林业生态扶贫效果；另一方面还要适应林业的市场经济体制。而目前的林业产权制度与相关配套条件尚需要进一步完善，林业补贴制度的落地和全面推广工作还需要进一步加强，在一定程度上限制了林业生态扶贫工作的顺利开展。

（七）林业生态扶贫地区容易返贫

林业生态扶贫地区多处于偏远山区，当地的经济社会发展水平有待提高，整个地区抗风险的能力有限，林业生态系统抗风险的能力更是有限，而自然灾害侵扰的风险较大，自然灾害时有发生。因此，确保林业生态扶贫工作的持续性、稳定性，以及林业生态扶贫实施政策的系统性、灵活性、全面性，对防止林业生态系统崩溃，甚至林业生态扶贫地区返贫具有很大的挑战。

（八）林业生态扶贫相关的产业结构单一

林业生态扶贫相关产业结构单一的原因在于：其一，大多数地区的森林只种树木，产业更是仅仅停留在贩卖木材等最基本的层面，或者森林其他的直接产品，比如野生药材、野生菌菇等，没有很好地发挥林业生态系统衍生产业的作用，比如森林生态旅游业等，特别是通过网络科技将偏远山区良好的森林生态环境展示给外界大众，更好地利用其禀赋优势和现代科技增加林业生态价值的范围经济效应和附加值；其二，没有很好地利用和开发林下经济所有的附加值，比如森林养殖。如此，林业生态扶贫相关产业大多数仅停留在基础的层面上，产业结构单一，产业的范围经济效应不明显。

（九）林业生态建设本身的问题

一是林业生态建设质量较低，林业生态系统得不到较好的保证。林业生态系统中种植树木种类不够，树木种类的种植没有比较科学、合理的搭配，在林业生态系统的土地类型和技术选择中缺乏科学的研究，使得植被成活率较低，林业生态建设的意义难以凸显。在林业生态系统的管理和治理方面，林业生态系统投资结构不尽合理，植被培育工作和林业生态系统维护工作不尽到位，特别是有限甚至短缺的维护资金导致维护人员的积极性普遍偏低，进而导致林业生态环境再次被破坏，林业生态系统再次崩溃。二是资金投入不足。林业生态区很多位于经济社会发展相对落后的偏远山区，林业发展以及生态文明建设的投入在当地的财政支出中所占的比例非常少。此外，由于林业生态发展具有投入大、见效慢、收益不高的特点，所以企业投资也不足。三是管理不当。林业生态建设是一项投入大、周期长、经济效益不高的项目，近年来虽然国家逐渐重视生态文明建设，但在全国范围来看似乎"雷声大雨点小"，全国生态文明建设意识还比较薄弱，对林业生态环境建设的定位不准确，相关部门疏于管理，相关的基础设施和配套设施配置不到位。如果没有整个社会区参与、整个系统作保障，林业生态建设实则是浪费资源，针对企业和社会的投资参与度不足的情况，更是有不管不问之嫌。

（十）林业生态工程建设面临巨大挑战

林业生态扶贫发展离不开林业生态工程建设，林业生态工程建设属于生态文明建设的一部分，但生态文明建设面临巨大挑战。一是生态文明建设进入新的阶段，生态文明建设正处于压力叠加、负重前行的关键期：一方面生态环境治理仍面临较大挑战，生态文明建设还需要继续大力推进；另一方面世界经济普遍面临下行压力，迫切需要复苏和发展，如何将两者兼顾、协调发展是一个挑战。二是中国绿色发展阶段有待提高，目前还停留在解决资源浪费和污染严重等初级发展阶段面临的基本问题上，缺乏对新型产业、产品、技术创新的动力与能力，绿色产业处于起步期，规模不大。三是绿色发展意识有待整体提升，比如在绿色消费方面，由于中国整体收入水平不高，低收入群体较多，他们的绿色消费意识薄弱，很少考虑绿色环保问题。四是绿色发展的支撑条件不足，比如绿色科技水平有待提高，国内绿色技术开发的周期长、费用高、风险大、利润相对较低，加之市场不规范、不完善、不健全，以及利益激励机制不完备，导致绿色科技水平普遍不高。此外，绿色基础设施和配套体系尚不完善，绿色发展体制机制、法律法规尚未系统化等，使绿色转型碎片化。五是绿色行业受到发达国家的绿色壁垒阻碍，国内缺乏对绿色投融资、绿色监管、绿色评价体系的统一规范，出口产品的绿色环保指数与发达国家相去甚远。

四 不返贫应对政策

（一）重视林业生态扶贫相关人才培养，组建林业生态扶贫队伍

比如在林业生态扶贫地区安置专门的林业生态技术人员，一是在林业生态扶贫地区选拔出专业素质和综合素质都合格的人员专职专任，并且安排他们定期外出培训或者安排专家对他们进行专业培训。二是从外地引进相关的专业人才，人才的引进离不开基础配套设施的建设。三是通过劳务购买的方式将外面先进的林业生态扶贫科学和技术引用到林业生态扶贫地区。针对偏远山区缺乏林业生态扶贫相关人才，且人才流动频繁的现象，要加强当地的林业生态扶贫队伍建设。要对林业生态扶贫队伍进行统一的规划，完善人才选拔和人才培养机制，有序提升相关人才的专业技术水平、管理能力、业务水平以及职业素养，定期为主、非定期为辅地举办不

同层次、不同形式、不同专业的培训班，尤其要重视基层林业干部以及林业生态职工的业务培训工作。此外，还要大力引进专家人才，为当地林业生态扶贫发展做专门指导。

（二）继续加强推进退耕还林

目前林业生态发展的一个关键举措在于退耕还林，要大面积、大规模、深层次地推行国土绿化行动。在退耕还林实施的过程中要注意林业生态建设顶层设计和优化林业生态发展布局，注意植树造林的种类选择和所需要的专业技术选择，还要注意将植树造林的种类、规模等与当地的气候和地理条件结合起来，注意植树造林与市场偏好和要求结合起来，注意植树造林与人民群众的意愿结合起来，重点引导林业生态扶贫地区的贫困户种植一些适合当地生长的品种，成材周期较短的树种，以及市场经济价值较高的良种，发展特色产业，帮助他们更快、更稳健地实现增收。

（三）加强林业生态建设和发展的基础设施建设

林业生态建设和发展很重要的两个方面在于森林防火和害虫防治，而这两个方面都是科技密集型方面，需要大量的基础设施建设以保护林业生态建设和发展的安全性。此外，林业生态旅游等也是林业生态发展很重要的一个方面，随着数字经济和数字技术的发展，网上林业生态旅游成为林业生态旅游发展的一个重要趋势，无论是实体林业生态旅游还是网上林业生态旅游，对网络等基础设施的需求都是很大的。再者，贫困户实现和享受林业生态扶贫效益、好处、便利服务，也需要基础设施建设。因此，加强林业方面的基础设施建设有助于林业生态建设和发展。

（四）加强贫困地区林业生态系统建设和环境保护力度

偏远山区的生态环境本就比较脆弱，为了短期微小利益，不乏有乱砍滥伐、肆意破坏林业生态环境的现象，要想发挥林业生态的扶贫效应，最基本的还在于重视林业生态环境的保护，片面追求经济社会的发展而以林业生态环境为代价的做法是不可取的。要重视林业生态环境建设的重要性，积极宣传生态文明建设，绿色发展、生态经济等相关理念和概念让社会大众充分认识到林业生态环境建设的重要性和必要性。对于人造林业生态系统而言，由于生物多样性不足、生态系统的复杂性欠缺，食物链、物质循环、能量流动无法与原生的、自然的林业生态系统相比，相对而言，普遍比较缺乏先天性的生态环境功能和服务，其生态系统脆弱性更加明显，因此，林业生态建设和发展的基本原则在于生态环境的治理和保护。要提高自然灾害防控防治能力，减少自然灾害对林业生态环境系统的风险。在林业扶贫工作中，要通过改善林业生态环境和林业生态建设来发展林业产品、绿色食品等其他衍生产业和产品，以有效拓宽贫困户的经济收入渠道。对林业生态环境建设进行科学合理的整体规划，使林业生态建设和中国生态文明建设以及扶贫要求相协调，在林业生态扶贫规划设计方面，要根据当地的综合因素定制具体的、实际的、适应的方案。

（五）深入挖掘山区林业生态系统的发展潜力

偏远山区远离城市的喧嚣和污染，林业生态系统比较良好，具有一定程度的发展潜力，有助于优化林业产业结构。首先，可以根据当地林业生态资源优势发展特色产业。比如茶叶、木材、药材、高山蔬菜等特色农林产品，申请森林食品认证，满足人们对绿色、无公害、高品质农林产品的需求；再比如发展林业生态休闲旅游业，使当地的林业生态资源得到充分的利用，同时满足人们的绿色生态旅游需求。在市场化过程中，尤其要注意营销方式方法的与时俱进，在网络化和数字化蓬勃发展的今天，要灵活运用网络技术和数字科技，把边缘地区和贫困山区的特色产品和绿色产品以更好的方式推销到市场中去，以更好地实现价值，增加贫困人口的收入来源。要重视林业生态建设的科技含量，重视林业科学的基础研究、应用研究，以及高新技术的发展，提高林业科学技术创新，以产生更长的林业生态扶贫相关产业链，创造出更好的林业生态扶贫产品。

（六）激发林业新型经营主体更好地发挥作用

在推动林业生态扶贫工作发展时，要积极联合当地林业企业、农业企业、生态企业、农村合作社等农林业经营主体，积极调动林业生态发展相关新型经营主体的积极性，整体、协调推进当地林业生态扶贫事业和产业发展，形成广泛的产业链，创造更多的就业岗位，带动当地贫困群众就业。将多方林业生态相关新型经营主体联合联动起来，形成规模性林业生态新型经营主体群，进而形成强大的合力和产业集群效应，改善贫困户单打独斗而难以适应市场竞争的现象。这对于提高他们的市场竞争力，提高他们的经济收益具有重要的意义。要充分发挥相关主体的积极性，必须优化当地林业生态市场环境，通过法律法规、体制政策、配套设施等打造一流的林业生态经营营商环境，筑巢引凤，以此吸引更多、更好的林业新型经营主体到当地就业创业创新。此外，要注重提升新型林业生态经营主体的经营管理能力以及道德素养，以更好地发挥他们的作用，以林业生态发展为落脚点，造福一方。

（七）进一步完善中国森林生态功能、服务、效益补偿机制

森林生态系统具有经济和非经济的功能、服务和效益，特别是废物吸收能力（waste absorption），这是一种很重要的生态系统服务。森林生态系统的这些功能和服务很多都属于公共产品，依靠市场和企业是不可取的，应该依靠政府，由政府进行转移支付或者投资进行林业生态工程建设，或者政府给市场或者企业提供补偿基金，作为受益者的个人和单位，也要有所付出，这是受益地区补偿机制的关键。生态补偿机制适宜的森林生态系统服务，见表1。

表1　生态补偿机制适宜的森林生态系统服务

生态系统服务	以森林为例
气体调节	树木吸收二氧化碳,树木生长产生氧气;森林清除空气中的二氧化碳
气候调节	温室气体调节;蒸腾作用通过风力将热能转移到其他地区;蒸腾作用、云形成以及局部降雨;遮阴及保湿效果,避免出现极端湿度和温度

生态系统服务	以森林为例
干扰调节	风暴保护、防洪、干旱恢复以及其他生境对主要由植被结构控制的环境可变性的反映
水调节	树木根系可以使土壤通气,允许根系在下雨的时候吸收水分,在干燥的时候释放水分,从而降低旱涝灾害的风险和严重性
供水	蒸腾作用可以增加当地的降雨量;森林能够降低土壤侵蚀,并固定溪谷两岸,防止河流淤积,增加水流流量
废物吸收	森林能够吸收大量的有机废物,并把径流中所含污染物过滤掉;植物具有吸收某些重金属的能力
控制土壤侵蚀和保持水土	树木可以保持土壤,森林树冠层可以减少激流对土壤的冲刷,泥沙拦截可以减少土壤风蚀
土壤形成	树根可以摩擦岩石;腐朽的植被可以增加有机质
养分循环	热带森林具有快速同化腐烂物质的特性,使得养分流入溪流并从系统中排出的时间很短
授粉	森林可以庇护那些野生和驯化物种授粉所必需的昆虫
生物防治	森林的害虫天敌可以为某些昆虫物种提供保护
生物避难所或栖息地	森林为可以迁移和定居物种提供栖息地,为许多森林物种繁殖创造必要的条件
遗传资源	森林是独特的生物材料和产品的原料,如药物、植物抗病抗虫基因和园林绿化树种
娱乐休闲	生态旅游、徒步旅行、骑自行车等
文化	森林生态系统的审美、艺术、教育、精神和科学价值

资料来源:赫尔曼·E. 戴利(Herman E. Daly)、乔舒亚·法利(Joshua Farley)著《生态经济学:原理和应用》(第二版),金志农等译,中国人民大学出版社,2018。

(八)处理好政府、市场、农户之间的关系

政府、市场、农户在林业生态扶贫发展中有着不同的分工,政府在林业生态扶贫工作中起着主导、引导的作用,负有政策支持、资金投入、基础设施建设、发展方向引导、绩效评估等主要责任,比如,通过生态建设工程发展旅游业、通过森林食品认证发展绿色林副业等,如此来全面、全方位地推进开展林业扶贫工作。要充分发展市场在资源配置中的作用。在实际工作开展过程中,要协调好政府管控和市场调节的关系,充分结合有为政府和有效

市场，在林业生态扶贫工作中，要注意确保林业生态产品的质量以及市场售价，其中林业生态产品的质量问题首先掌握在农户手中，政府要注意质量监管，市场要注意质量反馈，同时，售价的关键在于市场，政府要监管市场价格，防止"林贱伤农"的现象。在政府、市场、农合关系中，要注意保证农户获得的正当权益。

参考文献

国家林业和草原局网站：http：//www.forestry.gov.cn/。

赫尔曼·E.戴利（Herman E. Daly）、乔舒亚·法利（Joshua Farley）：《生态经济学：原理和应用》（第二版），金志农等译，中国人民大学出版社，2018。

王玉林：《林业扶贫面临的主要问题及对策》，《中国林业经济》2019年第1期。

B.14
行业协会在促进林草产业
高质量发展方面的作用研究

刘　涛　田桂芹*

摘　要：　森林行业协会是联系林业企业、林业主管部门与科研生产部门的重要机制。本报告介绍了当前具有代表性的林业协会，如中国林业生态法制促进会、中国林业产业联合会、林业产业工会的发展情况、主要职能与促进林业产业发展的作用。本报告认为目前林业行业协会在进行行业自我监管、贯彻落实国家政策、发挥桥梁纽带作用等方面促进了产业发展。行业协会应从吸收科技要素、引导产业布局优化、加快林业改革创新、积极建言献策和扩大服务能力方面，促进林草产业高质量发展。

关键词：　林业行业协会　生态林业　高质量发展

　　相比于"十三五"规划，"十四五"规划的一个显著变化就是规划目标全面地由经济增长转向了质量发展。"十四五"规划的 20 项指标与高质量发展指标体系充分体现了新发展理念的生态文明要求。"十四五"规划纲要指出要落实 2030 年应对气候变化的国家自主贡献目标，在 2030 年前实现碳排放达峰。此外还有 5 个绿色生态约束性指标，如单位能耗 GDP 和二氧化碳分别降低 13.5% 和 18%，地表水达到或好于三类水体比例为 87.5%，国

---

　　* 刘涛，经济学博士，河北科技大学经济管理学院，研究方向为综合评价；田桂芹，理学学士，原山东财政学院国际经济与贸易学院办公室主任科员，研究方向为国家治理、高质量发展。

土森林覆盖率将提升到 24.1%。习近平对新时代民营经济统战工作做出重要指示强调，把民营经济人士团结在党的周围，更好推动民营经济健康发展，把团结引导好民营经济人士作为一项重要的政治任务。① 行业协会是联系民营经济人士、各类所有制形式的林业企业、林业主管部门与科研生产部门的重要机制。

一　林业行业协会发展情况

行业协会通常是指依据中国法律，由行业企业组建的，以促进工商业繁荣为目标的社会法人。在成熟的市场经济国家里，行业协会是一种半政府组织，起到社会中介作用，是在企业间、企业同政府间进行资源配置和资源连接的重要机构，发挥着市场与企业、企业与社会、政府与企业之间重要的联系纽带作用。通过行业，协会内企业能够向政府表达产业发展的需求与愿景。同时，行业协会又自上而下地起到了政府向企业进行宣贯产业政策、确保正市场竞争有序、产业良性发展的作用。

自 20 世纪 80 年代开始，国家大力发展林业性社会组织。根据最新统计数据，林业性社会组织已经发展为目前的 29 家，其中行业协会 12 个，基金会 2 个，学术性团体 7 个，其中有 21 个行业协会事国家林业局直接主管，有 8 个行业协会挂靠在国家林业局。

二　代表性的林业协会

（一）中国林业生态发展促进会（China Eco Development Association）

中国林业生态发展促进会的宗旨是坚持习近平时代中国特色社会主义思

---

① 《习近平对新时代民营经济统战工作作出重要指示》，新华网，2020 年 9 月 16 日，http：//www. xinhuanet. com/politics/leaders/2020 – 09/16/c_ 1126502287. htm。

想，践行生态文明思想，推进生态建设，传播生态文化，促进人与自然和谐发展。其主要成员是致力于生态林业建设和发展的专业人士、专家学者和管理人员，业务范围覆盖全国的非营利社会性组织。

中国林业生态发展促进会的登记管理机关是国家民政部，党建机关是中央国家机关工委、中国林业生态发展促进会接受党建领导机关，登记、管理机关等有关行业管理部门的业务指导和监督管理。协会设置会长、副会长、秘书长、监事长，总部设在北京，其业务范围包括组织开展生态林业建设相关的防沙治沙、生物多样性保护、湿地保护、国土绿化和生态林业建设相关研究促进工作，传播生态文明理念。

具体如推广优秀林业生态发展典型经验，对生态建设中的先进个人和集体进行表彰；开展林业和生态领域的科学研究、技术推广、人才培养、技术交流；通过多种形式宣传中国生态文明建设成果；对林业生态系统内的环境破坏行为进行调查和反映；开展生态林业的国际交流合作。

（二）中国林业产业联合会（Chinese Forestry Industry Association）

中国林业产业联合会是由全国林业产品生产、加工相关企事业单位和相关的贸易装备制造部门组成的产业协会，是以制定并推广行业规范、以开展技术信息交流为主要职能，以促进行业发展为宗旨的全国性行业协会。中国林业产业联合会由民政部批准，业务由国家林业草原局归口管理，承担着服务会员企业、发挥林业产业业务桥梁纽带作用的使命。

林业产业联合会的业务包括对林业产业进行调查收集整理，反映行业发展趋势和行业内成员单位的诉求，规范监督行业市场行为，促进企业公平有序竞争。对林业行业统计收集发行发布行业信息，为林业产业提供经济参考信息，该联合会主办《中国林业产业》期刊。中国林业产业联合会致力于推动行业内与行业间交流合作，提升林业产业经营水平。

（三）中国林产工业协会

中国林产工业协会于 1988 年成立，是在民政部登记的国家一级社团，是以木材加工、林产化工、人造板等林木企业为主体的全国性行业协会。其产品涉及地板、胶合板、传统木制品、表面加工，林业工程及装备，树木提取物，木结构，绿色家居，生态涂料，森林旅游、交通产业、生物能源等多类产品，林业产业工会下辖中药材与大健康等多个分会或专业委员会。中国林产工业协会包含了多个国内重点龙头企业，下设专业标准化技术委员会，包括国际维权工会、国际维权工作委员会、专家咨询委员会等。

（四）中国林业工程建设协会

中国林业工程建设协会是由中国各类林场、森林公园等企事业单位和专家学者组成的跨所有制、全国性林场系统的社会性组织。中国林场协会受国家林业局的监督指导和民政部的管理。林业工程建设协会的主要职能是发挥行业协会宣传国家关于生态文明建设，宣传林业林场相关法律法规，宣传林场改革典型经验做法，向林业主管部门提出关于林场经济发展、技术应用的政策和立法建议，开展林场相关专题研讨和有关学术交流活动，对林场重点工作开展调查研究，为林场改革提出合理化建议等。

（五）中国林业与环境促进会

中国林业与环境促进会是 1995 年在民政部登记的全国性非营利组织，由中科院、国家环保总局、国家林业草原局等单位共同发起，以促进会员单位合理利用资源保护环境，实现经济可持续增长。联系国内外资源，推进森林认证宣传推广的全国性非营利社团。中国林业与环境促进会的主要职能是进行森林可持续经营认证，也被称为木材认证。它是由一个独立的第三方来证明该地区的森林所生产的木材的经营状况符合可持续发展理念，通过认证，该地区的林产品可以进一步分享和开拓市场，提高国际市场认可度，实现多元化的、持续的健康经营。

三 林业行业协会促进产业发展的方式

中国生态林业建设和行业协会发展正在面临前所未有的发展机遇。"十四五"规划以来，中国林业产业协会需要进一步认清形势、提高认知、抓住机遇，应当在以下几个方面发挥作用。

（一）进行行业自我监管

产业协会应进一步建立完善有序的市场竞争体系，并发挥其主体作用，不断探索创新产业发展的组织形式，构建生态林业产业和其他产业联合发展的技术平台。在装备制造、信息共享、人员培训等方面提供全方位、多层次的成员服务，发挥规范制定作用。行业协会应当建立起健全的自律性约束管理制度，加强生态林业保护制度建设，推动成员企业之间的诚信建设，切实维护生态林业公平竞争的市场秩序。

（二）贯彻落实国家政策

生态林业建设是一项复杂的系统工程，需要全社会的共同认知和全面参与，确保全社会各界力量参与到绿色国土建设中来，全社会支持生态林业发展需要依靠生态建设理念的宣传，行业社团充分发挥政府向社会对接的功能。通过开展主题论坛，出版各类期刊、书籍、发展报告等智力成果，向各类人群、组织宣传国家的生态保护政策。积极宣传生态林业发展最新动态、森林生态修复成就、林区改革发展与林区人民增收等美丽中国建设成果。向全社会普及森林保护和生态林业知识，努力传播"绿水青山就是金山银山"的生产生活理念，提高全社会对中国生态环境脆弱性的认知，鼓励动员更多的企事业单位参与到生态保护与生态林业建设中来，营造生态林业良好发展的社会氛围，做好生态道德的宣传者、实践者和联系者的角色。

（三）发挥桥梁纽带作用

积极发挥生态林业协会在政府和企业之间的联系纽带作用。产业协会是市场与企业、企业与林区人民之间重要的中介服务组织，是林业产业发展诉求上传下达的重要通道。各级政府部门应当积极鼓励区域内成立相应的林业产业协会，发挥当地政府同中小林区、林区乡村集体经济、林区居民之间的桥梁和纽带作用，地区性林业行业协会应当从当地林业发展的规模、水平实际出发，增强产业带动能力，提高自身业务水平，加强工作深度，创新工作方式，使各区域间的林业产业形成合力，帮助实现林业产业生态友好和良性有序竞争。

产业协会应当进一步发挥在"看得见的手"和"看不见的手"之间的传递作用，帮助政府宏观调控的职能向微观职能转化，要注重林业企业落实国家相关的法律法规、方针政策、引导性建议的情况。行业协会应当及时地对在企业发展过程中和在落实政府法律法规、方针政策、行业信息过程中产生的意见建议及时反馈到政府及主管部门，为林业管理部门提供及时的决策信息。

四　发挥行业协会作用，促进生态林业高质量发展

长久以来，中国企业在世界的印象中一直处于产业链条下游，提供低附加值产品，林业企业实施品牌战略和树立质量观念的动力不足，打出世界的中国制造的林业品牌并不多，也由于国内林业企业发展规模较小、产业分散等原因，企业独立开展研发设计的成本难以分摊。中国林业产业只能压低材料和人工成本，缺乏产品设计和科技应用。

思维仍然停留在买方市场。仍然有大量的林业企业认为企业经营的至上之道就是通过规模来降低成本，通过不断压低原材料采购成本、人力成本等方式来提高竞争力。在产业结构布局上高端与创新产品缺失，综合利用率水平低，面向消费者的产业缺乏核心的突出品牌。出现了原始林产品利用率

低、附加值低、林业企业职工增收困难等负外部性。

在供给侧方面，木材加工业存在结构性失衡问题，部分企业木地板、人造板等低端产品供过于求，部分企业经营指标恶化。针对进一步促进行业协会高质量发展，提出如下建议。

（一）吸收科技要素

林业行业协会应当充分提高林业产业的科技水平，通过不断引入外部的技术资源，整合行业内部的技术资源，引导先进林业装备制造升级，增强终端木材产品美学与文化价值，增强产品工业设计水平，提高由产品设计、产品技术含量所带来的附加值，推动林业产业升级，帮助中国林业产业迈向高端水平。

引导创新驱动发展、推动新旧动能转换、加速中国林业产业迈向高质量发展，需要改变以传统要素投入和规模增长的方式，推动产业发展迈向依靠科技创新和改革驱动的发展。因此需要通过林业行业协会积极引导林业产业开展供给侧结构性改革，加速林业落后产能的淘汰，建立健全现代化的林业产业体系，这就需要林业行业协会发挥林业科技体制改革的作用。

通过林业行业协会来协调高校科研机构等科技要素和社会企业的设计要素，提高林业产业的科技进步贡献率，充分依靠科技创新引导林业产业高质量发展，重视林业科技创新成果转化，开展林业科技科普宣传，推动国家林业科普基地建设，推动林业产学研结合，加快林业相关科技成果转化率，加强以有效的科技成果转化为现实的生产能力。

（二）引导产业布局优化

当前中国林业产业的总体产量较高，但远未达到实现高国际竞争力和高附加值出口产品的发展目标。其核心问题是林业产业的各个环节之间缺乏纵向链接，林业三次产业之间环节被割裂，第一产业是林业产业发展的基础，林业的基本生产单位集中度较低，规模化、信息化、机械化水平较低；林业第二产业和国内的第一、第三产业衔接不畅；由于林业社会化服务体系建设的滞后，林业第三产业中林业产业设计推广，林业科技服务生态服务等促进第一、第二产业发展的部门增速明显落后于林业旅游和森林闲服务业。

林业产业高质量发展，必须打破三次产业相对封闭运行的状态。夯实林业第一产业的可持续发展基础，提高林业第二产业的产品设计速度、产品深加工水平，促进林业装备制造业更新换代，增强林业第三产业对第一、第二产业的带动促进作用。行业协会应当进一步发挥促进林业三次产业融合发展的功能。

（三）加快林业改革创新

林业行业协会应进一步发挥体制创新的协调功能，将林权制度改革、服放管服务改革等改革措施进行归纳总结，及时向政府部门反映，强化林业产业对基层林业组织的公共服务功能。

通过加快新行业技术标准实施推广，宣传典型案例等方式，树立林业质量效益的导向，推动林业迈向高质量发展方向。林业行业协会应确保林业企业聚焦提质增效的总体方向，积极推动提升林业产品质量和市场竞争力，确保成员单位落实国家引导政策，落实生态林业产业结构升级，通过科学组织林业高质量发展的评价方式，引导中国林业由初级加工向生态保护修复和高端产品获利的方式转变。

（四）发挥建言献策的智囊作用

林业行业协会应当根据会员权益市场主体，即政府主管部门的要求，做好服务保障工作，有效地提供政策咨询、市场信息技术、技术指导等全方位的服务。必须抓住成员单位在生态林业现代化的构建上的重点、难点、热点问题，开展实地调查走访，积极向政府建言献策，提供智力支持。围绕相关的产业发展热点、关键技术难题，组织开展产业发展峰会、学术论坛、技术交流活动等，集思广益，积极开拓林业产业和资本渠道的对接，为各类新形态的林业产业项目提供资金支持。

进一步发挥行业协会促进高质量发展的作用，以确保林业产业协会运作的自主性。林业产业协会应当在社会组织的现代化治理体系下，尽可能多地从社会和市场中吸收资源，而不能仅仅依靠政府投入。农业产业协会自身需要建立良好的制度，包括内部治理管理引导、监督管理评估等方面的具体制度，来保证林业产业协会能够具备自主运作、自我优化、自我发展的上升动力。

（五）提升行业协会服务能力

政府主管部门在开展林业产业相关监督业务时，应当保障行业协会作为独立第三方的法人的自主性，将行业协会视作一种平等对话的主体，行业协会应当加强自身的能力建设，积极汲取各类优质资源。

行业协会是重要的市场参与者，将行业协会纳入产业政策体系，有助于扩大政策的覆盖面积和精准程度。林业主管部门出台针对林业的相关政策，通过规划引导政策支持平台构建，促进林业行业协会更好地发挥社会经济服务功能。充分加强林业行业协会内部人员的培训学习，包括党建统战管理能力方面的学习，充分提高林业行业协会人员的业务水平。

林业行业协会发挥作用的程度主要是由它内部会员的广度和数量决定的。加强林业协会在吸纳会员、促进产业升级、促进招商引资方面的具体执行能力。增强林业行业协会对其他行业的资源的汇聚能力，把林业行业的主要参与者聚集起来，吸纳社会优秀专家学者进入行业协会，让成员单位能够全方位代表林农、中小企业、大型企业。充分覆盖所有制和全产业链。行业协会能够提供政府和市场都无法提供的高质量信息资源，是政府感知林业企业运行状态的"传声器"，也是行业治理的平衡器。发挥行业调整服务能力的作用。在小范围的行业调整中，应当优先通过行业协会进行协商，而减少政府直接干预市场运作。帮助林业企业开拓社会资金渠道，特别是在经营初期，解决林业建设迫切的资金短缺问题。

参考文献

林妍：《林业协会（社团）当前面临的主要任务》，《中国林业产业》2007 年第 12 期。

姜征：《2018 年度〈中国林产工业协会社会责任报告〉在京发布》，《木材工业》2019 年第 4 期。

孟凡丹：《中国林产工业协会木材保护与改性产业分会成立在即》2019 年第 2 期。

揭昌亮、石峰：《进出口贸易影响中国林业全要素生产率的机理分析》，《林产工业》2019 年第 4 期。

何国景：《现代林业发展与生态文明建设探析》，《现代园艺》2019 年第 4 期。

B.15
边疆地区林业生态建设现状与对策建议

李恩极*

摘　要： 林业是生态建设的主体和建设生态文明的主阵地，边疆地区
总森林蓄积量为102.61亿立方米，占全国森林蓄积量的
58.44%，边疆地区是国家的重要生态屏障，生态战略地位极
其重要。边疆地区林业生态建设存在林业资源管理制度不健
全，群众观念意识相对落后，林业资源开发利用落后，资源
结构总体比较单一，缺乏有效的政策支持，林业产业化生产
水平较低，科技含金量待提升等问题，本报告提出健全管理
制度，加大对林业生态建设的投入，提高科技水平，加强科
技攻关组织力量，树立辩证的生态发展观，提升社会文明水
平等对策建议。

关键词： 边疆地区　林业资源　生态建设

一　引言

　　生态文明建设是关系人民福祉、关乎民族未来的长远大计。党的十八大
以来，以习近平同志为核心旳党中央高举改革旗帜，从中国特色社会主义事
业"五位一体"总体布局的战略高度，从实现中华民族伟大复兴中国梦的
历史维度，着力创新发展理念，大力推进生态文明建设，制定了新的发展战

---

　　* 李恩极，博士，河北经贸大学讲师，研究方向为经济预测与评价。

略，出台了一系列新的政策，实施了一系列重大举措，开创了生态文明建设的新时代。生态文明建设的关键是要遵循自然规律，树立尊重自然、顺应自然、保护自然的生态文明理念，增强绿水青山就是金山银山的意识，实现人与自然和谐共生。林业是生态建设的主体和建设生态文明的主阵地，必须充分发挥林业在生态文明建设中的重要作用。

自古以来，边疆地区都有人口密度小、森林覆盖率高的特点，中国西南地区的边疆地带尤其明显。而且这些地区天然林面积比重大，森林种类丰富，生物多样性突出，是国家生态环境保护和林业资源供给的重要地带，生态战略地位极其重要。随着工业化、城镇化进程的加快，社会对林业资源的需求越来越大，以"资源换增长"的粗放型发展模式虽为边疆地区带来了短期的经济效益，但也严重破坏了这里的生态环境。同时，由于现阶段边疆地区的林业资源管理制度不健全、林农生态意识淡薄、林业资源低效利用等问题，边疆地区林业资源开发过程中不平衡、不协调、不可持续的矛盾日益突出。

在此背景下，讨论如何促进边疆地区林业资源的合理开发和保护，推动边疆地区林业生态文明建设不仅是中国林业资源可持续发展战略的关键，也是生态文明建设的重要内容。本报告立足于当前边疆地区林业生态建设现状，剖析了问题产生的原因，以期探寻一条创新边疆地区林业生态文明建设的适宜之路。

二　边疆地区林业生态建设现状

作为区域概念，边疆地区主要是指与国界线接壤的一片特定的区域。吴楚克教授在《中国边疆政治学》中将边疆区域界定为边界线内侧一定宽度的行政管理区。但这个宽度的具体量值并没有统一的范围。国家民委启动的"兴边富民行动"以行政县为划定标准。本报告以行政省为划定标准，将广西、云南、西藏、新疆、甘肃、内蒙古、辽宁、吉林、黑龙江九省区统称为边疆地区。

（一）边疆地区林业资源分布概况

由于地理、地貌、气候等特殊的自然条件，边疆地区蕴藏着丰富的林业资源，像著名的东北大兴安岭、长白山，西北的天山、阿尔泰山，西南的大渡河、金沙江沿岸等地区都是中国重要的林区。统计资料显示，截止到2018年，全国各省区市平均森林覆盖率为22.96%，除了西藏、甘肃、内蒙古和新疆，边疆其他五省区的森林覆盖率远在全国平均水平之上，其中广西和云南的森林覆盖率超过50%；边疆地区的林地总面积为17038.39万公顷，占全国林地面积的52.28%；森林面积为12300.77万公顷，占全国森林面积的55.80%，天然林面积为9469.21万公顷，占全国天然林面积的67.44%，人工林面积为2831.56万公顷，占全国人工林面积的35.38%；全国森林蓄积量为175.60亿立方米，边疆地区森林蓄积量为102.61亿立方米，占全国森林蓄积量的58.44%（见表1），其中西藏以22.83亿立方米稳居全国之首，云南、黑龙江、内蒙古、吉林和广西也排在全国前十。

表1　边疆地区林业资源概况

地　区	森林覆盖率（%）	林地面积（万公顷）	森林面积（万公顷）	人工林面积（万公顷）	天然林面积（万公顷）	森林蓄积量（万立方米）	人工林蓄积量（万立方米）	天然林蓄积量（万立方米）
内蒙古	22.10	4499.17	2614.85	600.01	2014.84	152704.10	13907.88	138796.20
辽　宁	39.24	735.92	571.83	315.32	256.51	29749.18	11486.23	18262.95
吉　林	41.49	904.79	784.87	175.94	608.93	101295.8	11722.11	89573.66
黑龙江	43.78	2453.77	1990.46	243.26	1747.2	184704.1	20365.65	164338.4
广　西	60.17	1629.5	1429.65	733.53	696.12	67752.45	34516.12	33236.33
云　南	55.04	2599.44	2106.16	507.68	1598.48	197265.8	21646.27	175619.60
西　藏	12.14	1798.19	1490.99	7.84	1483.15	228254.4	242.06	228012.40
甘　肃	11.33	1046.35	509.73	126.56	383.17	25188.89	4313.99	20874.90
新　疆	4.87	1371.26	802.23	121.42	680.81	39221.50	8127.84	31093.66
全　国	22.96	32591.12	22044.52	8003.10	14041.52	1756023	345209.10	1410814

资料来源：《中国林业年鉴（2013）》。

（二）边疆地区林业资源的开发

边疆地区森林资源丰富，森林质量优良，具有发展林业经济的独特资源优势。2012 年，国务院出台了《关于加快林下经济发展的意见》，明确提出在生态保护前提下，科学合理地开发森林资源，这为林下经济发展提供了良好的契机。据统计，边疆地区林业总产值已经由 2011 年的 6408 亿元增加到 2018 年的 13890 亿元，占全国林业总产值的比重保持在 20% 左右（见图 1）。林果、林药、林区养殖作为林业副产业，逐步成为林业经济发展的主体，林下经济产值从 2011 年的 340 亿元增加到 2018 年的 1732 亿元（见图 2）。整体来看，经过多年发展，边疆地区林业产业发展趋于成熟，产值稳步提升，增速总体逐渐下降。

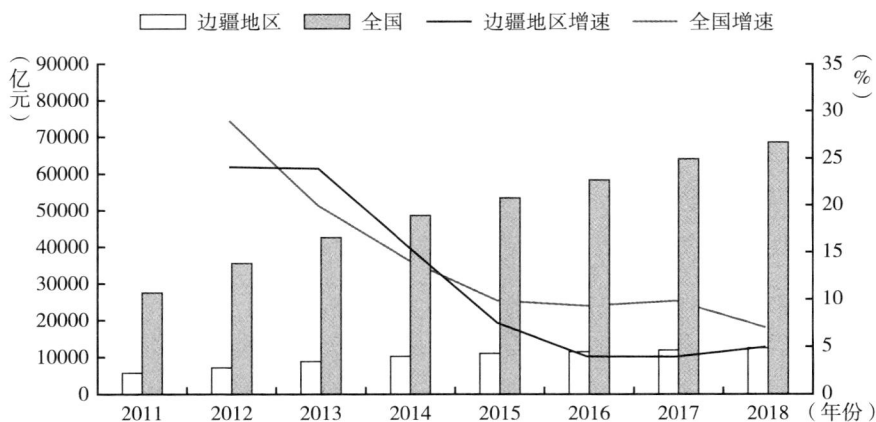

图 1   2011~2018 年边疆地区和全国林业总产值

资料来源：历年《中国林业统计年鉴》。

（三）边疆地区林业资源的保护

随着经济发展、社会进步和人民生活水平的提高，中央政府对林业生态建设越发重视，出台了多项政策以保护森林资源。1990 年 9 月 1 日，国务院出台了《1989—2000 年全国造林绿化规划纲要》，该纲要提出"植树造

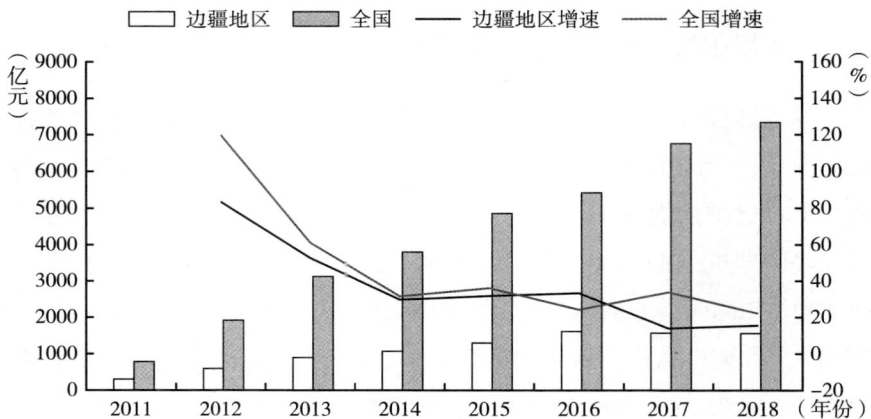

图2 2011～2018年边疆地区和全国林下经济产值

资料来源：历年《中国林业统计年鉴》。

林，发展森林资源，是林业建设的根本"，为中国森林资源开发保护工作做出了原则性的规定；2003年6月25日，国务院出台了《关于加快林业发展的决定》，提出"生态需求已成为社会对林业的第一需求"，未来以木材生产为主向以生态建设为主转变。2005年，为了提高中国森林资源的蓄积量，发挥森林作为"大自然总调度室"的作用，中央启动了六大林业工程的建设。这六大林业工程分别是天然林保护工程、"三北"和长江中下游地区等重点防护林体系建设工程、退耕还林还草工程、京津风沙源治理工程、野生动植物保护及自然保护区建设工程、重点地区以速生丰产用材林为主的林业产业基地建设工程，六大工程涉及范围之广，规模之大，持续时间之长，中外罕见。2011年，国务院出台了第二个造林绿化规划——《全国造林绿化规划纲要（2011—2020年）》，提出了2011～2020年造林绿化的目标任务和建设重点。

在党和政府的高度重视下，边疆地区多措并举，加强林业生态建设，成为林业资源开发与保护的排头兵。2002年以后，边疆地区人工造林面积基本在每年200万公顷以上，与全国人工造林面积的25%～30%（见图3）。2018年，全国人工造林面积约为730万公顷，重点工程造林面积约为244

万公顷，其他造林面积约为 486 万公顷。值得指出的是，内蒙古在经过多年的造林努力之后，仍以每年 60 万公顷的人工造林面积，稳居全国前列。

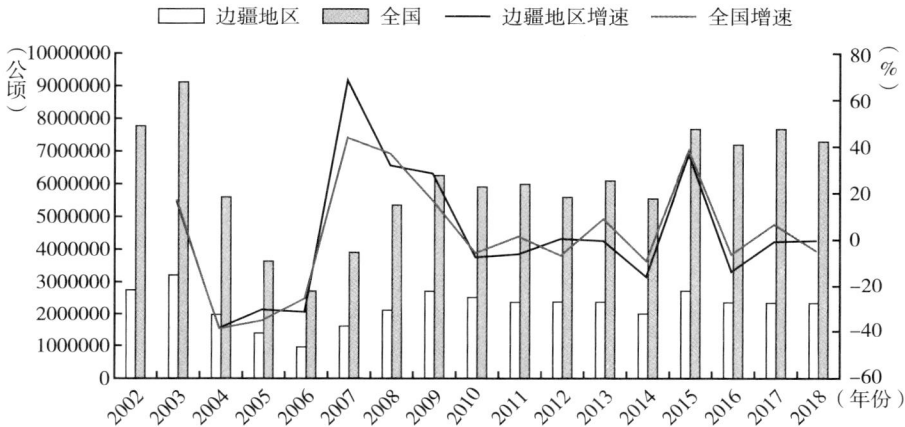

图 3　边疆地区人工造林面积

资料来源：历年《中国林业统计年鉴》。

三　边疆地区林业生态建设存在的问题

（一）林业资源管理制度不健全

经过多年探索，边疆地区在林业资源管理方面积累了丰富的经验，但是现阶段的林业资源管理制度仍然存在很多问题。第一，缺少对林业资源开发与保护的长期规划。林业生态建设是功在当代、利在千秋的事业，但与地方政府的短期利益可能不符，尤其是在过去 GDP 至上的政绩考评机制下，地方政府更倾向于将资源投入"短平快"的项目。第二，林权产权界定不清，政企不分。为了有序开发林业资源，政府对林业资源开发设置了很多审批程序，目前具有森林资源开发资质的企业多为国有企业，但其中一些企业为了自身利益，无视林业产权主体，随意砍伐开采，造成了林业资源的严重浪费。第三，管理方式单一，手段落后。近年来，林业生态建设进程快速推

231

进，但很多基层政府对林业资源的管理方式尚未转变，一些现代化设备也未及时更新，部分地区难以有效应对新发展理念下的林业资源管理。

（二）群众观念意识相对落后

边疆地区的林业生态建设需要广大群众的共同参与，只有全社会都树立"保护森林资源就是保护生产力"的理念才能真正实现林业的可持续发展，达到维持生态平衡的目标，创造绿水青山的金山银山。但受诸多因素影响，边疆地区的经济发展水平与其他地区相比存在一定的差距，当地群众的环保意识也亟待提升。比如，在林权改革前，山林都是集体的，无人监管。一些当地村民盗伐当地森林木材，充当进口木材进行销售。近年来，实行林权改革，界定了林权、山权，集体林变为自家林，"管好自家山，看好自家林"成为群众的自觉行动。但政策落实及带来实效需要一定的时间，加之林业轮伐期较长，部分地区林农的积极性还没有充分调动起来，乱砍伐和低效益砍伐问题依然存在。

随着林下经济的迅猛发展，一些林农也加入林下行业，这为林下经济的蓬勃发展注入了新的血液，也为林农带来了可观的收入。但是，林下经济不同于一般的农业生产和经营活动，良好的林下经济产业经营需要理解林业产业发展所需的资源的种类和特征、种植方式、经营方式、运输方式等，并对技术操作提出了更高的要求。而一些地方地处偏远，交通、信息相对滞后，部分林农对林下经济项目的了解有限，又缺乏有效的市场渠道，盲目效仿、一哄而上的现象较为普遍。这不仅增加了林下经济的发展成本，影响了林农的经济效益，也对增强边疆地区林业产业竞争力形成严峻挑战。

（三）林业资源开发利用落后，资源结构总体比较单一

边疆地区的林业资源十分丰富，然而由于资源开发利用认识及技术上的不足，一些地区对林业资源的开发利用仍存在很多问题。大多数天然林开发仅限于用于建筑和燃料，林业资源的精加工和深层次的产业链建设不足，加

上盲目开采和粗放经营，造成大量林业资源的低效率利用和浪费。尽管经过多年的探索，已有橡胶、竹子、菌类等多层次结构种植，但边疆地区林业资源的开发结构整体相对单一，规模较小，发展空间有限。在一些地区，受传统生活习惯影响，当地居民对林业资源开发的认识还停留在初级阶段，只把森林资源作为生活资料，没有商品林开发意识。中国目前的林业市场还不完善，政府对林业资源的开发和流通设置了严格的审批制度，限制了林业资源在完全竞争市场上的正常交易，从而形成了不均衡的市场出清，导致当地居民对林业资源缺乏长期的市场预期。这在一定程度上阻碍了边疆地区林业长期发展和生态文明建设进程。

（四）缺乏有效的政策支持

多年来，各级地方政府陆续出台了很多政策，但相对分散、缺乏整合、标准滞后，难以有效支撑边疆地区的林业生态建设。例如，国有林区不允许抚育出材和清捡抚育林砍伐剩余物，本来可用于食用菌栽培的优质木屑白白浪费；2019 年以前国有林区改革一直定位不清晰，盲目去经营化造成林区只重公共事业职能，忽视了林业资源的合理开发；多元化资金投入体系尚未建立，边疆地区的经济发展水平较低，政府资金和金融支持也较少，在打造"绿水青山就是金山银山"的生态背景下，产业发展偏向于发展生态旅游和林业碳汇，对其他林下经济的支持力度有所减小。

（五）林业产业化生产水平较低，科技含金量有待提升

林业产业容易受到资源禀赋、自然环境、社会经济环境等诸多因素影响。林业产业在边疆地区分布较广，各地的森林资源种类和规模的差异较为明显，不同的资源禀赋也使得林业企业的技术水平参差不齐。例如，部分人造板制作企业已完成转型，投入清洁环保产业，率先实现了林业产业经济发展与生态保护的相互协调和促进。然而，一些边远地区的人造板制作企业转型困难，技术更新缓慢，多借助降低产量解决限制大气污染物排放等问题。这种方法虽然能满足节能减排需求，但并未从根本上解决问题，对企业和地

233

区的经济效益都具有消极影响。随着"互联网＋"、物联网等信息技术的发展，市场对林业产业的技术要求越来越高。整体来看，边疆地区林业产业的技术工艺并未与时俱进，发展策略往往较为短视，经营方式较为粗放，对产品设计的重视程度不高，产品结构未能紧密贴合市场需求。这不仅阻碍了边疆地区林业产业链条的延伸融合，也阻碍了边疆地区林业生态建设进程。

四　边疆地区林业生态建设存在问题的原因分析

（一）林业资源开发与保护方面的法律不健全

法律是规范社会各主体行为的重要工具，对维护社会秩序具有重要作用。林业资源开发与保护的制度基础是拥有完善的法律体系。目前，林业资源开发与保护方面的法律体系还不健全，只有《森林法》、《环境保护法》以及一些执行力不强的地方法规。《森林法》对森林资源开发与保护的相关事务做出了原则性的规定，但对如何处罚违反法律、破坏森林资源的行为则没有做出明确的规定，需要根据当地政府出台的条例和细则进行处罚。虽然各地政府对林业资源的开发、产权交易和登记做出了具体规定，但由于法律效力较低，并未对林业企业和居民产生强有力的约束，违法成本过低的结果就是造成林业资源的低效利用和大量浪费。

（二）集体林权制度改革不彻底

虽然边疆大部分地区集体林权制度主体改革已经完成，但是相关的配套措施和政策出台缓慢，在一定程度上制约了林权改革的效果。具体而言，集体林权制度改革后，林农拥有了林权证，理应按照自己的意愿经营林木林地，但现实情况是，很少有林农可以完全自主经营。究其原因，林权改革只确认了林木林地的所有权和经营权，但是与其密切相关的森林采伐管理制度和林地开发经营制度并未一同进行改革，森林采伐的审批程序和林地经营许可条件依然严格。而市场瞬息万变，机会稍纵即逝，林农发现了收益可观的合作项目，却可能因为不能通过复杂的审批程序不得不放弃。集体林权制度改革并不彻底，林业经营限制条件依然很多，既不利于林农自我管理和自主经营，更损害了林农的利益，严重降低了林农的积极性。

（三）林业市场发展不健全

2019 年，国家林业和草原局印发的《关于促进林草产业高质量发展的指导意见》中指出，要充分利用现有森林和草地资源，推进生态系统的多重生态与经济功能，加速资源可持续利用，提高林草产品的供给质量，实现林草产业的高质量发展。虽然边疆地区林业资源丰富，林业产业的总规模较大，但是大多数企业还是独立经营，尚未形成完整的产业化链条，更缺少主导产业、特色产业和新兴产业。同时，由于分散经营，这些林业企业规模都较小，林下经济质量管理能力较弱，主要从事林业产品的初级加工，科技含量较低，林业产品的供给质量也不高，竞争力有限。此外，很多林业企业对品牌不够重视，即使是个别规模较大的林业企业，品牌建设能力也相对欠缺，这在一定程度上制约了企业的国际化发展。

（四）政府对林业资源开发与保护的财税支持不到位

由于中国林业市场还不健全，当前林业的资金投入主要依靠政府财政。即使是由个人经营的林业企业，也离不开政府的补贴。但是，边疆地区过去多为经济欠发达、贫困人口集中的区域，地方政府财力有限，难以提供充足的资金支持。而且，贫困人口集中也导致当地政府过去将资源更多地投入脱贫致富方面，尽管生态文明建设是利在千秋的事业，但短期的经济效果不甚明显，导致生态文明建设的内源性动力不足。

（五）缺乏先进技术和人才引进

林业资源的开发与保护离不开先进的技术和高素质人才。近年来，绿水青山就是金山银山的发展理念日益深入人心，社会各界对生态环境和林业资源的保护越发重视，积极开展造林护林活动，但由于边疆地区的经济发展水平相对较低，在林业方面的科技投入明显不足，缺少先进的技术支持，对传统造林护林技术的改造相对滞后。同时，边疆地区林业治理方面的高素质人才匮乏，专业技术及管理人员在林业系统中的占比不到20%，与边疆地区丰富的林业资源形成了鲜明对比。这种人才和技术上的缺乏对边疆地区林业可持续发展造成严重影响，也阻碍了生态文明建设进程。

五　推动边疆地区林业生态建设的对策建议

在社会主义经济高速发展的背景下，边疆地区对林业系统的投入不断增加，人们对林业生态建设的认识也随之有了显著提升。党的十九大报告指出："我们要建设的现代化是人与自然和谐共生的现代化，既要创造更多物质财富和精神财富以满足人民日益增长的美好生活需要，也要提供更多优质生态产品以满足人民日益增长的优美生态环境需要。必须坚持节约优先、保护优先、自然恢复为主的方针，形成节约资源和保护环境的空间格局、产业结构、生产方式、生活方式，还自然以宁静、和谐、美丽。"但就目前来看，现代林业产业逐渐呈现向社会化生产方向发展的趋势，这必然会与生态文明建设产生一定的矛盾，所以，要想促进经济、生态效益协调发展，就必须重视实现二者的有效统一。

（一）健全管理制度，加大对林业生态建设的投入

完善的管理制度与法规是提高林业资源管理效率的重要保障。各级政府要以《关于加快推进生态文明建设的意见》的出台为契机，深化改革，设置合理的管理机构，转变现有的林业资源管理模式，在法律上明确各机构的职能，赋予其更多的权力与责任，鼓励其积极投身于林业生态建设。同时，还应当加强对有关机构的监督，全面落实环境保护责任制，使各机构各司其职，互相监督，保证各项工作符合相关法律法规。此外，应对林业系统的工作人员进行定期培训，更新管理理念，使其可以更好地认识到林业发展的重要性，以身作则，进而推动地方林业生态建设。

林业生态建设需要政府相应的政策支持，边疆地区各级政府要为当地的林业经济发展提供足够的政策优惠与资金支持，例如增加对绿色企业的扶持，鼓励生态保护型企业的建立和发展，从政策上给予绿色企业优惠和帮扶，促进林业企业转型和升级。

（二）提高科技水平，加强科技攻关组织力量

科技是推动林业生态建设的重要动力。推动边疆地区林业生态建设必须要重视科技创新，这也是林业高质量发展的必经之路，更是当前经济转型期林业经济可持续发展的必然选择。随着经济社会的发展和人民生活水平的不断提高，人们对林业产品的要求也越来越高，利用科学技术可以提高林业产业的供给水平，挖掘林业经济更多的发展潜力，让高质量资源转化为经济优势。为解决现阶段林业生态建设过程中遇到的各类技术问题，首先，各级政府要加大对林业科技的财税支持，利用政府补贴或税收优惠，调动各单位的创新活力，为企业创新创造良好的政策环境，鼓励企业为林业资源的开发和保护提供更多更好的技术支持。其次，应加大对林业资源生物科技方面的研发力度。随着科技水平的提高，林业资源开发和保护的技术也在不断升级，边疆地区林业有害生物危害较为严重，未来要加大生物防虫、生物育苗、林业防治技术的研发力度。为了提高林业资源的利用效率，还要加快林业开采技术和生产技术的革新，对传统造林护林工具进行改进，创新林业资源开采及生产模式。

此外，还要重视对现有资源的整合，加强科技攻关组织力量。可以建立科研院所、高校与林草企业的长期合作，由科研院所和高校为企业提供技术支持以及培训专业人才，企业为科研院所和高校提供研发资金。这种产学研合作模式可以促进科技成果转化，提升企业生产技术水平，实现共赢。

（三）树立辩证的生态发展观，提升社会文明水平

在过去很长的时间里，受传统生活习惯的影响，人们一味地追求经济发展而忽视了对生态环境的保护，这也严重影响了边疆地区的林业生态建设。

现如今，党和政府也意识到重视生态建设的重要性，制定了诸多政策，积极协调生态建设与经济发展的关系。但是一些不文明的问题在不同地区还不同程度地存在，为获取经济利益破坏和占用森林、草原、湿地的事件屡有发生，食用野生动物的陋习在少数地区仍然存在。究其原因，主要在于社会公众尚未全面形成对人与自然和谐发展重要性的客观认识。社会文明是生态文明的重要支撑，社会公众亦是推动林业生态建设的重要力量。面向未来，应加强教育宣传，弘扬生态思想，开展生态教育，增强公众生态文明意识，引导社会公众树立生态发展观，增强民众的自然资源保护意识，探索共建共享机制，鼓励人们为林业生态建设贡献一份力量。

当前和今后一个时期，边疆地区林业生态建设面临十分难得的历史机遇，也面临前所未有的巨大挑战，加快推进林业生态事业现代化建设任重道远。我们一定要具有长期作战的思想准备，坚定信心，秉持绿色发展的理念毫不动摇，全力推动林业生态建设，努力开创新时代林业建设事业新局面，为建设生态文明和美丽中国做出更大贡献。

参考文献

李志平：《边疆民族地区林业资源的保护与开发——以云南德宏地区为例》，《产业与科技论坛》2012 年第 4 期。

周超、罗敏：《边疆民族地区生态文明建设研究——基于生态哲学的视角》，《中南林业科技大学学报》（社会科学版）2015 年第 6 期。

宋学莹：《中国边疆少数民族地区森林资源开发与保护过程中的政府责任研究》，硕士学位论文，内蒙古大学，2013。

王妍、陈幸良、李立华等：《黑龙江省林下经济发展现状分析与发展建议》，《中国林业经济》2021 年第 1 期。

连承杰：《内蒙古大兴安岭林区林下经济发展现状与对策》，《中国林业经济》2021 年第 1 期。

案 例 篇
Case Topics

B.16

南方集体林区建立武夷山国家公园
体制试点模式、做法与成效

贾卫国　吴天雨　王倩雯　秦添男*

摘　要： 武夷山国家公园体制试点集体土地面积为666.90平方公里，
　　　　　占试点区总面积的66.60%，集体土地比重大，属于典型的南
　　　　　方集体林区。通过设立"管理局—管理站"两级管理体系，
　　　　　组建三支人才队伍，明确权责划分，国家公园管理机构与当
　　　　　地政府实行人员交叉任职，坚持依法治园，建立公园治理新
　　　　　体系，加强生态管护，开展特许经营，壮大绿色产业，完善
　　　　　生态补偿机制，优化社区规划建设等，形成生态文明新理
　　　　　念，在管理新体制、治理新体系、管护新模式、发展新机制
　　　　　和文明新理念等五个方面取得显著成效。

---

* 贾卫国，南京林业大学经济管理学院教授，研究方向为林业经济理论与政策，资源与环境经济；吴天雨、王倩雯、秦添男，南京林业大学经济管理学院硕士研究生，研究方向为林业经济理论与政策。

关键词： 国家公园体制　武夷山国家公园　集体林区改革

　　自 2013 年 11 月党的十八届三中全会提出建立国家公园体制以来，我国先后建立了包括武夷山国家公园在内的 10 个国家公园试点。作为首批国家公园体制试点区之一，在武夷山国家公园管理局与相关各部门的努力下，经过 4 年多的探索与调整，武夷山国家公园体制试点基本完成，走出了一条人与自然和谐共赢的发展道路，探索出一套在南方集体林区建立国家公园的可推广经验。

一　武夷山国家公园体制试点的基本情况

　　武夷山国家公园体制试点位于福建省北部，是对原武夷山自然保护区、武夷山风景名胜区以及 2 个国家级森林公园、1 个国家级水产种质资源保护区等共 5 种不同的保护地类型进行整合而成，具有极高的生态文化价值。试点区总面积为 1001.41 平方公里，其中，集体土地面积为 666.90 平方公里，占 66.60%，集体土地比重大，属于典型的南方集体林区。武夷山国家公园采取分区管理的差别化管理方式，将试点区划分为核心保护区和一般控制区两个区域。核心保护区原则上严格禁止人为活动，一般控制区则可以开展休憩养生、旅游等活动。核心保护区面积为 505.76 平方公里，占总面积的 50.50%；一般控制区面积为 495.65 平方公里，占总面积的 49.50%。

　　试点区涉及武夷山市、光泽县、建阳区和邵武市等 4 个县（市、区）9 个乡镇（街道）29 个行政村，2020 年区内居住人口 3352 人。区内外交通路网四通八达，可入性强，人流量大，管控难度较大。同时，武夷山为全国首批重点风景名胜区，旅游业发达，游客众多，旅游收入为当地居民重要的收入来源，加之集体所有土地占比较大，因此，武夷山国家级风景名胜区被整合进试点区以后，武夷山国家公园建设势必需要在生态保护与地方经济发展间找到平衡点。

二 武夷山国家公园体制试点的管理模式

（一）设立"管理局—管理站"两级管理体系，组建三支人才队伍

我国国家公园体制试点现有三种管理模式，分别是中央直管、央地共管以及地方代管，武夷山国家公园体制试点采用地方代管的管理模式。福建省先后于 2017 年 3 月和 2020 年 6 月印发《关于武夷山国家公园管理局主要职责和机构编制等有关问题的通知》（闽委编〔2017〕5 号）和《福建省人民政府办公厅关于调整完善武夷山国家公园体制试点工作联席会议制度的通知》（闽政办函〔2020〕29 号），整合组建了省政府垂直管理的武夷山国家公园管理机构。依照《建立国家公园体制建设总体方案》中"统一事权、分级管理"的要求，设立了"管理局—管理站"两级管理体系。

武夷山国家公园管理局（简称"管理局"）隶属于福建省林业厅，为正处级行政机构，核定行政编制共 30 个，承担国家公园内资源环境的保护与管理等 9 项职责。根据承担的职责，管理局内设了 5 个正科级部室，分别为办公室、政策法规部、计财规划部、生态保护部和协调部，所需编制根据职责调整情况从原武夷山风景名胜区管委会划转和在福建省内调剂解决。

武夷山国家公园管理站是管理局的派出机构，分别设立于试点区所涉及的 6 个主要乡镇（街道），为正科级行政机构，承担所辖试点区内具体的资源环境保护管理职责，负责日常巡护和相关行政执法工作。管理站站长由该地乡镇长兼任，有关乡镇长的转任、提任必须征得国家公园的同意。

除武夷山国家公园管理局和管理站以外，还设立了两个直属事业单位，分别是武夷山国家公园执法支队和武夷山国家公园科研监测中心。

武夷山国家公园执法支队为副处级参公单位，由原武夷山自然保护区管理局调整而成。执法支队下设星村、武夷、洋庄、黄坑、寨里、水北 6 个执法大队，核定参公事业编制 70 个，主要承担试点区内行政执法工作，所需编制均从原武夷山自然保护区管理局划转。执法大队与相应的管理站合署办

公，人员统筹使用、交叉任职。而武夷山国家公园科研监测中心，是将原武夷山风景名胜区管委会所属国家森林公园管理处、森林病虫防治检疫中心、世界遗产监测中心等单位人员进行整合组建而成，加挂"福建省武夷山生物多样性研究中心"牌子，为副处级事业单位，核定事业编制 20 个，承担试点区内有关科学研究、环境监测、科研合作、科普教育和宣传推广等工作。

对应于管理机构设置，武夷山国家公园体制试点整合组建了三支人才队伍，分别为管理队伍、执法队伍和科研队伍。2020 年有在编人员 106 人，其中，大专以上学历 100 人，占比为 94%；45 岁以下人员 47 人，占比为 44%，体制试点区现有人才可基本满足工作需要。为进一步增强人才保障，需完善人才引进机制，创造吸引人才、留住人才、用好人才的良好政策环境，武夷山国家公园出台了《国家公园高层次人才引进培养和激励工作机制》。试点以来，累计招录、调入工作人员 24 人（其中研究生学历 7 人，本科学历 17 人），2020 年国家公园高级职称以上工作人员有 14 人。此外，武夷山国家公园积极开展交流培训，据不完全统计，试点以来共开展管理人员、巡护人员、综合执法人员等各类业务交流和培训 39 次，平均每年开展次数超过 9 次。

（二）明确权责划分，国家公园管理机构与当地政府实行交叉任职

在武夷山国家公园体制试点过程中，除对武夷山国家公园管理机构进行合理设置以外，还进行了明确的权责划分。2018 年 3 月 1 日起施行的《武夷山国家公园条例（试行）》明确了管理机构与当地政府的事权划分。该条例第 12 条规定："武夷山国家公园所在地设区的市、县（市、区）人民政府负责履行国家公园范围内经济社会发展综合协调、公共服务、社会管理、市场监管、旅游服务等有关职责；配合国家公园管理机构做好生态保护等工作。国家公园内有关乡（镇）人民政府、街道办事处协助履行国家公园保护和管理职责，加强生态管护，组织村（居）民委员会引导村（居）民形成绿色环保的生产生活方式。"可见，武夷山国家公园管理局统一履行试点区资源环境的保护管理职责；南平市及武夷山市、建阳

区、光泽县、邵武市政府承担试点区经济社会发展综合协调、旅游服务等有关职责，做好国土空间管控、乡村规划实施、茶山整治和复绿，并对国家公园管理机构的生态保护工作进行积极配合；而国家公园内有关乡镇（街道）协助履行国家公园保护和管理职责，加强生态管护，引导村（居）民形成绿色环保的生产生活方式。此外，根据该条例规定，省发展改革、财政、自然资源、林业、公安等有关部门，应按照各自职责做好国家公园保护、建设和管理的有关工作。

明确权责划分，是地方政府配合国家公园管理机构做好试点区内生态保护工作的前提。过渡期内，武夷山国家公园管理机构与当地政府实行交叉任职，由武夷山市 1 名领导兼任武夷山国家公园管理局副局长，6 个管理站由所在乡镇长兼任站长，涉及的其他乡镇由副职领导兼任副站长。这一创新性举措将地方政府与武夷山国家公园紧密联系起来，增进了国家公园管理机构与地方政府及其职能部门的相互配合，促使二者形成有效协作。此外，通过国家公园体制试点改革，建立了以武夷山国家公园管理机构为主体，所在地设区市、县（市、区）、乡（镇）人民政府协同管理，村（居）民委员会协助参与，主体明确、责任清晰、相互配合的联合管理机制。

三 建立武夷山国家公园体制试点的具体做法

（一）坚持依法治园，建立公园治理新体系

自试点工作开展 4 年以来，面对武夷山国家公园体制试点存在的多头管理、职能交叉等问题，以保护为原则，以问题为导向，通过逐步出台一系列地方法规制度，建立法规制度体系，增强依法治园能力，做到改革于法有据、有法可依、有章可循。

2017 年 11 月，福建省人民代表大会常务委员会通过了《武夷山国家公园条例（试行）》，该条例于 2018 年 3 月起实施。该条例明确了国家公园体制试点工作应遵循的原则，对国家公园管理体制、规划建设、资源保护、利

用管理、社会参与、法律责任等做出了具体规定,理顺了各级政府及相关部门、国家公园管理机构的职责,从法规层面对武夷山国家公园管理进行了顶层设计,为武夷山国家公园保护、建设和管理,提供了法制保障。

由于"国家公园法"尚未出台,国家公园行政执法权问题成为困扰各国家公园体制试点区的一大问题。为明确国家公园范围内的行政执法主体,落实武夷山国家公园行政执法主体责任,实行集体统一管理,解决行政执法主体不明确、管理碎片化等问题,福建省人民政府法制办公室公布了武夷山国家公园管理局行政执法的主体资格,并增设"国家公园监管"执法类别,明确了武夷山国家公园管理局及执法人员统一履行国家公园内资源环境综合执法职责的主体资格。武夷山国家公园体制试点全国首创增设"国家公园监管"执法类别,在"国家公园法"正式出台之前,这无疑是一项有效的创新举措。此外,根据《福建省行政执法资格认证与执法证件管理办法》(福建省人民政府令第 49 号)的规定,省政府法制办、省司法厅先后两次为通过行政执法培训、考试与审核合格的 120 名武夷山国家公园行政执法人员换发、颁发"福建省行政执法证"。

2020 年 3 月,福建省人民政府研究批复了《武夷山国家公园资源环境管理相对集中行政处罚权工作方案》,福建省林业局和南平市人民政府联合颁布了《武夷山国家公园资源环境管理相对集中行政处罚权工作方案》,将县级以上地方政府有关部门行使的世界文化和自然遗产、森林资源、野生动植物、森林公园等四方面 14 部法律法规规章涉及的 81 项资源环境保护管理的行政处罚权,集中交由武夷山国家公园管理局行使。同时,武夷山国家公园体制试点实行综合执法,以增强保护合力。对于乡村规划区内的"两违"、茶山整治,实行武夷山国家公园管理局和地方有关部门联动执法。此外,还建立了省级公检法司办案协作机制,设立了南平市驻国家公园检察官办公室,以推进资源环境公益诉讼及刑事案件的快立、快侦、快诉、快审,有效遏制了各类破坏生态环境的现象发生。

为进一步完善权力运行监督机制、明确监督问责的主体、推动行政权力的公开运行,以规范和约束行政行为,让权力在阳光下运行,2020 年 7 月,中共福建省委机构编制委员会办公室、福建省林业局联合公布了武夷山国家公园管理局权责清单，依法明确了武夷山国家公园权责事项123项。其中，行政许可事项5项、行政监督检查事项5项、行政处罚事项81项、行政强制事项7项，其他行政权力4项，其他权责事项21项。后续高阶层法律"国家公园法"的出台颁布，会大大加强权力运行和责任履行监督，有效强化权责清单的制约作用。

（二）坚定生态保护第一，加强生态管护

中共中央、国务院颁布的《生态文明体制改革总体方案》明确提出"国家公园实行更严格保护"，国家公园的首要目标是保护生态系统的原真性和完整性。武夷山国家公园体制试点坚定生态保护第一不动摇，实行严格的生态系统管护。

武夷山国家公园体制试点将试点区划分为核心保护区和一般控制区，实行差别化管理，并建立网格化管理体制，对山水林田湖草自然资源开展全要素、全天候的巡查巡护，制定了重大林业有害生物灾害和森林火灾应急预案，落实林业灾害防控。继生态茶园建设管理意见出台后，试点区内实施化肥和农药减量、生态和有机农产品增量的"双减双增"工程，每年持续减少化肥和农药用量10%以上，并鼓励和引导茶企、茶农按标准建设生态茶园，累计建成生态茶园示范基地1860亩。同时，全面禁止试点区林木采伐，因地制宜地开展退化林分生态修复，完成封山育林62.5万亩。

与此同时，武夷山国家公园管理局严格依法监管，建立了"支队—大队—中队"三级网格监管体系，按照定区域、定人员、定职责、定任务、定奖惩的"五定"管理机制，加强山水林田湖草全要素、全天候的巡查监管。试点以来，共出动9893人次，巡护里程40998公里，覆盖辖区全境。同时，运用航空摄影、视频监控等技术手段，建设集资源保护管理、生态环境预警、应急反应处于一体的立体式监管体系。针对试点区内发生的毁林种茶、违法占地建设等破坏资源环境的行为，武夷山国家公园管理局深入开展了"春雷行动""绿剑2018""冬季攻势""绿卫2019森林草原执法"等

专项行动和常规巡护执法行动，联合森林公安、所在地政府等相关部门开展
了森林资源和生态环境违法犯罪专项打击活动。试点以来，立案查处刑事案
件 22 起，起诉 20 人；查处治安和行政案件 51 起，处罚 54 人。围绕"严禁
新增，减少存量，加大复绿"的目标，武夷山国家公园管理局持续联合地
方政府整治违法违规茶山近 8000 亩，完成造林复绿 6500 多亩。此外，全面
落实了村民建房和项目建设前置审核和监管的责任，配合地方政府深入开展
了违建别墅清查专项行动，持续整治"两违"建筑。

（三）集体林权占比高，开展特许经营，壮大绿色产业

武夷山国家公园体制试点属于典型的南方集体林区，自然权属复杂，集
体林权占比高。试点区内居民对自然资源依存度高，茶产业、旅游业为传统
支柱型产业，生态保护与经济发展的矛盾比较突出。武夷山国家公园体制试
点在坚定生态保护第一的前提下，坚持以人民为中心的发展理念，探索绿水
青山转化为金山银山的实现方式，科学实行特许经营，依托国家公园品牌，
壮大绿色产业，以实现保护和利用相互促进、达到双赢。

2020 年 6 月，经福建省人民政府研究同意，福建省人民政府办公厅印
发了《武夷山国家公园特许经营管理暂行办法》，对武夷山国家公园内涉及
资源环境管理与利用的营利性经营性服务项目实行特许经营管理，由武夷山
国家公园管理局行使特许经营权。该办法明确了特许经营的总体要求、特许
经营范围、特许经营者选择、特许经营者主体责任和监管责任等内容，有效
规范了国家公园特许经营活动，加强了资源监督管理。

该办法印发后，武夷山国家公园体制试点壮大生态茶业。为有效破解原
自然保护区松材禁运和制茶燃料需求的矛盾，武夷山国家公园管理局与地方
政府联合科研单位探索通过研发松材燃料替代品等方式，保护烟熏红茶传统
制作工艺，支持和帮助试点区茶企将茶叶加工厂迁出国家公园范围。与此同
时，积极引导茶农转变茶产业发展方式，采取免费提供乡土珍贵树种苗木的
方式，鼓励和引导茶企、茶农按标准建设茶—林、茶—草混交生态茶园，提
升茶叶品质，引导茶农从数量增长型向优质高效型转变。此外，武夷山国家

公园管理局指导开展地理标志申报和绿色认证，促进分散农户与市场紧密对接，建立了"龙头企业＋农户"经营模式，支持创办了"合作社＋茶农＋互联网"运作模式，实现标准化生产、规模化经营，形成了品牌效应。截至 2020 年，武夷山国家公园体制试点内茶园面积共 51817 亩，自试点以来，试点区域内茶山面积基本没有扩大，茶产业实现了"资源—产品—商品"升级，绿水青山初步转化为金山银山。

同时，武夷山国家公园体制试点大力打造生态旅游业，依托国家公园生态区位优势和品牌效应，科学开发生态观光游和茶文化体验，支持企业继续参与经营旅游景点，制定就业引导与培训机制，引导村民参与特许经营、资源保护、旅游服务等。武夷山国家公园管理局与南平市政府共谋国家公园生态旅游带建设，积极开展景观资源有偿利用试点，对主景区内 7.76 万亩集体山林实行有偿使用，并根据景区门票收入动态调整补偿标准，每年支付山林权有偿使用费 319 万元，且优先聘用试点区内居民从事导游、竹筏工、环卫工、绿地管护员等岗位，有效解决了试点区内集体林地所有者的利益诉求，实现了生态成果与旅游收益共享。

一些社区结合自身资源特点及发展环境，形成了具有地方特色的优势产业，如星村镇、南源岭村、公馆村、大安村等的旅游服务业得到了较快发展。武夷山国家公园社区"你有我强，你无我有"的特色产业发展格局正在逐步形成。

自试点以来，武夷山国家公园体制试点内居民收入明显提高。据调查统计，试点区内两个完整行政村人均收入均高于周边村人均收入：桐木村 2017 年人均收入为 2.08 万元，比周边村民高 0.49 万元；2018 年人均收入为 2.23 万元，比周边村民高 0.42 万元；2019 年人均收入为 2.3 万元，比周边村民高 0.51 万元。坳头村 2017 年人均收入为 2.45 万元，比周边村民高 0.5 万元；2018 年人均收入为 2.86 万元，比周边村民高 0.78 万元；2019 年人均收入为 2.9 万元，比周边村民高 0.7 万元。武夷山国家公园管理局无疑发挥了国家公园的绿色竞争力，推动点绿成金，促进了绿色富民和当地社会经济的可持续发展。

（四）完善生态补偿机制，优化社区规划建设

武夷山国家公园坚持互促共赢，除科学实行特许经营、壮大绿色产业外，还加大生态补偿、优化社区规划建设、引导社区参与，以促进生态保护与社区发展相协调。

《武夷山国家公园条例（试行）》第34条规定："生态修复区以生态修复为目标，通过置换、赎买、租赁等方式，逐步将商品林调整为生态公益林，提高林分质量。"第35条明确规定："武夷山国家公园应当适度、逐步提高国有自然资源的比例。国家公园内属于集体所有的土地以及地上各类自然资源，确因保护需要的可以依法征收或者通过租赁、置换等方式进行用途管制。因征收或者用途管制造成权利人损失的，应当依法、及时给予补偿。"第41条提出："完善武夷山国家公园生态补偿机制，健全财政投入为主、规范长效的生态补偿制度体系，建立以资金补偿为主，技术、实物、安排就业岗位等补偿为辅的生态补偿机制，探索开展综合补偿。"

依据该条例规定，武夷山国家公园体制试点不断完善生态效益补偿机制，探索开展对重点区位的商品林赎买，对2249亩禁伐林木进行了收储，并参照生态公益林进行保护管理；统一了试点区内生态公益林补偿标准，按照每亩26元进行补偿；对没有划入生态公益林的天然林则按每亩20元给予补助，对1.37万亩集体人二商品林参照天然林停伐管护补助标准予以管控补偿；还加强了竹林管理，对1.13万亩重点生态区位毛竹林实行地役权管理，按照每年每亩118元的标准给予禁伐补助。与此同时，武夷山国家公园管理局按照"依法依规、村民自愿、保护第一、和谐发展"的原则，因地制宜地开展了生态移民搬迁工程，设立生态移民搬迁安置补偿，指导和支持搬迁户发展生态产业，积极鼓励和引导区内居民由核心保护区迁至一般控制区，由一般控制区逐步迁出试点区。目前，武夷山国家公园体制试点内居住人口3352人，均分布于一般控制区。此外，武夷山国家公园体制试点还设立了地役权管理补偿、退茶还林补偿、流域生态保护补偿、人文资源保护补助、绿色产业发展与产业升级补助、农村人居环境治理补助等其他7项生态

补偿内容，共 11 项生态补偿内容。通过这一系列生态补偿，将试点区内部分集体和个人所有山林经营管理权收归国有，有效加强了武夷山国家公园体制试点内森林资源的管控。

试点以来，武夷山国家公园体制试点内编制了乡村规划、制定了管理措施，开展了乡村污水处理和环境整治，建立了卫生保洁长效机制，以解决居民聚集地生活污水和垃圾污染问题；在区内社区实施道路提升改造项目建设，着力完善社区基础设施，改善了人居环境。事实上，良好的生态环境已经成为区内群众生活质量的增长点，成为经济社会持续健康发展的支撑点。社区居民居住条件得到大幅改善，加上家庭收入逐年攀升，社区群众的获得感、幸福感得到明显提升，真正实现"搬得出、留得住、发展好"。

（五）促进全民参与，形成生态文明新理念

《关于建立以国家公园为主体的自然保护地体系的指导意见》中明确国家公园"具有全球价值、国家象征，国民认同度高"。为建立国民认同度高的国家公园，武夷山国家公园体制试点在促进生态保护和合理利用实现双赢的同时，对国家公园理念进行大力传播，对国家公园文化进行深度培育，以彰显国家公园价值，并逐步形成全社会参与国家公园建设、支持国家公园发展的良好氛围。

武夷山国家公园体制试点通过建立一微信一网站，发布一 Logo 一宣传语，制发一封信、一本书、一画册、一部片等方式，突出"保护第一、全民共享、世代传承"的国家公园理念，塑造国家公园形象，通过全国主流媒体全方位推介国家公园，以提升武夷山国家公园的知名度和辨识度。同时建造了科普宣教馆，通过邀请专家、社会团体、学生等群体参加生物多样性现场调查等方式，使"保护第一、全民共享、世代传承"的国家公园理念深入人心，推动形成社会共识。

与此同时，试点区立足于武夷山国家公园极高的生态价值、社会价值、经济价值，注重发挥其品牌效应，大力推广"清新福建、绿色武夷"，推动点绿成金，仅国家公园旅游和武夷岩茶两个品牌的总价值就超过 3300 亿元。

四 武夷山国家公园试点成效

试点以来，武夷山国家公园体制试点立足当地实际情况，对照试点任务逐项梳理、有序推进各项工作，总体进展情况较好，在管理新体制、治理新体系、管护新模式、发展新机制和文明新理念等五个方面取得显著成效，为南方集体林区建设国家公园提供了宝贵经验。

第一，创建行政管理新体制，实现"三大转变"。武夷山国家公园体制试点通过机构整合，建立了"管理局—管理站"两级管理机构，实现了管理体制由分散多头管理向统一垂直管理的转变，管理效率大大提高。在职责分工上，厘清了国家公园管理局、地方政府、省直有关部门的权责划分，理顺了各机构职能，实现了管理职责由模糊不清向边界清晰、由交叉重叠向条块分明的转变。通过统一确权登记、统一保护管理、强化跨省协作，实现了资源管理由多层级、多主体向一体管理、联合管护的转变，从根本上解决了政出多门、职能交叉、职责分割的管理弊端，形成了以武夷山国家公园管理机构为主体，地方政府协同配合、村（民）委员会协助参与的联合管理机制。

第二，健全公园治理新体系，实现"三个统一"。武夷山国家公园体制试点在自然保护区、风景名胜区、双世遗、乡村规划的基础上，优化布局，整合编制了科学、统一、可操作的总体规划，增强了自然生态系统的联通性、协调性、完整性，即"统一规划"；加强了国家公园建设顶层设计，制定出台《武夷山国家公园条例（试行）》，实现"一园一规"，以立法推动改革发展，即"统一法制"；针对建设管理标准不一、多样零星的状况，总结提炼了国家公园12个标准体系，实现了国家公园保护管理的规范化、标准化、精细化，确保改革于法有据、保护有规可依、建设有章可循，即"统一标准"。

第三，建立绿色发展新机制，实现"三个更加"。武夷山国家公园体制试点通过科学开展特许经营，打造生态茶产业、生态旅游业和富民竹业，探索绿水青山变为金山银山的有效途径，促进生态保护与社区经济协调发展，形成了"用10%面积的发展，换取90%面积的保护"的管理模式。据不完全统计，2019 年，国家公园景区旅游收入为 3194.96 万元，国家公园社区居民（3352 人）茶产业收入达 11394 万元、竹产业收入达 1158 万元，即"绿色产业更加发达"；通过规范乡村建设、建设森林村庄、实施生态移民搬迁、改善社区环境卫生，建立了"布局合理、规模适度、减量聚居、环境友好"的国家公园居民点体系；即"社区环境更加优美"；通过完善生态保护补偿机制，支持社区居民参与特许经营，力求破解生态保护与社区发展、林农增收之间存在的矛盾，初步实现百姓富、生态美的有机统一，即"农民生活更加富裕"。

第四，形成生态文明新理念，实现"三个得到"。武夷山国家公园通过自然教育、科普教育和宣传引导，增强广大群众尊重自然、亲近自然、保护自然的意识，推动社会各方参与国家公园建设，使"保护第一、全民共享、世代传承"的国家公园理念深入人心，绿色、低碳、循环的生产生活方式逐步形成，增强了公众对国家公园的认同感、归属感，即"国家公园理念得到传播"；通过保护、挖掘武夷山文化遗产，打造文化传播阵地，进一步弘扬了森林文化、古越文化、朱子理学、茶文化、宗教文化，传承延续了优秀的民族传统文化，推动形成生态文明新思想、新风尚，即"国家公园文化得到传承"；通过为公众打造接近自然、体验自然、融入自然的平台，使国家公园成为公众生态体验圣地，使"清新福建、绿色武夷"在全国得到广泛认知，武夷山从一张旅游名片成为全民共享的国家公园生态品牌，有效提升了城市招商软环境和绿色竞争力，即"国家公园价值得到彰显"。

参考文献

李洪波、李燕燕：《武夷山自然保护区生态旅游系统能值分析》，《生态学报》2009 年第 11 期。

张完英：《武夷山自然保护区生态旅游环境承载力研究》，硕士学位论文，福建师范大学，2006。

陈易之、陈煊：《武夷山自然保护区生态环境及其开发利用》，《自然资源》1995 年第 2 期。

B.17
山西右玉县植树造林成功经验案例分析

王 璟*

摘　要：　本报告分析对比山西右玉县新中国成立前和当前在经济发
展、民生、生态环境等方面发生的巨大变化，梳理自新中国
成立以来植树造林基本历程，总结在推动机制、整体工作谋
划、改革创新、文化内涵等方面的主要做法和成功经验，提
出遵循自然规律、优化推动机制、加大投入力度、复制推广
经验等启示。

关键词：　林业建设　生态文明　新发展理念

　　山西右玉县面临生态环境极度恶劣、人类难以生存的艰苦环境，尊重自然规律，在历任县委带领下　践行全心全意为人民服务的宗旨，70 余年坚持植树造林不动摇，真正做到"一任接着一任干，一张蓝图绘到底"，彻底改变了当地自然生态环境，人民群众生产生活条件发生颠覆性变化，昔日的不毛之地变为"塞上绿洲"。右玉植树造林的历程，培育出伟大的右玉精神，锤炼出一批又一批党的好干部、人民的好儿女。右玉植树造林，是党的群众路线的生动实践，是"两山理论"在山西的具体体现。深入研究总结右玉植树造林成功经验，可以为新时期林业建设、生态文明建设、贯彻新发展理念提供案例支撑，具有重大理论和现实意义。

---

　　* 王璟，山西省宏观经济研究院产业经济研究所副所长、助理研究员，研究方向为产业经济。

一 山西右玉县的基本情况

新中国成立前，右玉县自然环境极为恶劣，经济发展基础极其薄弱，人民生活极度困苦，被国际专家认为"不适合人类居住"。70 多年的植树造林，为右玉县经济发展、社会民生奠定了坚实基础，绿色发展成绩卓著，被誉为"塞上绿洲"。

（一）新中国成立前基本情况

经济。右玉县超过 80% 的土地是散沙土壤，结构差，肥力贫瘠，亩产一般不超过 50 斤，农业生产无法满足温饱需求，经济发展水平极度低下。

民生。长期以来，右玉县极其恶劣的自然环境，导致人民生活极为困苦，大量男性劳动力外出谋生，妇女儿童在家艰难度日，"男人走口外，女人挖苦菜"就是真实的生活写照。当地肆虐已久的"大黄风"，保留下了到祭风台祈求风神庇护的习俗。

绿化。右玉县位于雁门关农牧交错带，生态基础脆弱。全县只有河滩地生长沙棘、乌柳灌木丛林，面积为 5.3 平方公里，森林覆盖率仅有 0.3%，因干旱、风蚀形成的沙地面积达 1500 平方公里，占全县土地面积的 76.2%，是中国北方农牧交错地区沙漠化地带和黄河中上游水土流失重点地区。受土壤沙化、气候寒冷、风沙侵袭、干旱少雨等因素综合作用，右玉县种活一棵树的难度甚至超过养活一个孩子。

环境。自然条件十分恶劣，年平均气温仅为 3.6 摄氏度，最低气温低于零下 40 摄氏度，年均降水量不足 400 毫米，风沙、干旱、水土流失、霜冻、冰雹等自然灾害频发，无霜期只有 100 天左右，最短时只有 83 天。国际环境专家将该地区评价为"不适合人类居住的地区"，建议举县搬迁。当地有一句歌谣十分形象地形容了其自然环境，"十里不见人，百里不见树；一年一场风，从春刮到冬；风起黄沙飞，雨落洪成灾"。

（二）当前基本情况

经济。右玉县构建"2+7+N"现代产业体系，打造践行"两山理论"成功范例的新高地。农业综合实力显著增强，养殖羊规模超过 75 万只，"右玉羊肉"被农业部批准实施农产品地理标志登记保护。小杂粮发展优势明显，种植面积超过 40 万亩。多样化种植初见成效，面积超过 4 万亩。龙头带动基地、农户模式基本形成，现有沙棘、香葱、麻油、羊肉加工等绿色农业龙头企业超过 20 家。大力发展循环、低碳、绿色工业，推动煤炭生产规模化、循环化、多元化发展，加快推进风电和光电发展，农副产品加工企业实现规模化发展。生态文化旅游带动右玉县发展效果明显，全县旅游收入年均增幅达 22.37%，2020 年右玉接待游客 425.15 万人次。

民生。右玉县在植树造林过程中，民生事业得到长足发展，"生态美、百姓富"同步实现。决胜全面建成小康社会取得决定性成就，2018 年，右玉县在山西省率先实现国定贫困县摘帽，"两不愁三保障"全部实现。2020 年，全县贫困人口人均可支配收入超过 1.1 万元，被推荐为全国扶贫工作先进集体。供热、供气、供水、教育、医疗卫生、就业创业、公共文化服务等稳步推进，社会保障体系不断完善。

绿化。目前，右玉绿化面积达到 165 万亩，约等于一个半新加坡的国土面积，森林覆盖率高达 56%，远远高于全国 21.36% 的平均森林覆盖率和全世界 32% 的平均森林覆盖率，"塞上绿洲"享誉海内外，被列为国家生态文明建设示范县、"绿水青山就是金山银山"实践创新基地、"三北防护林建设先进县"、"全国治沙先进县"、"全国绿化模范县"。截至 2021 年 9 月，全县范围实现绿化，水土流失治理取得大幅进展，地表径流和河水含沙量减少六成。全国空气负氧离子浓度监测显示，右玉县五道岭负氧离子每立方厘米达到 1000 个左右。

环境。区域小气候已经形成，平均风速降低 29.2%，近 20 年，极少出现沙尘暴天气，"大黄风"几乎绝迹，年平均降水量较周边地区多三四十毫米，冰雹由过去的年均 7.2 次减少到 1.5 次，全县年均气温上升至 5.2 摄氏度，无霜期达到 123 天。土壤有机质含量丰富，化肥和农药含量极低。2018年，右玉县环境空气质量优良天数为 295 天，无重度污染天气，环境空气质量综合指数为 4.51，排名朔州市第一。生物多样性明显提高，树种超过 30种，药用植物达到 45 种，野生动物超过 50 种。

二　新中国成立后右玉县植树造林的基本历程

右玉县保持艰苦奋斗、尊重科学的作风，十年一个阶段，采取林草结合、乔灌混植、以草护林、以林固沙的基本思路，坚决贯彻"绿水青山转化为金山银山"，生态产品蕴含的价值充分体现，生态资源转化为经济发展的资产，生态产业化、产业生态化基本实现。

（一）1949～1978年：生态系统形成阶段

右玉第一任县委书记张荣怀到任不久，就找到了通过植树造林实现防风固沙、发展农业生产的办法，提出"人要在右玉生存，树就要在右玉扎根。右玉要想富，就得风沙住，就得多栽树。想要家家富，每人十棵树"的号召。[1] 从此，右玉拉开了长达 70 多年的植树造林改变生存环境的建设历程。

20 世纪 50 年代，右玉县采取"哪里有风哪里栽，先让局部绿起来"的基本思路，以点带面，解决受风灾严重的地区的绿化问题，开启全县 70 多年的植树造林历程。1956～1964 年，右玉县发动全体干部职工，三战黄沙洼，人工造林超过 1.5 万亩，最终将被称为"大狼嘴"的黄沙洼变成绿树成荫的山岗。

60 年代，右玉县采取"哪里有风哪里栽，要把风沙锁起来"的基本思路，突出风沙治理，减少水土流失，夯实农业发展基础。人民公社时期，加强农业科学技术指导，根据农业"八字宪法"和轮作习惯，于 60 年代初总结出草田轮作、粮食作物与醋柳轮作、秋粮与碗扁豆轮作三大轮作经验。其中，利用轮荒地种植草木樨和醋柳，增加了饲草、燃料来源，减少了对植被

---

[1]　张佳刚：《"右玉经验"对我国生态环境建设的启示》，《绿色科技》2017 年第 20 期。

的破坏，同时草籽和醋柳籽能提高农民收入。

70年代，右玉县采取"哪里有空哪里栽，再把窟窿补起来"的基本思路，在前期植树造林成效初显的基础上，建设防护林体系，提升绿化建设能级和水平。到1979年，右玉县造林面积达到76.2万亩，森林覆盖率达25.1%。

右玉县在近30年的时间里，共造林86.2万亩，人均造林10.4亩，占宜林地面积（130万亩）的66.3%，森林覆盖率达28%，初步控制水土流失面积100万亩。山、川、沟、丘、梁实现大规模林草覆盖，缺林少树的状况基本改变，生态系统基本形成，具备了一定的抗灾能力，生态治理取得初步效果，农业生产条件大幅改善，以植树造林促进农牧业发展效果非常显著。1977年粮食产量比1949～1957年平均产量翻了一番，油料增产六成，羊饲养量增加了四成，生猪饲养量增加了5倍。1979年，右玉县粮食总产量达到约3.4万公斤，人均383公斤；油料总产量达到274万公斤，人均31公斤；羊发展到10万只，户均5只；猪发展到4.1万多头，户均2.15头；大牲畜发展到2.2万头，户均1.12头；人均分配收入52元。人民生活水平有了较大提高，生态环境大大改善。1978年右玉县所在雁北地区遭受了罕见的自然灾害，右玉县粮食产量仅比1977年减少了25%，相邻的平鲁县粮食减产48.3%。

（二）1979～1999年：生态系统发展阶段

由于气候、种植技术、管护等多重因素，前期种植林木出现叶片面积小、叶色发黄、枯树较多、老熟期将至等问题，需要更新。右玉县采用林草间种、改变树种结构的办法，提高林分质量、覆被速度、经济效益，实现生态系统良性循环。20世纪70年代末，右玉县抓住防护林建设契机，明确"植树种草与农建相结合、生物措施与工程措施相结合"的林业发展思路。80年代，右玉县在林草并举、互辅替进的认识基础上，制定"种树种草、发展畜牧、促进农副、尽快致富"的农业发展方针，① 采取"适地适树合理

---

① 袁浩基、姚焕斗：《"不毛之地"的希望之路——山西省右玉县种草种树发展畜牧一年大见成效》，《农业工程实用技术》1985年第6期。

栽，再把三松引进来"的基本思路，充分发挥科学技术作用，因地制宜选择树种，进一步提高造林质量。90 年代，右玉县采取"乔灌混交合理栽，绿色屏障建起来"的基本思路，进一步提高植树造林科学性，生态系统综合防护效应逐步提升。90 年代中后期，右玉县根据国家西部大开发战略及林业建设思路，将林业发展思路调整为"从零开始，大抓三个改造；从严入手，攀登新的高峰"，坚持"上规划、调结构、抓改造、重科技、严管护、创效益"建设方针，推动林业向生态经济型转变。①

为了鼓励农民植树种草、饲养牲畜，右玉县出台了一系列扶持政策。县政府将林地和草地承包给农民，期限为 50 年，林地草地一切收益归农民所有，林草地投资形成的资产由农民支配，农民不交征购、国税、提留，农民以优惠条件获得籽种、柴油、化肥、贷款，县、乡、村三级奖励种植面积大、成活率高、护林护草有力、经济效益高的农民，农民种草享受现金和粮食补助。受激励政策作用，右玉县出现家家植树种草、户户饲养牲畜的景象。右玉县采用购置、引进、调换等方式，增加母畜和优良品种比例，提高牛、羊、鸡、猪等优良品种比例，促进牲畜由使役性向商品性转变，发展农牧产品加工产业，提高农民收入。

右玉县推广植树种草科学技术，将造林与种草相结合，通过林草结合，减少水土流失。提高机械化水平，采用畜力播种与飞机播种相结合的方式，提高种草效率。到 80 年代中期，飞机播种草地占比接近三成。丰富牧草品种，混合播种当年生牧草和多年生牧草，提高牧草产量。加大退耕还草力度，退耕后的土地种植优良品种牧草。采用围栏管理，轮流放牧，促进牧场恢复，提高载畜量。

1999 年，右玉县林地面积达到 130 万亩，森林覆盖率达到 40.7%。右玉县植树造林成绩显著，生态系统整体效应显现，生态治理成效明显，地表径流明显增加，气候好转，降雨量增加，生态环境、生存环境和发展环境发生翻天覆地的变化，农林牧产业及农副产品加工业加快发展，农民生活水平大幅提高。

---

① 刘世磊、王黎黎、刘珉：《大力发展林业　助推绿色经济》，《绿色中国》2012 年第 23 期。

（三）2000～2012年：生态系统优化阶段

进入21世纪，右玉县采取"退耕还林连片栽，山川遍地靓起来"的基本思路，在坚持生态优先的前提下，调整生态与产业、绿化与富民之间的关系，加大退耕还林力度，开展水土保持综合治理，促进各个防护林带紧密衔接，优化生态系统，进一步提高综合防护能力。为了解决"山上有林、身边缺绿；远处有林、近处缺绿"问题，右玉县加快"森林拥抱城市、绿色进驻村镇"步伐，实现山上山下同步绿化，提高生活空间绿化水平。高峰期，右玉县每年植树造林面积近10万亩，退耕还林近30万亩，"精品绿洲"建设取得较大进展，人居环境走上生态化建设道路，成功举办中国生态健身旅游节，生态旅游业平稳起步。① 依托较高的林草覆盖率和大规模的肉羊养殖，右玉县形成龙头苙基地、基地连农户的生态畜牧产业结构，农民收入进一步提高。生态畜牧、生态旅游两大基地初步建成，生态产业化初步显现。2008年，右玉县经济社会发展水平已从全省倒数跃升到中游水平，经济社会发展指数由后三分之一队列进入前三分之一队列，绿色生态产业产值占到全县GDP的一半，农民人均纯收入70%以上来源于生态产业。

（四）2013～2017年：打通"两山理论"转换通道阶段

进入新时代，右玉县坚持"绿水青山秀塞外，金山银山富起来"的基本思路，坚持"从种树向种草转变，从生态林向经济林转变"，实施生态建设"二次创业"行动，依托生态建设成果，带动全县经济进一步发展，由生态大县迈向经济大县。培育生态经济新动力，发展特色种植业、生态畜牧业、文化旅游业和光伏、风电等绿色能源产业，打造全国生态旅游基地，实现生态产业化。发展生态农业，立足羊肉、杂粮、沙棘等农副产品资源优势，推进生态化种植、养殖，推动农畜产品就地加工转化，促进产业链延

① 张文举：《"塞上绿洲"右玉县：以人为本求变化　富而美中构和谐》，《前进》2005年第10期。

伸，提升品牌价值，实现特色产品集群发展。清洁能源发展迅速，建成光伏扶贫电站24座，清洁能源总装机容量突破130万千瓦。促进新业态发展，围绕国家电子商务进农村示范县项目，建设"西口人家"电商平台，在京东、苏宁易购、公益中国等平台开设"右玉特色馆"，在公益中国平台开设扶贫专区。① 壮大文化旅游产业，围绕"长城旅游板块"战略部署，实施长城旅游路建设、长城文明守望、长城生态绿化、长城沿线乡村环境整治、长城旅游基础设施建设等工程，建设自行车环形赛道和步道，构建集观光、摄影、骑游、宿营于一体的长城沿线旅游观光带，打造晋蒙京冀生态后花园和避暑休闲养生首选地，推进康图右玉沙棘文化温泉度假村、林泉胜景温泉休闲康养生态田园综合体、苍头河国家湿地公园、牛心乡地质公园及房车营地、智享单车、热气球体验基地、中小学夏令营自然探索营地等项目，丰富旅游业态，促进康养产业集群化发展。

（五）2018年以来：统筹山水林田湖草系统治理阶段

右玉县统筹推进山水林田湖草系统治理，把保护生态系统作为首要任务，倡导尊重自然、顺应自然、保护自然理念，促进国土绿化提质升级，构建集防风固沙、水土保持、水源涵养多重功能于一体的综合防护林体系，打造多功能森林生态稳定系统，形成"养护绿水青山—转化绿水青山—共享绿水青山"良性循环，构筑护卫京津的绿色生态屏障。实施京津风沙源治理水利水保项目、坡耕地水土流失综合治理工程和右玉南部缺水地区引黄供水工程，积极推进草原生态治理。②

以杀虎口生态治理工程为核心，建设苍头河国家湿地公园，加大力度保护湿地生态系统完整性，丰富和提高生物多样性，提升流域生态品质，争取国家湿地生态效益补偿和退耕还湿等政策。以自然修复为主、工程修复为辅，开展湿地保护，采用乔灌草立体栽植方式，栽植山桃、山杏、樟子松、

---

① 郝云：《创造绿色奇迹的右玉精神》，《中国生态文明》2020年第5期。
② 王志坚：《弘扬右玉精神 推动绿色发展 打造践行"两山"理论的示范区》，《朔州日报》2018年10月12日，第4版。

油松、柠条等。积极推进水源涵养工程，实施水环境治理，严格水生态空间管理，大力提升水质，苍头河水质常年保持在三类以上。

丰富绿化建设内涵，统筹绿化、彩化、财化建设，建设油菜花基地，在高速路和主干道两侧，种植连翘、丁香、玫瑰等彩色植物，让植物成为吸引游客、强县富民的"美丽"资本。种植板蓝根、党参、黄芩、黄芪等中药材，引进寒富苹果、俄罗斯大果沙棘、大接杏、枸杞等经济树种，增加农民收入。全域宜林荒山基本实现绿化，完成营造林超过5万亩、森林抚育0.6万亩，种植景观花灌木和彩色花卉15万多株（丛），配植森林蓄积量超过230万立方米。[1]

依托右玉生态文化旅游示范区，加大力度实现"文旅＋"，将玉龙文体产业园建设成为国内最大的马产业基地，将右玉生态国际马拉松打造成为中国田径协会"自然生态"特色赛事。近年来，全县旅游总收入、旅游接待人次增速保持在30%左右，右玉县跻身《小康》杂志社"2020中国县域全生态百优榜"第5名。[2]

构建生态法治体系，制定《右玉县森林资源管理办法》《全面推行河长制实施方案》等，开展饮用水水源保护区污染防治、保护自然保护区、生态环境领域等公益诉讼和破坏环境资源犯罪专项立案监督等活动，高标准保护生态建设成果。加大环境监督检查力度，抓好大气、水和土壤三大要素环境质量改善和巩固提升工作，基本实现污水、垃圾、工业固废治理全覆盖，污水集中处理、垃圾无害化处理、农村环境综合整治基本实现"三个百分之百"。空气质量、水环境明显改善，2019年，空气质量优良天数为305天，环境空气质量综合指数为4.42，杀虎口国考出境断面水质保持地表二类水质标准。[3] 探索"科技＋污染治理"新路径，采用新技术、新材料治理

---

① 中共右玉县委理论学习中心组：《"右玉精神"对树立正确政绩观的启示》，《山西日报》2020年7月14日，第9版。

② 中共右玉县委理论学习中心组：《"右玉精神"对树立正确政绩观的启示》，《山西日报》2020年7月14日，第9版。

③ 郝云：《创造绿色奇迹的右玉精神》，《中国生态文明》2020年第5期。

扬尘，PM$_{10}$浓度值下降明显，空气质量明显改善。

实施绿色创建活动，培育和倡导勤俭节约、绿色低碳、文明健康的生活方式和消费模式，构建高品质生活。建设绿色生态村庄，开展农村人居环境整治行动，打造省级改善农村人居环境集中连片示范区。创建生态文明单位超过 230 家，公众绿色出行率达到 90%，节能节水器具普及率超过 80%，政府绿色采购比例超过 90%。实行最严格的项目环保准入制度，明确项目建设环保审批"六条"红线，环境保护实行"源头控制"，拒绝各类项目超过 20 个，资金超过 100 亿元。

三 右玉县植树造林的主要做法和成功经验

右玉县在保护好绿水青山，培育生态优势的同时，想方设法把生态优势转化为富民优势、发展优势，在坚持高位推动、统筹谋划、机制创新、挖掘文化内涵等方面，形成一系列典型经验和做法。

（一）坚持高位推动

坚持党的领导。右玉县 70 多年艰苦奋斗、植树造林、建设美丽家园的生动实践，充分论证了坚持党的领导的必要性。党的领导，是右玉人民生存、发展的关键。没有党的领导，就没有右玉人今天幸福的生活，就没有伟大的右玉精神。70 多年的实践，在右玉历任县委坚强领导下，一任接着一任干，咬定青山不放松，从为生存搞绿化，到为发展搞绿化，再到为文明搞绿化，真正做到政治坚定、思想自觉、态度坚决、行动务实，机关干部自带干粮、自买树苗，带头参加植树造林，义务植树面积累计超过 30 万亩。小南山公园右玉机关干部造林基地，机关干部义务造林面积达到 3 万亩，这片树林被群众称为干部林、作风林。70 多年的历程，锤炼出了一批又一批有担当、甘于奉献、富有拼搏精神的党员干部，他们用实际行动回答了"一句誓言、一生作答"。右玉广大党员干部埋头苦干，甘于打基础，追求群众长远利益，连续十九任县委书记集体创造了右玉发展的丰功伟绩。

始终坚持群众路线。右玉县委坚定理想信念，坚持不懈推动植树造林，将植树造林作为解决生存问题的战略任务。右玉县植树造林，是以人为本理念的具体实践，把人的发展作为前提、目的、动力，真正做到权为民所用、情为民所系、利为民所谋，坚持问政于民、问计于民、问需于民，把实现好、维护好、发展好人民群众的根本利益作为一切工作的出发点和落脚点。充分调动群众积极性，带动群众艰苦奋斗，深深扎根于群众。①

将植树造林作为干部尽职覆责的第一要务。实行领导干部任期绿化目标责任制，与领导干部的选拔任用及年度考核和任期目标结合起来，对未完成目标的实行"一票否决"。层层分解落实植树造林任务，签订年度造林绿化工作责任状。县乡重点工程，根据造林面积核实率、任务完成率、营林成活率、林木保存率、质量合格率和投资效益率等六项指标完成情况，分项考核。县乡领导共办绿化示范点，县四套班子领导包乡镇，乡镇领导包工程，业务部门包技术，村干部包小班，层层包联，任务分解落实到地块和人头，实行责任追究制。近年来，县乡主要领导共办绿化示范点 85 个，造林 20 万亩，均达到优质示范工程标准。县绿化委员会领导全县造林绿化工作，县长担任绿化委员会主任并负总责，农、林、水、城建等 14 个单位的主要负责人担任委员，县委、县政府召开专门会议部署、定期研究、不定期检查，强化任务落实。

（二）坚持统筹谋划

将植树造林与生态文明建设有机融合。创建生态法治示范县，建设生态法治体系，推动生态法治建设。严格落实国土空间规划，优化国土空间结构和功能布局，统筹生态环境、农业生产、城市建设、产业发展，实现"多规合一"。培育和倡导勤俭节约、绿色低碳、文明健康的生活方式和消费模式，争取林权抵押贷款、碳排放交易试点，打造"宜居县城—特色小镇—美丽乡村"空间格局。加大力度治理苍头河流域，推进水源涵养工程，实

---

① 周臻：《"右玉精神"的启示》，《前进》2013 年第 8 期。

现突破水资源最大刚性约束。

将植树造林与产业结构调整有机融合。加大力度调整优化农业产业结构，抓住雁门关农牧交错带示范区建设契机，大力发展特色农业，建设草畜一体化田园综合体，深入推动生态羊全产业链开发，发展壮大草牧业和农产品精深加工产业，右玉羊肉、燕麦米等生态功能食品产业初具规模。依托全国小杂粮基地县，发展特色种植业，建设全省有机旱作封闭示范区，创建优质杂粮标准化示范基地，杂粮种植面积达到 40 万亩。加快新能源发展，到 2025 年新能源总装机容量突破 300 万千瓦，年总发电量达到 70 亿千瓦时，外送电量达 66 亿千瓦时。建设右玉生态文化旅游示范区，拓展生态文化旅游业。

将植树造林与改善农民生活有机融合。统筹绿化、彩化、财化建设，统筹规划产业布局，建设干果经济林、苗木种苗、花卉产业、林下经济开发等，巩固脱贫攻坚成果。绿色成为右玉县发展的底色，良好的生态环境成为最大的民生福祉。2015~2019 年，右玉县农村常住居民人均可支配收入增长 47.3%。

将植树造林与强化科技保障有机融合。坚持规划先行、实事求是、科学推进、综合治理的原则，分类指导。右玉县在长期植树造林过程中，从土办法开始，不断总结经验，遵循自然规律，实事求是地验证、提高植树造林技术。以本地土生苗木品种为母苗，不断试验、论证，培育幼苗，按照植物多样性原则，采取混杂式栽培模式，由点到面，由局部到整体，稳扎稳打，逐步扩大植树造林面积。这种做法，符合客观规律，能增加群众植树造林的信心，有效提高防风固沙、造林绿化的目的。

将植树造林与土质有机融合。北部和东北部土石山区，沙化土地面积大、土粒流动性强、水资源比较充足，采取人工造林种草、封山育林育草等办法，加快植被恢复和培育。中部盆地及苍头河沿线，生态植被基础较好，采取轮封轮牧、草灌结合办法，进一步扩大植被覆盖面积。南部山区，沙地面积较小、土质黏性较大、水资源相对缺乏，采用植物生长调节剂，推广抗旱造林系列技术应用。小流域治理，坚持因害设防、合理规划、注重效益的原则,对苍头河等 5 条规模较大的流域和 20 条重点小流域,按照乔灌草相结合、工程措施与生态措施相结合、治理与开发相结合的办法予以治理,中北部水土流失严重的黄土丘陵缓坡区,采取退耕还林、封山禁牧、人口搬迁等措施,实施生态修复。

(三)深化机制创新

总体来看,右玉县形成"15443"造林机制。"1"是指五年一个规划、每年一个实施方案,有机结合远期规划与近期目标。"5"是指建立资金筹措多元投入机制,实行财政补一点、项目出一点、社会捐一点、银行贷一点、个人筹一点的办法,提高企业、社会、个人造林积极性。两个"4"是指在造林主体上,坚持专业队、民营户、企业、干部群众义务植树"四个结合",做到谁治理、谁开发,谁管护、谁受益。在工程实施上,严格实行领导责任制、招投标制、验收制、四三三付款制①等 4 种工程管理机制。"3"是指林木管护实行以片定人、以人定责、以责定效的绩效考核制。

造林主体方面。调动农民积极性,本着"谁投入、谁治理、谁受益"原则,鼓励民间资本长期租赁或买断"四荒地"经营权,植树种草,加大力度培育造林专业户,提升造林专业户造林能力,2020 年有造林专业户 20户,其中 5 户造林能力超过 1000 亩。推行合作建设造林机制,面向全社会实施股份合作制造林,通过土地、资金、劳力、机械、技术等参股,建立起股份合作制造林组织 5 家。推广专业队造林模式,聘用有资质、信誉好、实力强的专业队伍,参与国家重大生态建设项目。

资金方面。造林资金由省市资金、县财政、社会资金组成,各占 1/3。采取社会捐助方式解决资金不足问题,县委号召财政供养人员每年拿出半个月工资植树造林。积极争取上级支持,充分利用京津风沙源治理、退耕还林、"三北"防护林、天保工程、碳汇造林、林业扶贫、森林生态效益补偿

---

① 四三三付款制,是指造林后当年预付 40%,秋后验收成活率达到要求再付 30%,第二年合格后付另外 30%。

等政策，整合林业、水利、农业综合开发、发改等项目资金，发展林业建设。

生态公益林保护方面。加强林业资源管护，积极推进集体公益林托管，支持鼓励村集体经济组织或林权权利人将承包的集体公益林托管给国有林场统一经营管理，坚决守好生态建设成果。

吸引社会参与方面。推行造林绿化置换经营开发、森林旅游康养资源置换造林、购买式造林等机制，围绕荒山、村庄、通道等重点区域，加大工作力度，采取丰富树种、增加色彩、提升内涵等措施，达到增绿、增景、增色。

（四）挖掘文化内涵

提炼右玉精神。右玉精神，实质是持之以恒、久久为功，是右玉干部群众在数十年的艰苦奋斗中，坚持"一张蓝图绘到底"，坚持生态优先、以人为本，坚持科学发展观，建设美丽家乡的生动实践。右玉精神，充分体现了人民群众是历史创造者，充分体现了人民群众是时代的英雄，充分体现了人民群众改造客观世界的主体作用。右玉精神，是全心全意为人民服务精神的具体体现，是执政为民的典型示范，是始终保持同人民群众血肉联系的生动案例。右玉精神，深刻诠释了咬定青山不放松的艰苦奋斗精神，深刻诠释了功成不必在我的精神境界和功成必定有我的历史担当，深刻诠释了社会主义核心价值观。右玉精神，集中体现了中国共产党强大的领导力，集中体现了中国共产党政治文化强大的生命力，集中体现了社会主义制度集中力量办大事的优越性。

专栏一　习近平总书记对右玉精神的重要批示指示

2011年3月1日，习近平总书记在中央党校春季学期开学典礼上强调指出：60多年来，一张蓝图、一个目标，18任县委书记和县委、县政府一班人，一任接着一任、一届接着一届，率领全县干部群众坚持不懈，用心血和汗水绿化了沙丘和荒山，现在树木成荫、生态良好，年降雨量较之解放初期已显著增加。老百姓记着他们、感激他们，自发地为他们立碑纪念。正可谓"金杯银杯不如老百姓的口碑"。右玉的可贵之处，就在于始终发扬自力更生、艰苦创业、功在长远的实干精神，在于始终坚持为人民谋利益的政绩观。我们抓任何工作的落实，都应该这样去做。

2012年9月28日，习近平总书记在山西省委上报的《关于我省学习弘扬右玉精神情况的报告》上作出重要批示：右玉精神体现的是全心全意为人民服务，是迎难而上、艰苦奋斗，是久久为功、利在长远。

2015年1月12日，习近平总书记在同中央党校第一期县委书记研修班学员座谈时指出：要有"功成不必在我"的境界，一张好的蓝图，只要是科学的、切合实际的、符合人民愿望的，就要像接力赛一样，一棒一棒接着干下去。山西右玉县地处毛乌素沙漠的天然风口地带，是一片风沙成患、山川贫瘠的不毛之地。新中国成立之初，第一任县委书记带领全县人民开始治沙造林。60多年来，一张蓝图、一个目标，县委一任接着一任、一届接着一届率领全县干部群众坚持不懈干，使绿化率由当年的0.3%上升到现在的53%，把"不毛之地"变成了"塞上绿洲"。抓任何工作，都要有这种久久为功、利在长远的耐心和耐力。

2017年6月23日，习近平总书记在山西视察时强调：我多次讲到"右玉精神"。2011年3月1日，我在中央党校春季学期开学典礼上说，右玉的可贵之处，就在于始终发扬自力更生、艰苦创业、功在长远的实干精神，在于始终坚持为人民谋利益的政绩观。2012年9月，我又作出批示，"右玉精神"体现的是全心全意为人民服务，是迎难而上、艰苦奋斗，是久久为功、利在长远。2015年1月12日，我在同中央党校第一期县委书记研修班学员谈话时以右玉为例强调，要有"功成不必在我"的境界，一张好的蓝图，只要是科学的、切合实际的、符合人民愿望的，就要像接力赛一样，一棒一棒接着干下去。"右玉精神"是宝贵财富，一定要大力学习和弘扬。

2017年12月18日，习近平总书记在中央经济工作会议上指出：从塞罕坝林场、右玉沙地造林、延安退耕还林、阿克苏荒漠绿化这些案例来看，只要朝着正确方向，一年接着一年干，一代接着一代干，生态系统是可以修复的。

2020 年 5 月 12 日，习近平总书记在山西视察时强调：要牢固树立绿水青山就是金山银山的理念，发扬"右玉精神"，统筹推进山水林田湖草系统治理，建设山清水秀、天蓝地净的美丽山西。①

深化干部教育。为全面加强基层组织、基础工作、基本能力建设，用好右玉精神这笔宝贵的精神财富和政治资源，中共山西省委决定，整合右玉县委党校和原干部教育右玉基地资源，成立右玉干部学院，打造理论教育和党性教育的国家级干部培训院校。现该学院已成为全国学习研究宣传习近平新时代中国特色社会主义思想的干部实践教育主阵地，被中组部列入省（部）级党委（党组）批准的干部党性教育基地备案目录。学院围绕学习贯彻习近平总书记关于右玉精神的重要指示精神，以树牢"四个意识"、坚定"四个自信"、树立正确政绩观、践行"两山"理论为教学内容，重点培训县处级以上党员干部，突出培训县委书记，采取专题讲授、现场教学、体验教学和研讨交流等方式，强化党性作风教育，培养高素质党员干部队伍。

拓展生态旅游。围绕长城、古堡、红色文化等，布局杀虎口生态庄园、右卫艺术粮仓等"长城人家"，全面拓展"旅游＋""＋旅游"深度和广度。围绕右玉生态文化旅游示范区建设，推动文化旅游产业融合发展。构建服务功能齐备、业态多元的全域旅游产业形态，打造以西口风情、生态右玉为文化标识的旅游目的地，建设国家级影视拍摄基地。依托玉龙马业，打造国际化马产业和马文化基地，建设马用品交易市场，召开玉龙马用品交易会，推广国际体育赛事和国际体育文化交流，将太原理工大学玉龙国际马术学院打造成国家新兴体育产业专业人才培育基地和国家级马文化产业发展战略研究基地，争取发行国际赛马即开型体育彩票。

提升文化建设。右玉历任县委书记，在植树造林上，只改进方法、不改

① 邓志慧、宋子节：《习近平一再强调的"右玉精神"魅力何在？》，人民网，2020 年 5 月 14 日，http://politics. people. com. cn/n1/2020/0514/c1001 - 31709107. html。

变方向，坚持"一张蓝图绘到底"，坚持正确政绩观，坚持全心全意为人民服务，是党内政治文化的体现。右玉县以植树造林为核心，开展生态文明建设，体现了特定区域的文化发展趋势，区域文化特征明显。将自然界作为和谐共处的对象，实现可持续发展，形成绿色生产生活方式，形成生态文化的自觉和认同。右玉县注重保护传承弘扬右玉道情、剪纸、面塑等民俗文化，打造西口文化和古堡文化体验地，挖掘以长城古堡、万里茶道第一关等世界文化遗产为重点的历史文化内涵，打造北方油画写生和摄影目的地，推动中央美院油画研究院和油画家驻留地项目落户右卫镇，布局一批长城人家、古堡人家、西口人家文化风情示范村。

专栏二　右玉道情

右玉道情，是"晋北道情"三大流派之一。传统剧目有《大劈棺》《打经堂》《打刀》《打碗罐》《老少换妻》《摸牌》《金凤裙》等。1953年，右玉县成立专业道情剧团，形成"乐曲系叙事道情"雁北地方流派体系。农闲时，朔城区、右玉、山阴等区县时常有业余戏班演出。1982年，依托雁北戏校道情中专班，组建右玉县道情剧团。以右玉精神为主要题材的现代戏《绿色梦》，生动展示了70余年右玉人民在党的带领下"坚持植树造林，改变生态环境"战胜大自然的斗争场面。①

四　右玉县植树造林的启示

山西右玉县70余年的植树造林历程，为各类型地区在林业建设上提供了宝贵启示，主要体现在遵循自然规律、优化推动机制、加大投入力度、复制推广经验等方面。

---

① 右玉县人民政府网站、右玉县融媒体中心。

（一）遵循自然规律

尊重自然。按照自然规律办事，做到人与自然和谐共处。将生态环境作为重要的生产力要素和生产力发展因素，确立生态环境生产力理念，筑牢绿色发展基础。[①] 探索建立生态文明评价指标体系，开展定量测度。对于经济社会发展水平低、生态环境问题突出的地区，优先实施自然生态修复和环境污染综合整治工程，在护美绿水青山的基础上做大金山银山。[②]

注重植树造林技术科学性。全面强化科技保障工作，将科技支撑贯穿于植树造林全过程，推广应用抗旱造林技术、适合高寒大风半沙化地区的科学营林方法，提高造林成活率、保存率。加大力度培训、选派技术员，严把植树造林各个关口，坚持生物多样性、树种适应性、林分稳定性、体系完备性，开展中幼林抚育经营，实施退化林分改造，集中修复改造低效林，对严重过熟的树种进行间作改造，打造健康稳定、功能完备的森林生态系统。

注重植树造林与产业发展的持续性。找准植树造林与产业结构调整的结合点，坚持生态公益林和经济林协同发展，形成产供销一体的经济林产业链，壮大林下经济，依托生态建设成果，发展康养、旅游等产业，推动生态产业化、产业生态化，推动生态产品价值实现，实现林业增效、企业增产、农民增收。

（二）优化推动机制

强化主体责任。加强组织领导，牢固树立"绿水青山就是金山银山"发展理念，完善工作制度，明确工作要求。加大管护力度，配备专兼职护林员，建立健全县、乡、村三级森林资源管护体系，落实林木管护责任制。强化森林防火和病虫害防治，打击破坏森林资源的行为，巩固植树造林成果。

---

① 卢国琪：《"两山"理论的本质：什么是绿色发展，怎样实现绿色发展》，《观察与思考》2017 年第 10 期。
② 杜艳春等：《"绿水青山就是金山银山"理论发展脉络与支撑体系浅析》，《环境保护科学》2018 年第 4 期。

推广党委政府统一领导、乡镇部门分头落实、人民群众广泛参与机制，促进植树造林工作落地落实。实行属地负责制，层层签订责任状，责任落实到人。

提高公众参与度。深化全民义务植树活动，运用多种方式，提升公众参与的自觉性，增强群众参与植树造林的意识，提高全民法律意识和爱护生态资源、保护生态资源意识，营造人人关心、支持、参与造林绿化，共建绿色家园的良好社会氛围。

强化政策引导。将植树造林与巩固脱贫攻坚成果结合，吸收贫困户参与森林管护。创新林业发展模式，采取股份制、合作制等多种方式，调动社会参与植树造林的积极性。进一步明确产权，坚持"不栽无主树，不栽无主林"，按照"树随地走，谁地谁有"原则，实现"山定权、树定根、人定心"。坚持公益林与经济林协调发展，发展林下经济，提高林业经济效益。

（三）加大投入力度

加大财政投入力度，设立专项资金，支持苗木产业基地建设、市县级中心苗圃建设、扶贫苗圃建设、苗木企业发展、新品种研发推广、信息化平台建设等。采取向上争一点、县里拨一点、乡里筹一点、农户出一点的办法，多方筹措资金。积极争取中央、省、市项目，建立苗木产业项目库。发动林场组织、雇用社会用工集中造林，招商引资开发林业产业园建设，采用大规模机械营造樟杨混交防护林。创新植树造林方式，支持金融机构、市场主体参与苗木产业投资，形成国家、企业、个人多元化的投资机制。加强森林防火道路、视频监控、管护用房等基础设施建设，提升管护水平。

（四）复制推广经验

认真总结右玉县植树造林先进经验，树立群众义务植树和部门植树造林典型，通过经验交流会、观摩会、表彰先进等形式加以推广，充分利用广播、电视、网络、手机、报刊、书籍等媒介，宣传推广成功经验和管护模式，充分发挥示范带动作用，全面提升造林绿化质量。

"良好的生态环境是最公平的公共产品，是最普惠的民生福祉。"坚持生态优先、绿色发展理念，切实做到在发展中保护、在保护中发展，引导形成绿色生产生活方式。生态资源是社会财富的源泉，保护生态资源，有助于夯实生态经济发展基础。严守生态红线，在区域生态环境承载力范围内进行开发建设，探索生态产品价值实现路径，推动生态优势向经济优势转化，推动生态产品价值增值、生态产品市场化，实现生态产业化、产业生态化。

深化自然资源产权制度和用途管制制度改革，建立健全国土空间开发保护制度，完善资源集约有偿使用制度和生态补偿制度，使自然资源更好推动经济增长。坚持"两山"理论指导美丽乡村建设，推动乡村与城市统筹发展，走出一条中国特色城镇化道路。

参考文献

王献溥、孙世洲：《从生态开发的观点谈山西右玉县综合农业生产的经验和问题》，《农村生态环境》1989 年第 2 期。

庄翠玲、毕宝德：《从生态学的观点看右玉县农业的发展——右玉县农业生态系统调查分析》，《农业技术经济》1985 年第 3 期。

中央党校（国家行政学院）党的建设教研部课题组：《党的领导视角下的"右玉精神"：启示与内涵》，《前进》2019 年第 5 期。

冀观彪、郭新杰：《对右玉县农村经济发展的思考》，《山西农经》2002 年第 2 期。

中共国家林业和草原局党校第 54 期党员干部进修班：《弘扬右玉精神　践行初心使命　全力推动生态修复工作高质量发展》，《国家林业和草原局管理干部学院学报》2019 年第 3 期。

B.18
库布齐沙漠治理的做法、模式及经验

彭冰琪 *

摘　要：　库布齐是中国第七大沙漠，沙漠面积约1.86万平方公里。由
于历史和自然的原因，该地生态环境破坏严重，恶劣的自然
环境严重威胁着当地群众的生产生活。在绿色发展观和创新
发展观的共同引导下，库布齐开启以科技治沙为主导，以产
业治沙促发展，以"生态—产业—民生"多元发展为核心的
"库布齐模式"。"库布齐模式"全方位地协调了政府、企
业、农牧民的利益，使各方主体通过出台政策、增加投资、
积极参与的方式，与延续科技创新结合起来，取得了多方共
赢的成果，为全世界防沙固沙提供了中国经验。

关键词：　科技治沙　产业治沙　绿富同兴　库布齐　沙漠治理

　　库布齐曾经是一望无际的沙漠，"黄沙滚滚半天来，白天屋里点灯台，
行人出门不见路，庄稼牧场沙里埋……"歌谣里充满对库布齐沙漠化现状
的无奈与感叹，严重的沙漠化给当地人民群众的生产生活造成了巨大困扰。
鄂尔多斯在政府政策的引导下，把企业、农牧民两大经营主体团结起来共同
防沙固沙，使库布齐的沙漠化状况得到改善。特别是在党的十八大提出绿色
发展理念之后，库布齐治理沙漠化的工作逐渐走出了一条生态治理与经济效
益、社会效益并重的治沙道路，成效显著，形成了独特又典型的库布齐沙漠

---

* 彭冰琪，博士，赤峰学院讲师，研究方向为区域经济、民族经济与城乡经济。

治理模式。

习近平总书记在写给第六、七届国际沙漠论坛的贺信中，充分肯定了库布齐沙漠治理成果，表扬了库布齐防沙固沙工作成效，并指出党和政府一直以来高度重视治沙工作，库布齐沙漠治理模式不仅为中国推进美丽中国建设做出了突出贡献，还为国际社会治理环境生态、落实 2030 年可持续发展议程提供了中国经验。①

一 库布齐沙漠治理做法

库布齐沙漠位于黄河以南的鄂尔多斯高原北部边缘，沙漠总长 400 公里，宽度为 30～80 公里，总面积为 61 万平方公里，形状为东窄西宽的条状形，西起杭锦旗，经达拉特旗境内，东至准格尔旗。据史料记载，库布齐沙漠形成于汉代，随着自然和人类的变迁，沙漠面积由小变大，总体呈西北向东南方向蔓延的态势。

（一）固沙造林，开启库布齐沙漠治理新篇章

库布齐沙漠分布于杭锦旗、达拉特旗、准格尔旗、伊金霍洛旗和东胜区，加强库布齐沙漠生态建设，统筹"山、水、林、田、湖、草、沙"系统治理，对建设祖国北疆生态安全屏障具有重要意义。库布齐沙漠的治沙历史是一条以固沙造林为主体的道路，始于 20 世纪 50 年代。

尽管当年还没有"生态建设"的说法，但面对满眼黄沙，人们本能地意识到人为干预的必要性，于是在 1950 年 5 月建立了东胜苗圃，10 月在位于库布齐沙漠中段的达拉特旗建立了张铁营子苗圃，两者均属国营性质，最早开展育苗、治沙工作。展旦召中心治沙站自 1958 年成立以来，在生产实践中，坚持以生物治沙为主，工程治沙为辅的原则，逐渐摸索出"流沙固

---

① 梁佩韵、侯亚景：《荒漠化防治的中国道路》，求是网，2020 年 10 月 1 日，http：//www.qstheory. cn/dukan/qs/2020－10/01/c_ 1126556324. htm。

定，乔灌并举，封沙育草"的固沙造林经验。同时，在库布齐沙漠先后总结提出了"封滩御草"、"封沙育草"、"退耕还牧和生态移民"（1965 年）、"高秆造林"、"前挡后拉"等固沙造林技术措施。①

1978 年党的十一届三中全会之后，国家启动了"三北"防护林工程，库布齐沙漠展开了新一轮治沙行动。20 世纪 70 年代，随着"三北"防护林工程建设的开展，库布齐采取乔灌草相结合、以灌为主，带网片结合、以带为主的治沙技术，沙区生态环境得到改善，此后 20 年里，造林始终是库布齐沙漠治沙的主力，国家及地方的重点林业工程，如"'三北'防护林建设三期工程""黄河中游水土保持林工程""天然林资源保护工程""退耕还林（草）试点示范工程""西伊克昭盟自然保护区工程""六大基地工程"等，都是在伊克昭盟机械化造林总场完成的。②

20 世纪 80 年代，随着包头至陕西神木铁路的修建，公路防沙采取机械沙障和生物措施相结合的综合技术，有效治理了沙害，"具有一次治理成功的特色，达到了国内同类型治沙技术的先进水平"。1984 年后，为提升树木成活率，库布齐开始探索小段包工制，在造林技术上也相继取得很多成果，诸如树种、规格、株行距、季节的适宜性、造林苗条长度、迎风坡沙丘的栽植部位、混交林的混交树。与此同时积极探索"两行一带""三行宽带""乔灌草立体种植"等新的造林模式，发展"林粮、林药、林草、林果、林蔬"等相结合的林下经济，以及"前挡后拉""穿鞋戴帽"等一些基础的治沙经验与方法。这些治沙方法为沙区农牧民提供了借鉴经验，在提高造林效率的同时，引领着库布齐沙漠治理工作的展开与推进。③

（二）封育搬迁，改变造成库布齐沙化的生产生活方式

20 世纪 90 年代末，按照西部大开发战略要求，开始实行"退耕还林还

---

① 杨文斌等主编《库布齐沙漠自然环境与综合治理》，内蒙古大学出版社，2005。
② 和谷、杨春风：《春归库布齐》，辽宁人民出版社，2019。
③ 杨文斌等主编《库布齐沙漠自然环境与综合治理》，内蒙古大学出版社，2005。

草"措施，尤其针对库布齐沙漠所在的杭锦旗、达拉特旗、准格尔旗等地区，出台了"禁牧、休牧、划区轮牧、以草定畜"等一系列生态保护与建设的基本政策。2002 年 1 月 1 日，《中华人民共和国防沙治沙法》开始施行，从法律层面保障了库布齐沙漠治沙工作的实施。2007 年，鄂尔多斯市委、市政府编制了《全市农牧业经济"三区"发展规划》，将库布齐沙漠规划成禁止发展区域，区域内农牧民全部实行异地转移搬迁，上楼进城镇，从事第二、三产业的生产与经营活动，使库布齐沙漠逐渐退出农牧业经营，依靠自然力量实现生态保护、恢复，从而实现防风固沙。截至 2007 年，规划禁牧区 10033 平方公里的人畜已整体迁出，到 2012 年，库布齐沙漠西段的杭锦旗也实现了全旗范围内的全年禁牧。库布齐沙漠的封育搬迁至此全面完成。①

（三）科技治沙，以现代治沙技术践行生态建设理念

在将"荒漠沙丘"变成"绿水青山"的伟大实践中，与封育搬迁同样重要的是对科技手段的运用，库布齐沙漠的治理史实质上也是一部中国治沙科技的发展史，科技治沙始于 20 世纪 70 年代。

半个世纪以来，库布齐沙漠科技治沙的重点在于提高造林成活率和保存率，不断加强林业科技研究与科技推广力度，逐渐在浩瀚的库布齐沙漠腹地以及周边建造了一个发挥防沙固沙作用的立体式科技林体系。不仅如此，还通过现代农林技术发展防沙固沙植被，科学合理地指导干旱半干旱地区的防沙固沙工作。并且，应用"灌、草、乔结合，以灌为主"的植物配置模式，结合沙障设置、人工撒播、飞机播种、针叶林引种、灌木加工利用、抗逆品种选育、抗旱造林等进行科技治沙。其中，"流沙地建立飞播杨柴采种基地"研究尝试以飞机播种形式治理流动沙丘；"飞播造林种草治沙技术"新增了适宜混播的植物种，扩大了适宜飞播范围，提前了播期，为飞播造林治沙技术在库布齐沙漠的大面积推广应用提供了科学依据；"生物基可降解纤

---

① 和谷、杨春风：《春归库布齐》，辽宁人民出版社，2019。

维沙袋沙障治沙技术推广示范"采用新型沙障材料,在库布齐沙漠建立300亩示范区。新型沙障采用木薯、玉米等植物的淀粉制成,既可长期保持障体结构相对稳定,又可在微生物的作用下完全分解为水和二氧化碳,避免了化学材料沙障造成的沙漠污染。该示范辐射带动了绿色环保型沙障材料应用,促进了"以沙治沙"新技术的快速推广。①

例如,1997年为确保杭锦旗穿沙公路的畅通,根据公路沙害类型及公路沿线生态体系建设规划要求,采取机械沙障与绿色植物相结合的综合防护体系建设模式,削弱了风沙,减少了输沙量,植被得到恢复。这证明在机械沙障保护下的生物措施是公路防护体系建设的重要技术之一。2000年,在达拉特旗解放滩建立荒漠藻综合技术固沙研究基地,并实现了利用荒漠藻结皮来进行固沙,把库布齐沙漠化治理工作推向更加绿色可持续的新阶段。

科技治沙的关键是实现生态平衡,新的治沙材料、树种选择等都是治沙科技应解决的突出问题,库布齐沙漠科技治沙处于国际、国内领先水平。21世纪初,沙漠造林技术日臻成熟,科技治沙在苗木规格、浸水程序、树种选择、栽植密度、混交类型、造林季节、平茬时机、树种更新等方面提供了科技支撑;远沙大沙的播种造林之法也屡屡更新,科技治沙手段成为库布齐沙漠治理的关键方法,也是库布齐沙漠治理模式的精髓所在。

(四)政府重视科技治沙,拟订特色治沙方略

多年来,各级党委、政府重视库布齐沙漠治理工作。自2013年以来,中央专项资金对加快推进库布齐沙漠防沙治沙、退化林分修复起到重大推动作用。鄂尔多斯市每年争取京津风沙源治理、天然林保护等国家重点生态建设资金1.6亿元左右。2019年又争取库布齐沙漠退化林分修复中央资金

---

① 和谷、杨春风:《春归库布齐》,辽宁人民出版社,2019。

4900万元，2020年计划申请退化林分修复中央资金4160万元。[①]

鄂尔多斯市各级党委、政府坚信科技是沙漠治理的关键力量，积极推进科技治沙实践应用，坚持"政府主导、国家工程带动、全社会参与"的原则，按照"先易后难、由近及远、锁边切割、分区治理、整体推进"的治理思路，在治沙过程中逐步应用了"分区实施、梯度推进"治沙方案，并最终形成了"南围北堵中切割"治沙战略，使库布齐沙漠治理工作不断取得进展与成效。

"南围"是指把库布齐沙漠南边围起来，防止沙漠的流动蔓延。"北堵"是指在库布齐沙漠北边建设锁边林带，阻挡风力，减少内部沙区扬沙，锁边林带建设依托"三北"防护林、天然林保护、退耕还林、碳汇造林等林业工程，采取人工、飞播、封沙育林、工程固沙等措施，营建乔、灌、草与带、网、片相结合的绿色防风固沙体系。"中切割"是指利用库布齐沙漠的10条天然孔兑以及22条宽窄不等又纵横交互的穿沙公路，将库布齐沙漠切割治理，以营造护堤林、护岸林、护路林、阻沙林带的方式，分段分片、由近及远逐个击破。此方案是针对库布齐沙漠独特的地形特征设计的，符合地区自然规律和生态恢复要求，以实现交通、治沙的双赢为目的。目前，库布齐沙漠的治沙技术，实际上已不再局限于单纯的防沙治沙手段，而是升级到集沙漠化治理、水环境治理、土壤修复等于一体的多元化技术集群。库布齐沙漠进入了生态治理与经济发展的新时代。[②]

二　库布齐沙漠治理模式

随着经济社会的不断发展，内蒙古整体防沙固沙工作在以经济为主导、

---

① 《鄂尔多斯市人民政府关于市政协四届三次会议第188号建议的答复函》，鄂尔多斯市人民政府网站，2020年11月19日，http://www.ordos.gov.cn/gk_128120/jyta/dfgk/202011/t20201119_2798468.html。

② 和谷、杨春风：《春归库布齐》，辽宁人民出版社，2019；碳汇造林，是指在确定了基线的土地上，以增加碳汇为主要目的，对造林及其林木生长过程实施碳汇计算和监测而开展的有特殊要求的造林活动。

以治沙为手段、以生态恢复为目标的发展思路的指导下，形成了具有库布齐独有特色的高效率高质量的沙漠治理模式，即库布齐沙漠治理模式。在这个过程中，最主要的是解决了"怎么样把沙漠变绿、怎么样获得治理沙漠化的资金、治理沙漠化有什么正的外部性、治理沙漠化工作如何可持续开展"等问题。库布齐沙漠治理模式的成功不仅是习近平生态文明思想的体现，也为全世界治理沙漠化做出表率。

（一）科技治沙主导的库布齐沙漠治理模式

沙漠怎么绿？依靠科技创新，最主要的是通过创新种植技术来实现治理沙漠化。主要体现在大规模采用机械进行沙漠治理，发挥沙漠治理的规模效应，重新塑造整个生态系统的运行能力，通过自然的力量对自然进行改造，在恢复生物多样性的同时，进行生态的全面修复，实现整个生态系统的有效循环。

1. 植物—工程治理模式

植物措施是科技治沙的基本方法，科学选择固沙植物种是影响科技治沙效果的关键。库布齐沙漠的天然植物主要为旱生灌木和沙生草本植被，尤其适宜种植梭梭、沙柳、沙米、油蒿、沙打旺、塔落岩黄芪、杨柴等本地固沙植物。库布齐沙漠不仅应用植物再生沙障关键技术来实现绿色植被的自我更新功能，还大规模地使用水瓶造林技术，在新型的低压水冲击下种植杨树、柳树等技术。通过使用飞行器种植技术，结合一些封育和保障技术，进行杨柴和沙打旺等植物的区域化种植，大规模地建设植物固沙区，尤其是在一些荒漠面积较大的缓坡和有公路穿过的沙漠地区。植物治沙效果好、成本低、固沙持久，在库布齐沙漠北缘，以植物措施为主的科技治沙是特别有效的治理模式。

工程治沙是科技治沙的另项一内容，根据材质的差异性，沙障可分为不同的材质，例如尼龙材料、黏土材料、麦草材料等。不仅如此，材质的差异性还体现在材质的使用期限、防护范围和产生的防护效用上，这些都会由于孔的间距和疏密程度发生改变。从现在的情况来看，添加了抗老化剂的高密度聚乙烯材料塑料沙障作为最主要的材料广泛地应用在退化人工梭林的建设中。且根据形状的不同，沙障还分为不同的种类，包括：条带状、网格状、高低立体式等。例如在库布齐沙漠中条带状沙障阻沙效果很好。

有多重作用的沙障技术是植物与工程相结合，它专门治理库布齐的沙漠化问题，以植物为主、工程为辅的措施使动物和植物免受沙害。①

2. 综合固沙林防护模式

针对沙漠治理，库布齐采取了多种多样的措施，尤其是在沙漠化程度较深的地区，根据不同沙地的特点使用了不同的防沙装置，对防风型、林农复合型、固沙饲料林等固沙林进行整体全方位使用。这样的工程起到了防沙固沙护河的作用，是多位一体的综合固沙的典范。

库布齐沙漠南部的防沙护河工程有很好的生态效应，综合使用飞播技术和封沙技术，结合扦插、播种等技术，在北部黄河岸种植了 200 多万株灌木、实际长达 242 公里的甘草防护带，实现了整个区域全方位、立体式的保护。

锁边林的作用是显著的，它不仅有效地遏制了库布齐中心地区的沙化问题，还遏制了库布齐周边地区的沙化蔓延问题，改善了整体的生态环境。②

（二）"以产治沙，以沙促产"的产业治理模式

投资对于库布齐治理沙漠化而言尤为重要，主要采取"公益与产业相结合；输血与造血相结合；企业资本、社会资本、政府资本、国际资本相结合"的模式。那么，利从何处来？利从生态与产业中来。③

企业获利主要通过投资生态产业来实现，其模式是进行生态修复，发展绿色产业。企业不仅能在生态修复中实现增值，绿色产业本身在发展中也能

① 苏义等：《库布齐沙漠分区综合治理新模式》，《内蒙古林业》2007 年第 12 期。
② 郭彩赟等：《库布齐沙漠生态治理与开发利用的典型模式》，《西北师范大学学报》（自然科学版）2017 年第 1 期。
③ 王睿：《库布齐沙漠可持续治理典型模式研究》，《西华师范大学学报》（自然科学版）2019 年第 1 期。

为企业带来较好的收益。"仅当地农牧民 30 年拿到的土地租金就高达 10 多亿元，而且在企业生态建设和产业发展中获得了大量的就业和创业机会，让他们彻底摆脱了贫困，人均年收入从 400 元增长到近 2 万元。"不仅如此，企业投资也带来正的外部性，主要表现为整体生态环境得到了极大的改善，如大大降低了沙尘暴的发生频率、植被覆盖率快速提高至 53%、降雨量增加带来的气候改善和生物多样性的恢复，生态环境恢复与重建使地区获利。①

从整体来看，整个沙漠地区已经形成一个大型的以沙漠绿色为核心发展的经济集群，整体的投资环境越发良好，国内外各种规模的企业投资势头迅猛。②

1. 因地制宜的沙产业模式

库布齐沙漠摒弃了传统绿洲低效的农业模式，在多种资源开发利用的理念下，因地制宜地把沙漠中的光热资源、水资源和土地资源有效利用起来，并在此基础上进行沙漠经济多元化的发展探索，逐步在区内推广以治沙为主，协同进行绿化修复的产业发展模式。

比如，发展生态牧业。在有一定植被且有一定环境承载力的沙漠地区发展特色沙区养殖、育种业。基于西北地区多种多样且丰富的动植物资源，开展濒危物种的保护和培育项目，为沙区选择能够适应沙区特点的优良品种。发展中药保健业。利用西北地区独特的地理位置和气候条件培育了珍贵的药材资源，例如甘草、肉苁蓉、长柄扁桃等，发展中草药种植和保健品加工产业。采取复合套种方法，例如在库布齐沙漠陈红湾区采取甘草与梭梭、甘草与红枣套种，在红旗柴登区采取甘草与沙柳套种；把经济发展与防沙固沙工作有机结合，充分利用种植植物的枝叶等进行肥料、饲料等副产品的加工，在治理沙漠化的同时形成了变废为宝、点废成金的产业链，并且这样的产业

---

① 《"库布齐模式"破解了治沙世界难题》，中国网，2019 年 7 月 30 日，http：//guoqing. china. com. cn/2019 – 07/3）/content_ 75047091. htm。
② 《"库布齐模式"破解了治沙世界难题》，中国网，2019 年 7 月 30 日，http：//guoqing. china. com. cn/2019 – 07/30/content_ 75047091. htm。

链是循环、高效、可持续的。不仅如此，清洁能源如风能、光能的合理有效利用也为相关产业发展提供了帮助，共同促进经济和生态的协调发展。①

2. "光伏—种植"配套产业模式

库布齐的杭锦旗有110MW的光伏基地。这正是企业看中了库布齐沙漠丰富的土地资源和太阳能资源，然后对其进行投资所建。光伏基地相关设施的建造大大降低了风速，并且使得地表水分蒸发量降低，在产生巨大经济利润的同时为改善当地的整体生态环境做出了一定贡献。但在整个光伏产业建设过程中，并没有一开始就把光伏基地建设与当地种植业养殖业结合发展，所以前期建设的110MW的光伏电站固定列阵，设施与设施之间仅种植了一些简单植物抵抗风沙。但目前建设的220MW光伏基地已经全面采用MPPT（最大功率点跟踪）技术来进行整个空间的立体布置，在提高光伏设施资源利用率的同时，大大加强了防风固沙的效果。相关企业做出如此改变不仅是由于现代科学技术的进步，更是由于绿色发展理念的不断深入。新建的光伏基地采用"板上发电，板下种植"模式，有效地扩大了资源利用空间，实现了沙漠治理、光伏发电和农业经济生产的一体化，充分发挥了库布齐的自然资源优势，逐步形成独具一格的沙产业新模式。

（三）"生态—产业—民生"多元经济发展模式

如何可持续发展？库布齐在治理沙漠化的同时，带动相关产业发展和生态环境改善就是典型案例。库布齐沙漠治理模式很好地协调了生态、产业、民生三者的关系，在实现"现场经得住看，账本经得住算"的同时，把"治沙、生态、产业、扶贫"四项工作共同落实。

1. 恩格贝模式

恩格贝模式就是在"生态、产业、民生"三者合作协同发展的观念下，在达拉特旗境内建立的治理沙漠化的生态示范区，以实现"沙漠治理、生

① 郭彩赟等：《库布齐沙漠生态治理与开发利用的典型模式》，《西北师范大学学报》（自然科学版）2017年第1期。

态恢复、旅游产业、设施农业"为目标的发展模式。恩格贝模式有以下几个优点。第一，生产基地众多，实现了经济生产、治理沙漠和保护并培育物种的有效结合。整个生态示范区内不仅有全国北方最大的螺旋藻生产加工基地，还有特种生物培养和环境修复物种繁殖基地。这不仅为库布齐治沙提供了植物基因库，其研发的成熟技术还保障了治理沙漠和生态修复的顺利进行。第二，科学技术含量高。在整个生态示范区内，云集了大量的科研院所，有研究地热资源的，有研究草场沙漠治理的，有研究电子信息技术的，有研究自动控制系统的等，实现了科学技术发展与沙漠治理和生态恢复的有机结合。总之，库布齐创造的恩格贝模式不仅仅是中国治沙的重大成果，也是与全世界共享的宝贵经验。

2. 风水梁扶贫模式

风水梁扶贫模式是扶贫与环境保护相结合的治沙模式，其核心是通过政府政策推动、企业项目带动，实施异地搬迁，把贫困居民从环境恶劣的区域迁往环境较好的地区，并组织贫困居民进行种植养殖生产，保证其生计可持续。风水梁扶贫模式的特点就是充分缓解了库布齐地区经济发展迅速和区域环境承载力不足的矛盾，实现环保型节约型产业发展的同时，提高资源利用效率，帮助贫困居民实现脱贫并致富。主要的做法是在政府的统一规划和领导下，根据政府政策建立风水梁产业生态区，并招商引资，吸引企业在此建厂投资，主要有肉食加工厂、饲料厂、制衣厂等，并且将贫困居民搬迁至此为整个产业发展提供劳动力资源。不仅如此，还专门引进宝石生产等高科技产业推动整个产业区产业的优化升级。风水梁扶贫模式不仅发展了当地的产业经济，还带动了贫困居民脱贫，彻底解决了生态、民生及产业发展之间的矛盾。

三　库布齐沙漠治理的经验

在习近平生态文明思想的引领下，库布齐沙漠治理模式在鄂尔多斯人不懈的探索中诞生。在坚持马克思主义生态价值观及绿色、创新发展理念的基础上，实现了政府、企业、农牧民、科技创新的共同发展，不仅创造了经济价值，还创造了社会价值。孕育出"守望相助、百折不挠、科学创新、绿富同兴"的"库布齐精神"。库布齐沙漠治理，生动诠释了"绿水青山就是金山银山"的理念，不仅是中国治理沙漠化问题的典范，也是全世界治理沙漠保护环境的成功案例，是世界人民的宝贵经验。

（一）坚持马克思主义生态价值观，促进保护与开发并举

库布齐沙漠治理取得成功得益于历届党和政府先进生态治理理念的指导，尤其是党的十八大以来，在习近平总书记"生命共同体"论断的指导下，沙漠治理取得了显著成效。从新中国多年的生态治理实践中，习近平总书记总结了处理人与自然关系的新观点，这是马克思主义生态观中国化的最新发展成果。"生命共同体"观要求尊重、顺应、保护自然，只有遵循自然界客观规律才能避免在开发、利用自然的过程中造成生态破坏。人类在开发、利用自然的过程中必须要遵循自然规律，还自然以宁静、和谐、美丽，这才是人与自然正确的相处方式。对于库布齐沙漠的治理应当实行环境保护与生态恢复条件下适度的资源利用与经济开发方针，因地制宜发展沙区农林牧副业。[1]

过去，库布齐人缺乏绿色发展理念，未能顺应自然规律开展治沙工作，库布齐沙漠局部地区曾一度陷入"治理—恶化—再治理—再恶化"的恶性循环，治沙收效甚微，环境不断恶化。20世纪以来，库布齐沙漠治理走上科学合理的道路。2007年，鄂尔多斯政府实行的"三区规划"政策退耕、禁牧还林还草等生态修复措施顺应库布齐自然规律，并对库布齐沙漠生态严重破坏地区进行整体生态移民，让草场进行休养生息和自然恢复。[2]

近年来，鄂尔多斯市先后出台了多项乡村振兴政策，明确在沙地沙漠生态治理区，要按照"生态建设产业化、产业发展生态化"思路，把沙地、

---

① 刘锦坤：《库布齐沙漠生态治理模式研究》，《四川文理学院学报》2019年第3期。
② 刘锦坤：《库布齐沙漠生态治理模式研究》，《四川文理学院学报》2019年第3期。

沙漠作为资源来开发利用,推广库布齐沙漠治理模式,鼓励有条件的地区种植沙棘、山杏、特色林果及沙柳、柠条等林产工业原料林。积极支持家庭林场建设,在条件较好的地方适当开展经济林种植,发展林下经济,开发生态旅游等第三产业。利用现有沙漠等自然景观,着力打造生态产业,努力实现生态生计兼顾、治沙致富共赢。鼓励和引导社会各界参与防沙治沙,并将防沙治沙与林沙产业、沙区经济发展相结合,在有效治理和严格保护的基础上,鼓励和支持林沙产业企业发展沙区特色种植养殖业、沙漠旅游业及其他产业。[①]

坚持习近平的人与自然是生命共同体的生态价值观,为新时代库布齐沙漠生态治理奠定了理论自信,提供了科学指导。随着库布齐沙漠生态恢复与建设的不断推进,在尊重自然、顺应自然、保护自然的过程中,沙区经济社会发展呈现了勃勃生机。

(二)坚持绿色发展理念,实现库布齐沙漠"绿富同兴"

党的十九大提出"绿水青山就是金山银山"的绿色发展理念,要求建立绿色发展经济体系。库布齐沙漠治理中的"绿富同兴"体现了生态效益、经济效益与社会效益融为一体的生态环境生产力思想,改善生态环境,就是发展生产力的思想。近年来随着库布齐沙漠生态的不断修复,当地经济社会发展呈现勃勃生机。30多年来,尤其是十八大以来,多家企业在库布齐沙漠进行产业化投资,发展林木、农业、电力、旅游等产业,积极开展规模化治沙行动,带动了库布齐沙漠从单纯防沙治沙模式转向生态建设与经济发展并举模式,因而形成了第一、二、三产业共同发展的生态产业体系,走出了一条"民营企业牵头,产业发展和生态治理相结合"的道路。

例如,亿利集团在库布齐沙漠治理中逐渐形成了"公益与产业相结合,'输血与造血'相结合的投资模式",在改善生态的基础上,亿利集团形成

---

① 《鄂尔多斯市人民政府关于市政协四届三次会议第188号建议的答复函》,鄂尔多斯市人民政府网站,2020年11月19日,http://www.ordos.gov.cn/gk_128120/jyta/dfgk/202011/t20201119_2798468.html。

了"1+6"立体循环生态产业体系，即在绿化沙漠的同时培育了库布齐沙漠六大产业（生态修复、生态农牧业、生态健康、生态旅游、生态光伏、生态工业）。库布齐沙漠周围的贫困户通过转租沙地或者以沙地治理入股的方式，从事种植、养殖和旅游行业，增加了经济收入，成为沙漠治理的受益者。[①]。

例如，库布齐沙漠带地处呼包鄂"金三角"腹地，区位优势明显，沙漠旅游资源丰富。为推动库布齐沙漠旅游建设，鄂尔多斯市2020年编制完成《库布齐沙漠国际休闲度假旅游目的地专项规划》，确立库布齐沙漠的总体定位为"国际休闲度假旅游目的地"。秉承生态优先、绿色发展理念，保护性开发沙漠生态旅游产品。依托奇特的沙漠旅游资源和沙漠生态治理成果，积极培育沙漠休闲度假产业。重点培育响沙湾旅游区、七星湖旅游区、恩格贝生态示范区和恒盛兴汽车露营地等景区，打造沙漠观光度假、沙漠探险、汽车越野、生态科考等主题文化旅游产品，形成沙漠休闲度假系列产品，打造国际沙漠休闲度假旅游品牌。现已形成以响沙湾旅游区（国家AAAAA级旅游景区）、七星湖旅游区、恩格贝旅游区（国家AAAAA级旅游景区）、银肯塔拉沙漠绿洲自然生态旅游区（国家AAAA级旅游景区）为代表的沙漠旅游观光产品。[②]

"绿水青山就是金山银山"的绿色发展理念奠定了库布齐沙漠治理工作的理论自信，经济发展与生态保护同行并举，是"绿水青山就是金山银山"这一绿色发展理念所诠释的新时代绿色生产力理念。

（三）坚持创新发展理念，提升库布齐沙漠科技治沙成效

库布齐沙漠治理的成功模式受益于沙漠治理在科技、模式、观念、制度等方面的创新，库布齐沙漠治理全面践行创新发展理念，逐渐形成了人与自

---

① 刘锦坤：《库布齐沙漠生态治理模式研究》，《四川文理学院学报》2019年第3期。
② 《鄂尔多斯市人民政府关于市政协四届三次会议第188号建议的答复函》，引自鄂尔多斯市人民政府官网：http://www.ordos.gov.cn/gk_128120/jyta/dfgk/202011/t20201119_2798468.html，2020年11月19日。

然和谐发展的新时代生态治理格局。特别是科技治沙创新成为库布齐沙漠治理的宝贵经验。库布齐沙漠治理通过科学的治沙理念和规划以及创新植树技术、建立数据库等科学技术创新手段，大幅降低了治沙成本，极大提高了库布齐沙漠治理的效率及质量。

例如，亿利集团创新的绿植治沙技术，是沙漠治理实现从分散治理到统一规划，从传统方法到工业化治理转变的重要方法。数十年间，库布齐沙漠不断创新治沙技术，极大提高了生态治理效率，可以为国内其他地区的生态治理和全球荒漠化防治提供全新思路。

例如，2020年杭锦旗创新举措持续推进库布齐沙漠治理：一是"互联网＋"绿色新业态，以"互联网植树＋沙漠体验消费"平台作为线上入口，以亿利生态示范区作为线下体验载体，通过线上种树赠予沙漠产品、旅游产品，线下旅游带动商品销售与沙漠种树，使"网络植树实体化、实体植树基地化、基地植树公园化、公民尽责多样化"，贯通沙漠特色农产品、大健康医药产品、旅游产品的线上线下全产业链，实现与京津冀地区市场的无缝衔接；二是治理后沙地补充耕地新模式，通过沙漠灌木林平茬复壮饲草化利用发展特色养殖业，种植沙漠有机果蔬，打造京津冀绿色"菜篮子""果篮子""肉篮子"，主动承担国家统筹补充耕地任务，按照《跨省域补充耕地国家统筹管理办法》，探索土地整治技术创新模式；三是延伸科技创新产业链，充分发挥库布齐治沙多年积累形成的三耐植物种质资源库、微生物菌库、沙漠治理知识库、专家智库、智慧生态技术体系的科技优势，利用现代物联网、大数据和人工智能技术，深入开展防沙治沙技术培训、共建"一带一路"国家技术创新交流，实现沙漠治理技术的转型升级，进入智慧生态修复技术新时代。[1]

（四）激励多方主体参与，实施"四轮驱动治理模式"

库布齐沙漠治理突破了公益性环境保护的传统观念，调整战略，及时引

---

① 张睿书：《杭锦旗创新举措持续推进库布齐沙漠治理》，鄂尔多斯市人民政府网站，2020年12月18日，http://www.ordos.gov.cn/gk_128120/sthj/hjpj/202012/t20201218_2823770.html。

入社会力量，从而逐步形成了多元投资生态建设新格局。2000 年，鄂尔多斯市委、市政府就开始把"五荒地"逐渐由农牧民家庭向企业流转，使之从过去的个体经营转变为公司规模开发。同时陆续推出了"一矿一企治理一山一沟，一乡一镇建设一园一区"等生态保护建设政策，调动社会各界参与生态恢复与建设的积极性。在此政策的激励下，先后有亿利集团、东达蒙古王集团、伊泰集团、鄂尔多斯集团等十多家大中型企业进入库布齐沙漠进行开发建设，成为库布齐沙漠治理的主体力量。①

一个崭新的四轮驱动治理模式，即"党委政府政策性推动、企业规模化产业化治沙、社会和农牧民市场化参与、技术和机制持续化创新、发展成果全社会共享"，也自此成为库布齐沙漠治理的基本方法，突破了生态治理公益性的传统观念，也打破了单纯靠国家及地方政府投入的传统"输血"模式，使国家、企业、农牧民齐心协力投身于库布齐沙漠治理活动。②

市场化治沙是库布齐沙漠治理成功的关键。"没有市场化，企业积极性就难以发挥；没有产业化，也不可能把沙漠治理持续下去。"正是市场化探索出了"企业建基地，基地联农户；企业对协会，协会联农户""企业建基地，农民土地入股"等多种长效机制，解决了"钱从哪里来""利从哪里得""如何可持续"等问题，使"沙患变成沙利，风沙变成风景，黄沙变成黄金"，最终实现了"沙漠变绿，企业变强，农牧民变富"的共同目标。参与库布齐沙漠治理的企业多数靠其他产业发展壮大，然后用工业反哺农业，投资治沙，主要目的是发展林沙产业，努力走可持续发展道路。③

以企业为龙头的效益型治沙模式也在库布齐沙漠逐渐兴起，例如，鄂尔多斯集团在库布齐沙漠中部达拉特旗境内建立了恩格贝示范区，推行沙区特色产业发展模式，以植树造林、引洪治沙为基础最早开始防风治沙，转化沙生植物，培育优质绒山羊种羊，让农牧民通过育种改良增加收入，培育发展

---

① 和谷、杨春风：《春归库布齐》，辽宁人民出版社，2019。
② 《"库布齐模式"破解了治沙世界难题》，中国网，2019 年 7 月 13 日，http：//guoqing.china. com. cn/2019 – 07/30/content_ 75047091. htm。
③ 和谷、杨春风：《春归库布齐》，辽宁人民出版社，2019。

特色种植、沙漠旅游等多项产业，走出了一条通过生态建设带动沙产业和旅游业发展的道路，取得了良好的生态效益、经济效益、社会效益，为企业治沙做出榜样。东达蒙古王集团秉承"上一个项目、带一流产业、兴一地经济、富一方百姓"的理念，创造了"生态移民、产业扶贫"新模式，大力发展沙柳产业，通过项目建设，恢复沙区生态，发展沙区产业，提高人民生活水平。亿利集团有效地把创造经济价值和社会价值相结合，探索出了既盈利又保护生态的发展模式。该模式由企业主管建设、政府负责引导，依靠科学技术进行集约化经营。在政府政策的引导下，企业通过流转农民的土地来进行商业发展。其在库布齐沙漠西部打造的亿利生态示范区，多次被国家表彰。伊泰集团栽种防护林，不仅为当地的防风固沙、治理沙漠化做出突出贡献，还成功带领当地农牧民增收致富。

党的十九大以来，库布齐沙漠治理进入"荒漠沙丘—绿水青山—金山银山"的生态治理与经济发展新阶段。在治沙实践过程中，鄂尔多斯市委、市政府发挥着非常重要的统筹作用，实现了政府、企业、农牧民三大主体的共同参与，有效促进了经济价值和社会价值的实现，整体工作有显著的正外部性，在发展经济的同时，实现了治理沙漠化、恢复当地生态系统，进而实现三大转变。一是治理沙漠化由单一主体向多主体转变，二是工程设施由简单基础向高科技转变，三是发展目标由追求生态保护向多方利益共同实现转变。

生态兴则文明兴，今天的库布齐沙漠"绿起来"了，也"富起来"了。库布齐沙漠治理的实践，生动诠释了"绿水青山就是金山银山"的新发展理念，"治沙"的生态举措进入"防沙治沙＋助农致富＋乡村振兴"的发展新阶段。

B.19
统筹推进黄河流域水资源
节约集约利用研究

秦光远[*]

摘　要：　黄河流域在中国经济、社会和生态方面具有非常重要的地
位。党的十八大以来，立足于生态文明建设全局，党中央明
确了"节水优先、空间均衡、系统治理、两手发力"的治水
思路，整个黄河流域的经济社会发展和人民生活都发生了显
著变化。综合考量黄河流域的水资源状态和面临的挑战，本
报告提出从顶层设计出发，以保障黄河长治久安，黄河流域
生态禀赋根本改观、经济社会可持续发展为根本目标，编制
黄河流域全域水资源保护和利用规划；在黄河流域水资源保
护方面，坚持整体统筹，依据全国主体功能区规划中黄河流
域九省区的主体功能区定位，分区分类实施保护；在黄河流
域水资源利用方面，坚持机会公平、水权平等原则，探索建
立完善的用途分类、用量分级的水资源利用体系；加强黄河
流域水资源节约集约利用技术研发和人才储备的建议。

关键词：　黄河流域　水资源保护　流域治理

2019 年 9 月 18 日，习近平总书记在河南郑州主持召开座谈会，首次提

---

* 秦光远，北京林业大学经管学院副教授，研究方向为林业经济与林业产业、环境经济与贸易。

出了一项新的国家重大战略，即黄河流域生态保护和高质量发展。这对于推进中国生态文明建设具有十分重要的意义。

黄河流域是中国重要的生态屏障和经济带，也是稳定脱贫攻坚成果，实现脱贫攻坚与乡村振兴有效衔接的重要区域，在中国经济社会发展和生态安全保障方面具有突出的重要地位。黄河流域涉及地区广泛，经济发展水平、自然资源禀赋、生态环境状况等差别较大。黄河流域生态保护和高质量发展必须"科学谋划、抓住关键、有序推进"。

水资源是制约整个黄河流域绝大部分地区生态保护和高质量发展的关键因素。"科学保护、节约集约利用黄河水资源"是促进黄河流域生态保护、实现高质量发展的重要内容。统筹推进黄河流域水资源节约集约利用是当务之急。黄河流域的发展面临科学的功能定位、有效地应对挑战、强化顶层设计、分区分类实施保护等问题，亟须在研究中加以解决。

一　黄河流域经济社会发展的功能定位与水资源利用挑战

长期以来，在中国经济社会发展和生态安全方面，黄河流域都具有十分重要的地位。黄河发源于青藏高原，流经9个省区，全长5464公里，是中国仅次于长江的第二大河。黄河流域面积为745100平方公里，涉及69个地区（州、盟、市）329个县（旗、市、区），其中全部位于黄河流域内的县（旗、市、区）有236个。2019年底该流域总人口达到4.42亿人，占全国的31.58%；地区生产总值达到24.74万亿元，占全国的25%。

黄河横贯中国的东中西三大战略区域，流域范围非常可观，不仅是中国经济社会发展的重点区域，还是生态环境保护与经济社会发展矛盾比较尖锐的区域，在中国经济社会发展和生态安全方面具有十分重要的地位。

正是基于此，2011年国务院批复了《全国水资源综合规划》。该规划将黄河流域水资源利用作为重要组成部分，进行了较大篇幅的详细阐述；国务院发布的《全国主体功能区规划》和《国家新型城镇化规划（2014—2020

年)》也都对黄河流域的重点区域发展提出了明确定位；2020 年 10 月 29 日中国共产党第十九届中央委员会第五次全体会议通过了《中共中央关于制定国民经济和社会发展第十四个五年规划和二〇三五年远景目标的建议》，明确提出要推动黄河流域生态保护和高质量发展，着力凸显了黄河流域问题的重要性，指明了未来的发展方向和方针。

第一，黄河流域能源资源地位突出且特殊。黄河流域上游区域比较突出的水能资源、中游区域比较重要的煤炭资源以及下游区域富集的石油和天然气资源等在推动中国经济发展的不同阶段都发挥了重要支撑作用。截至 2019 年，在全国已探明储量的 45 种主要矿产中，黄河流域高达 37 种，需要特别指出的是，已探明的煤炭基础储量约为 1881 亿吨，占全国煤炭总基础储量的七成以上；已探明的天然气、石油基础储量分别达到 3.34 万亿立方米和 12 亿吨，占全国总基础储量的比重分别为 61.4% 和 34.3%。[①] 五大国家级综合能源基地如山西、鄂尔多斯盆地、蒙东、西南和新疆，有三个位于黄河流域，凸显了黄河流域在全国能源方面的特殊地位。

第二，黄河流域是中国的粮食主产区。黄河流域是中国农业经济开发最早、面积最大的地区，但是流域内 75% 以上的面积处在干旱半干旱地区，降水量少且时间分布不均，水分蒸发量大。农业对水资源的依赖性极大，流域内农田有效灌溉面积近 7800 万亩，农田灌溉耗水量达到 230 亿立方米，占流域内总耗水量的 70% 以上。从全国来看，13 个粮食主产区有 4 个分布在黄河流域，流域内有 18 个地市的 53 个县列入全国产粮大县。2018 年，黄河流域 9 省区粮食播种面积占全国粮食播种面积的比例为 36.0%，粮食播种面积占全国农作物播种面积的比例为 25.2%。黄河流域粮食播种面积占其农作物播种面积的 69.8%，比全国平均水平高 5.1 个百分点。同年，黄河流域 9 省区实现粮食产量 23438.1 万吨，占全国粮食总产量的 35.3%；其中，四川、内蒙古、河南、山东四个粮食主产省实现粮食产量 19203.5 万

---

① 煤炭、石油、天然气基础储量数据根据国泰安数据库中 2016 年中国各地区主要能源、黑色金属矿产基础储量整理计算得出。

吨，占流域粮食产量的 81.9%，占全国粮食产量的 28.9%。不仅如此，山东省还是中国蔬菜和水果产量第一大省，而内蒙古自治区和四川省也以较高的粮食产量位列全国产粮大省排名的第 8 位和第 9 位。

第三，黄河流域是我国最重要的生态廊道之一，形成了特色鲜明、复杂综合的生态系统，承担着生态安全和绿色发展的重要职能。黄河流域是我国重要的生态屏障，连接青藏高原、黄土高原、华北平原的生态廊道，拥有三江源、祁连山等多个国家公园和国家重点生态功能区。黄河流经黄土高原的水土流失区、五大沙漠沙地，滨河两岸分布有东平湖和乌梁素海等湖泊、湿地，河口三角洲湿地生物多样。黄河流域具有壮丽秀美的自然景观，峡谷险峻，草原广布，沙漠浩瀚，壶口瀑布更是气势恢宏。上游则以三江源地区、祁连山、甘南山地等为主，是中国重要的水源涵养生态功能区，不仅需要强化生态监管，严格限制乃至禁止毁林开荒、无序采矿、过度放牧等有损生态系统的生产生活方式，而且迫切需要加快推进一批重大、综合的生态保护修复和建设工程项目，通过自然恢复和人工修复相结合，强化保护和限制开发相统一的举措，确保黄河流域水源涵养能力稳步提升。

中游地区的生态建设与保护，应以污染治理和水土保持为重点。黄河流经晋陕大峡谷，将黄土高原劈成两半。由于土质疏松、易于侵蚀，黄土高原是世界上水土流失最为严重的区域之一。应在保障和提升生产生活的基础上，加强生态建设、治理环境污染、减少水土流失、保护生态环境，遵循保护是为了发展而不是限制发展或不发展，改变原有生产生活方式，推进生态优先、绿色发展。中游地区的水污染形势仍不容乐观，排向黄河的废污水总量从 20 世纪 80 年代初期的 21.7 亿吨增加到 90 年代初期的 42 亿吨，进入 21 世纪之后，近 20 年的时间里，废污水排放量基本稳定在 40 亿吨以上。① 要从根本上治理黄河废污水污染问题，必须统筹山水林田湖草综合治理、系统治理、源头治理。

---

① 《关于黄河流域生态文明建设的思考》，科学网，2019 年 12 月 30 日，http://news.sciencenet.cn/sbhtmlnews/2019/12/352199.shtm。

黄河下游河道贯穿整个华北平原，河道既平又宽，由于不断淤积，下游河道逐年抬高，目前下游河床平均高出地面 4~6 米，流经新乡市的部分河段高出地面约 20 米，"地上悬河"名副其实。生态保护的重点是通过退耕还林还草，减少入黄泥沙，减轻河道摆荡、杜绝决口，维护黄河下游长久安澜。

二　黄河流域水资源利用的现状和问题分析

黄河流域水资源短缺且分布不均是其突出特点。黄河流域人均水资源占有量仅为 383 立方米，仅仅相当于全国平均水平的 18%。黄河流域水资源消耗量已经严重超出其承载能力，黄河流域河川径流量仅占全国的 2%，但是该流域创造了全国约 14% 的 GDP，承载了全国 12% 的人口，耕种了全国 15% 的耕地。从国际通行经验看，水资源开发原则上不超过流域水资源的 40%，但一个严峻的事实摆在面前，黄河流域的水资源开发利用率已经超过了 70%，并持续了相当长的时期，这对黄河流域水资源的可持续利用造成了严重的挑战。由于水资源本身稀缺，不同行业领域用水存在严重的竞争性和不均衡，以 2017 年黄河流域用水为例，农业用水总量占比达到 64.9%，工业用水总量占比达到 15.1%，生活用水总量占比达到 14.1%，生态用水总量占比仅有 5.9%。① 显然，生态用水的严重不足，对流域内生态环境可持续发展造成了严峻挑战，生态环境的恶化则会影响人民生活、农业生产、工业发展等，导致需要更多的水资源来保障生产生活的正常运行，如此则不可避免地会形成耗竭式水资源利用的恶性循环。

当前，在水资源保护和利用方面，黄河流域普遍存在系统保护性利用严重不足，生产生活利用方式粗放、效率不高，区域之间因竞争过度使用等问题，使得水环境、水生态、水资源、水安全问题交织重叠，协调水资源、水生态与生产生活间的矛盾难度空前。当前，从黄河流域水资源利用管控的现

---

① 根据国家统计局网站各省供水用水情况数据整理计算得出。

状看，流域综合管理能力和水平明显偏弱，缺少管理的抓手和举措，跨地区、跨部门的沟通协作和管理并没有太多实质性进展。流域综合管理体制和运行机制很不完善，流域层面的环境监督能力和执法能力存在明显不足。此外，黄河流经的内蒙古、甘肃、青海、宁夏和陕西5个省区，均有一定面积的沙漠。整个黄土高原土质疏松贫瘠、植被稀疏，水土流失严重，灾害频繁。黄河河道大部分处于干旱半干旱地区，流经的西北、华北两个地区长期严重缺水，人均水资源占有量不足全国平均水平的1/3。要想从根本上破解这些问题，因循旧有的思路和策略不可能达到预期目标，必须在推动黄河流域生态保护和高质量发展目标的指引下，大胆探索、积极创新。

三 统筹推进黄河流域水资源利用的对策建议

统筹黄河流域水资源现状和面临的挑战综合考虑，显而易见，黄河流域的水资源环境问题复杂特殊，必须从黄河流域整体治理的系统性、科学性出发，"共同抓好大保护，协同推进大治理"，以水资源为抓手，构建黄河流域高质量发展中资源可持续发展和生态环境保护双赢的长效机制。实际上，无论是经济发展、人民生活、工农业生产、生态保护等都需要水资源，如何从全流域视角有效推进黄河水资源节约集约利用是当前亟待解决的重大问题。针对这一问题，应深刻领会习近平总书记"以水定城、以水定地、以水定人、以水定产"的指示精神。针对前述问题，本报告在研究的基础上提出以下建议：

（一）从顶层设计出发，以保障黄河长治久安、黄河流域生态禀赋根本改观、经济社会可持续发展为根本目标，编制黄河流域全域水资源保护和利用规划

以"共同抓好大保护，协同推进大治理"为根本原则，摸清水资源本底，统筹规划黄河流域水资源的保护举措和利用分配机制，避免各个地区为片面追求本地区利益而逼近甚至突破水资源承载极限，从而形成上中下游协同、东中西互济的黄河流域水资源严格保护和高效利用格局。落实黄河流域生态保护和高质量发展国家战略需要规划先行、谋定后动,编制黄河流域水资源保护和利用规划也不例外。

在历史上,从来没有一个专门指导黄河流域发展的重大国家战略,从流域整体层面对水资源进行保护和利用的规划也从未出现。黄河流域横跨东中西三个大区,大部分位于干旱半干旱区域,水资源成为发展的最大刚性约束。面对约束,只有由中央统一协调,才能有效平衡和兼顾九省区的用水权益。规划流域内水资源保护和利用,一方面,建立由中央统筹协调、九省区党政负责人参与的沟通交流机制;另一方面,建立九省区在水资源保护方面的协同和共享机制,以及在水资源利用方面的补偿和分担机制。

（二）在黄河流域水资源保护方面,坚持整体统筹,依据全国主体功能区规划中黄河流域九省区的主体功能区定位,分区分类实施保护

有效保护水资源,必须找准关键点并久久用功。水的命脉在山,山的命脉在土,土的命脉在林,因此,保护黄河流域水资源的关键点是森林和植被。从全流域出发,总体统筹布局,落实主体责任,一方面,要从量的增加、质的提升两个方面改善黄河流域森林植被资源,发挥森林涵养水源、保持水土、改善局部气候条件的多种功能。在量的增加方面,要通过科学研究、科学评估,明确适宜黄河流域不同区域的树种,既要避免单纯增加树木资源,专门挑选生长快、耗水高、易成活、易种植的品种,也要避免注重造林、缺乏管护,只见造林、不见森林的形式主义。在质的提升方面,大力推动森林资源精准提升工程,加强监督管理、建立可追溯追责问责机制,严防森林资源精准提升落入形式主义。

另一方面,要全面客观理解和认识保护,黄河上游尤其是黄河源头区域属于禁止开发区域,生态极为敏感、脆弱,大幅减少乃至禁绝人为影响、给自然以最自然的空间,就是最好的保护。在黄河中下游国土开发密度已经比较高、资源环境承载能力已经有下降或减弱趋势的区域,要系统梳理区域内的生态资源，通过科学评判，坚决做出取舍。例如，中上游某些地区在水资源已经稀缺的情况下，利用地下水种植高耗水蔬菜、水果等经济作物，也有些区域种植大量高耗水速生杨树，虽然都有一定的生态价值和经济价值，但是对区域水资源的负面影响从长远来看可能远超其价值。将此类做法限制在一定规模并引导推动认识改变和转型发展就是保护。此外，分区分类实施保护，在农业生产方面，要有效控制并逐步减少高耗水作物的种植面积，推广节水改良品种和相关技术。

在工商业发展方面，通过创新技术、改良设备、优化流程和环节，坚决减少高耗水、高污染生产活动。大力支持和推广工业循环用水、节约集约用水相关的技术研发和技术改造。在生态保护修复方面，认真研究黄河流域生态资源和生态环境的历史变迁，科学比较分析历史和现实，做出能够经得起历史检验的科学判断，进而指导黄河流域生态保护和修复的具体实践。

（三）在黄河流域水资源利用方面，坚持机会公平、水权平等原则，探索建立完善的用途分类、用量分级的水资源利用体系

虽然黄河流域九省区在气候和地理条件、生态和资源禀赋、经济和社会发展水平等方面存在明显差异，但是在黄河流域水资源利用上，谋取发展的机会和权利平等。机会和权利平等绝不意味着黄河流域水资源在分配方面的平均主义，而是营造公平平等的发展氛围，保障九省区共享公平平等的发展机会和权利。但是，九省区发展能力的培养、发展动能的培育、发展质量和发展效益的提升，则由各地区自行负责，重点是鼓励创新，探索水资源节约集约高效利用的体制机制。由于黄河流域水资源相对稀缺、分布不均，从区域发展的角度看，水资源可能是制约发展的最重要因素之一。九省区对黄河水资源的需求都比较大，供需矛盾就不可避免。迫切需要建立用途分类、用量分级的水资源利用体系。

对黄河流域水资源用途进行分类，在适度控制地区用水总量的基础上，区分人民生活用水、工农商业发展用水、生态资源保护修复用水等。根据2010年第六次全国人口普查和2020年启动的第七次全国人口普查、2018年

第四次全国经济普查、2018 年第二次全国污染源普查、2017 年全国地理国情普查、2018 年第九次全国森林资源清查等信息，明确黄河流域九省区的人口特征、经济发展现状、污染源分布、水资源和森林资源等生态资源禀赋，建立黄河流域水资源规划分配的本底资料。考虑不同用途，分配水量，并建立一定比例的弹性调配机制，同时实行阶梯水价制度，保障基本用水需求，遏制过度低效用水，奖励节约循环用水。特别是工农商业用水，从政策、税收、金融等方面支持节约集约用水的基础研究、技术研发、设备研制、模式探索，大力推广农业节水灌溉技术，研发节水作物品种，在农业生产条件相对较差的区域大力开展退耕还林还草。在生态资源保护修复用水方面，宜林则林、宜草则草、宜灌则灌，没必要花费极大代价消灭沙漠。明确乡土树种，在城镇绿化树种选择方面优先考虑本地乡土树种，有序缩减速生耗水林木种植面积，在严格保护天然林的基础上，开展森林资源质量精准提升。

（四）加强黄河流域水资源节约集约利用技术研发和人才储备

黄河流域九省区在生活用水、生产用水、生态用水方面不同程度地存在水资源保护意识缺位、利用方式粗放、利用效率低下，以及保护和利用的技术研发与实际需求不匹配、技术研发人才和推广人才不足等问题。首先，重要的是在全社会树立节约用水的风气和社会规范，加大农村和农业节约用水的宣传力度。其次，互联网、大数据、人工智能、区块链等先进技术的不断发展和渐趋成熟，可以为节水行为提供更多数据支持和技术支持，为有效监测生活用水、生产用水乃至生态用水提供强有力的支撑，进而为识别和奖励节水家庭和组织、试验节水技术和设备、检验节水植物品种等提供基础数据。可以从政策设计角度，对节约用水的行为、技术、作物品种等提供激励。

从根本上看，强化黄河流域水资源节约集约利用方面的人才储备更为关键和重要。既要大力培育相关技术研发人才，也要着力培训技术推广和应用人才。当前，在节水和集约用水领域，技术研发与技术创新要明显快于技术的推广应用。实践中，一般市民和农民对节水和集约用水的技术认知非常缺乏，多数停留在对节水的理解为少用水，不故意浪费水，而对有哪些方法和技术可以更加节水则知之甚少，凸显了节水和集约用水技术推广的不足。究其原因，主要是相关的技术推广人才缺乏。因此，在解决黄河流域生态保护和高质量发展最大刚性约束的水资源问题上，要坚持节水和集约用水技术研发和技术推广并重，大力培养和储备研发人才和推广人才。

参考文献

于法稳、方兰：《黄河流域生态保护和高质量发展的若干问题》，《中国软科学》2020 年第 6 期。

王浩、胡鹏：《水循环视角下的黄河流域生态保护关键问题》，《水利学报》2020 年第 9 期。

杨朝兴：《河南省黄河流域生态保护的林业实践与探讨》，《林业资源管理》2020 年第 2 期。

B.20
山东省淄博市原山林场基本实现现代化的创新做法

李传章[*]

摘　要：　山东省淄博市原山林场认真贯彻"两山论"精神，通过坚持森林保护、绿色产业发展、提升现代化治理能力和加强基础设施建设，实现了林场现代化经营，取得了竞争能力提升和职工收入提高的效果。本报告归纳了原山林场构建现代化体制、林场企业文化和基础设施建设的经验，并对高质量发展林现代化提出了解放思想、大力发展林下经济等建议。

关键词：　林业现代化　原山林场　高质量发展

　　近年来，全国林业系统深入学习贯彻习近平新时代中国特色社会主义思想和习近平总书记关于林业工作的重要论述精神，实施绿色发展战略，积极推进生态文明与林业现代化建设，涌现出一大批先进林场和模范人物。原山林场获"全国十佳林场"称号，2018年原山林场发展战略委员会主任、全国人大代表孙建博被人力资源和社会保障部、全国绿化委员会、国家林业局授予"林业英雄"称号，成为共和国历史上第三位"林业英雄"。

---

* 李传章，21世纪马克思主义研究院经济社会文化发展战略研究中心主任、中国社科院习近平新时代中国特色社会主义思想研究中心特约研究员，研究方向为区域经济。

一　原山林场发展概况

原山林场于 1957 年建立。历经 60 多年的艰苦创业，昔日的不毛之地已变得郁郁葱葱，过去的"要饭林场"发展成为全国林业战线的一面旗帜，成为"山绿、场活、业兴、人富"的典范，成为全国国有林场改革和林业现代化的现实样本，实现了从荒山秃岭到绿水青山再到金山银山的美丽嬗变。

（一）地理位置

淄博市原山林场位于山东省淄博市博山区西南部的鲁中山区北麓由原山、瑚山、望鲁山、岳阳山四大山系组成的崇山峻岭之中，为城郊型国有林场。林场东与淄川区西河镇交界，西与莱芜市莱城区茶叶口镇为邻，南至博山区石炭坞南山一脉，北与淄川区岭子镇接壤。林场呈半包围状散布在博山周边，像一串绿色珍珠簇拥护佑着山城博山的生态。场部驻地设在凤凰山东麓，紧靠博山城区，距淄博市政府驻地张店 40 公里。

（二）基本概况

原山林场建场以来，特别是在国有林场实行事业单位企业化管理期间，通过艰苦创业、改革创新，经济实力不断增强，形成淄博市原山林场、淄博原山集团有限公司、原山国家森林公园三位一体的管理体制，林场保生态，集团创效益，公园创品牌，相得益彰，共同发展，实现了"山绿、场活、业兴、人富"的目标，职工家庭也提前过上了小康生活。

（三）改革开放以来的主要发展成就

1. 森林基础设施与管护能力达到新水平

改革开放 40 多年来，原山林场始终把强化基础设施建设与森林资源管护放在优先位置。积极采取措施，森林资源管护能力得到不断提高。先后成立了山东省第一支基层林场森林防火专业队伍，建立了专业防火队兵营，防火期内集中食宿备勤；建设了森林防火物资储备库和森林防火微波监控系统；升级改造瞭望台 4 座并配套太阳能发电装置，用上了电地暖，解决了瞭望台冬季供暖问题，使护林员在防火期严寒季节能够安心地在瞭望台上工作；配备了对讲机、风力灭火机、以水灭火水泵，以及防火队员看守火场宿营、防护设备；安装智能图像采集语音警示卡口 40 处。森林防火工作初步实现现代化。森林病虫害防治、森林保护管理也得到不断加强，连续 30 多年实现有虫有病不成灾，连续多年实现无乱砍滥伐、毁林开荒、放牧牛羊、乱采乱挖等破坏森林资源的行为，森林覆盖率达 95%。

2. 林业经济建设取得辉煌业绩

改革开放 40 多年发展巨变的基础在林场经济建设，特别是国有林场实行"事改企"的 30 多年间，林场凝聚各方面力量，大力发展多种经营，上项目办企业。锐意改革创新，实行了原山林场、原山国家森林公园、原山集团三块牌子一套班子的管理体制，经过艰苦卓绝的奋斗，最终走出了一条"林场保生态、集团创效益、公园创品牌"的科学发展之路。1978～2018 年的 40 年间，林场经济从实现零的突破，发展到现在拥有总资产 10 亿多元、年收入过亿元的"全国十佳林场"。

3. 艰苦奋斗的原山精神闻名全国

改革开放 40 多年来凝练了艰苦奋斗的原山精神。原山林场多年来形成了奔波向上、勇于创新的文化氛围，凝练了若干催人奋进、具有强大感召力的精神："爱原山无私奉献，建原山勇挑重担""特别能吃苦、特别能战斗、特别能忍耐、特别能奉献""一家人，一起吃苦、一起干活、一起过日子、一起奔小康、一起为国家做贡献""党员干部为事业干，职工为自己干，大家一起为国家干"等。这些宝贵财富已经内化于心外化于行。全场干部职工共同凝练成了"对党忠诚，勇于担当的政治品格；珍爱自然，和谐共生的生态理念；廉洁勤勉，奉献人民的职业操守；不忘初心，艰苦奋斗的优良传统"的新时代原山精神。

二 原山林场基本实现现代化的内涵及重点

国家林业和草原局提出了新时代林业现代化建设的指导思想：以习近平新时代中国特色社会主义思想为指导，以建设美丽中国为总目标，以满足人民美好生活需要为总任务，坚持稳中求进工作总基调，认真践行新发展理念和绿水青山就是金山银山理念，按照推动高质量发展的要求，全面提升林业现代化建设水平。

（一）实现林业现代化——坚持森林保护优先

党的十八大以来，习近平总书记对林业生态建设和森林资源保育做出了一系列重要指示批示。中共中央、国务院发布了《关于加快推进生态文明建设的意见》，印发了《国有林场改革方案》和《国有林区改革指导意见》，明确提出要加强森林保护，将加强森林经营、提升森林质量作为林业建设的核心任务和主攻方向。

1. 扎实推进森林质量精准提升工程

森林质量精准提升涵盖精准提升森林质量、增强生态功能和提供优质生态产品供给等。原山林场不断健全森林质量提升制度，创新质量提升技术和精准提升技术支撑体系，完善技术标准体系，建立森林质量提升管理平台，坚持保护优先、质量优先，突出重点，精准施策，全面保育天然林、科学经营人工林，培育"结构合理、系统稳定，功能完备、效益递增"的森林生态系统。

2. 切实落实原山山脉大区域防火理念

原山林场在多年的森林防火实践中总结出"防火就是防人"和"大区域防火"的理念。2014年原山林场创造性提出了原山山脉大区域防火体系，在该大区域防火体系下各林业局、镇办、村庄相互配合、相互协调，注重预防，从源头抓起，加快科技防火更新，建成全省第一支专业防火二轮摩托车队，"二轮专业森林防火专用摩托车"获得了国家专利，在全省首先建立森林防火微波视频监控中心，在全国率先装上雷达探火系统。

3. 加强林业有害生物防控管理

进一步完善林业有害生物监测预警体系、检疫御灾体系、防灾减灾体系建设，是实现林业现代化的基本要求。为科学防控林业有害生物，确保原山林区继续保持有虫有病不成灾的管护目标，原山林场确立了"森林病虫害实行提前预防、群防群控、属地管理、专业除治"的工作思路，在加强虫情监测的基础上，积极探讨用环保方法进行林业有害生物防治，重点对美国白蛾和松材线虫病等代表性虫害进行防控，长期保持了有病有虫不成灾的态势。

（二）林业现代化的核心内容——产业绿色发展

基本实现林业现代化的一个重要课题就是从"木头经济"向"产业经济"转型。经过多年的实践，原山林场走出了一条生态优先、产业支撑、文化引领的路子，通过"二次创业"、林业产业化、打造学习型林场等措施的实施，从单一从事第一产业转向一二三产业并驾齐驱、协同发展，从绿色事业排头兵走向绿色产业排头兵。

1. 产业布局合理

原山林场通过深化改革把林业资源优势转化为生态产业优势，把林场当作一种优质生态产品来经营，以超前的眼光，决定发展森林旅游，开启了林业产业化之路。森林乐园、鸟语林、民俗风情园、山体滑草场等生态旅游产品，以及苗圃、绿化公司、养老地产、酒厂等众多由森林资源催生的"林业经济"，带动原山林场形成了生态林业、生态旅游、旅游地产、文化产业和餐饮服务业等五大产业板块。其产业运营科学规范，形成了林业实现集约经营和管护、工副业项目依靠资本运营、原山旅游成为知名品牌、原山房地产成为新增长极等特点，终于成为固定资产10多亿元、年收入过亿元的现代化新型林场。

2. 坚持绿色低碳发展

绿色低碳发展是林业现代化的必由之路。绿色低碳发展是以质量、效益、和谐、持续为目标的经济增长和社会发展方式，绿色是前提，发展是目标。原山林场积极探索改革，实行"一场两制"，开创了林场保生态、集团创效益、公园创品牌的绿色发展模式，取得了生态建设和林业产业的双赢，实现了"山绿、场活、业兴、林强、人富"。

（三）林业现代化的重要组成部分——治理能力现代化

林业现代化的发展离不于体制机制的完善。换言之，林业现代化必须建立在科学的治理体系和治理能力现代化基础之上。

1. 建立健全党委领导、党政工团齐抓共管体制

原山林场高度重视党的建设。充分发挥党组织和党员在林场发展中的战斗堡垒和先锋模范作用，健全事业单位法人治理结构，形成党政工团齐抓共管的体制，促进党的政治优势、组织优势、群众工作优势、干部人才优势转化为林场治理优势和改革创新优势，从体制机制层面为国有林场深化改革与加快林业现代化提供基础保障。

2. 建立健全现代林场管理制度，提升林场现代化治理水平

逐步完善了各项管理制度。健全了法治林场体制，制定规章制度千余项，编制了林场管理制度汇编（上、下卷）。建立了一套适应现代林场要求的用人机制、业绩考核机制、激励机制。实施了事企分开"一场两制"，打破干部终身制，制定了在职职工岗位责任制工资分配办法，推行职工竞争上岗制度，在下属企业实行独立法人运作机制，逐渐形成了科学有效的治理体系，其治理能力基本实现了现代化。

（四）林业现代化的基础保障——基础设施完备

原山林场重视基础建设。随着林场道路、供电、供水、通信、管护用房等基础设施建设的改善，林区环境大幅提升，为公众健身养生、观光游览、科普考察等提供了便利条件，为林业现代化增强了后劲。

1. 生产和民生基础设施逐渐完备

把完善各类基础设施作为林场现代化建设的重中之重。认真贯彻国有林场"营林为本、生态优先、合理利用、持续发展"的办场方针，在保护森

林资源的同时，大力发展森林旅游和林业产业，不仅改善了职工生活，还保证了在林区道路、供水供电、通信防火设施建设等方面每年都有较大规模的资金投入。目前林场已经建成较完善的供水设施，生产生活用电能够得到保障，并逐步普及太阳能等清洁能源。

2. 加快信息化建设，推动建设智慧林场

原山林场积极响应落实国家林业信息化的战略部署，大力发展林场信息化建设，坚持思想高度重视、工作多措并举、真抓实干、践行实效，通过搭平台、强基础、建机制等措施，逐步实现"互联网＋林业旅游"建设，取得了良好效果。

（五）强化林业现代化的竞争力——弘扬原山精神

弘扬艰苦奋斗精神是原山林场 60 多年来形成的一条最重要的经验。原山林场凭借齐鲁文化底蕴，积极构建具有原山特色的林场文化，通过文化建设促和谐，以文化产业为引领增强发展动力，获得了经济、社会效益双丰收，为林业现代化提供了丰厚的竞争力之源。

1. 提升文化建设水平

依托丰富的森林资源和深厚的文化底蕴，不断搭建生态文化、生态文明的良好平台。在加强管理、推进改革的进程中，注重文化建设，并将党建文化和传统文化作为林场文化的核心，建立起原山"一家人"理念，从物质文化、制度文化、行为文化、精神文化等几方面大力推进林场文化建设。

2. 凝练原山艰苦奋斗精神

经过几代人的拼搏，原山林场铸造了"对党忠诚，勇于担当的政治品格；珍爱自然，和谐共生的生态理念；廉洁勤勉，奉献人民的职业操守；不忘初心，艰苦奋斗的优良传统"的新时代原山精神，这一精神集中体现了原山林场的经营宗旨、价值准则、管理信条。依托原山精神，原山林场建成全国林业系统艰苦创业教育基地。

（六）林业现代化的重要目标——职工生活富裕

实现林业现代化，必须坚持以人民为中心的发展思想，增进人民福祉，让人民群众成为最大受益者。这是习近平总书记治国理政新理念新思想新战略的一项重要内容。

1. 大力提高职工经济收入及社会福利待遇

原山林场重视将发展成果分享给每位职工，重点在提高职工收入和福利待遇、提升生活工作学习质量上增加投入。积极推行劳动分配和人事制度改革，实行个人收入与个人创造的价值、贡献挂钩，在工资、住房、教育、交通等方面让林场人过上了幸福生活，职工工资水平高于淄博市同类单位平均工资，高于全国林业行业平均水平。

2. 职工在住房、教育、医疗、养老等方面无后顾之忧

原山林场已经成为集生态林业、旅游业、文化产业于一体的现代化新型林场。原山林场完善各项保险和福利，其职工在全国国有林场职工中率先办理了"四险一金"，成为地区"不欠工资、不欠税金、不欠养老保险、不欠医疗费"的四不欠单位。原山林场正朝着"道德林场、法治林场、小康林场、现代化林场"的目标迈进。

三　原山林场林业现代化建设的基本经验

党的十九届五中全会对我国"十四五"期间坚持高质量发展和2035年基本实现现代化提出了新的要求。关于绿色发展，全会指出"推动绿色发展，促进人与自然和谐共生。坚持绿水青山就是金山银山理念，坚持尊重自然、顺应自然、保护自然，坚持节约优先、保护优先、自然恢复为主，守住自然生态安全边界"。林业现代化是国家现代化的重要内容，是林业发展的基本方向，也是林业建设的根本任务。原山林场在推进林业现代化的过程中形成了自己的特色，取得了许多创新经验。

（一）积极推进林场改革、构建现代林业管理体制成为根本

习近平总书记指出，"我们既要绿水青山，也要金山银山"。[①] 论版图和面积，原山林场在全国4855家国有林场中只能算小字辈；论禀赋资源，这里没有名山大川可依仗。然而，就是这样一家国有小林场，在改革开放的大潮中，坚持艰苦创业、改革创新，在全国率先走出了一条保护和培育森林资源、实施林业产业化发展的新路，实现了从荒山秃岭到绿水青山再到金山银山的美丽嬗变，成为全国林业战线的一面旗帜和国有林场改革发展与实现现代化的典范。

1. 实施"一场两制"战略

在40多年的改革实践中，原山林场探索出了一条林场保生态、集团创效益、公园创品牌的"一场两制"管理模式。通过实行"一场两制"、事企分开，组建了集生态林业、生态旅游、旅游地产、文化产业和餐饮服务业等五大板块于一体的企业集团。集团创造的效益全部上缴财政，财政全额返还，反哺森林资源保护和提高职工生活水平，坚持林场、集团互补。原山林场建场60多年来，特别是改革开放40多年来，通过大力发展林业产业，采取集团购买服务的方式，每年至少有上千万元的资金投入植树造林、森林防火和生态管护中，保住了原山生态林这个根本。

2. 构筑现代林业管理体系

原山林场的具体做法：一是与中国林科院、北京林业大学等高等科研院校建立了院士工作站和中国北方种苗花卉研发中心；二是依靠在市场中挣得的资金，在全省建立了第一支森林专业扑火队，在山东最早建起了微波视频监控中心，在国家林业局的支持下率先安装了雷达探火系统；三是从2014年起，积极构建大区域防火体系，为打造鲁中地区森林防火屏障发挥了积极作用；四是与博山区检察院合作建立了全省第一家生态环境检察室。林场与

---

① 陈敏尔：《深入学习习近平同志参加人大贵州代表团审议时的重要讲话精神》，人民网，2015年2月27日，http://yuqing.people.com.cn/n/2015/0227/c394055-26607299.html。

检察院、森林公安一起走村串户进行宣传教育，周边村集体侵占国有林地、林木的现象基本绝迹。

（二）凝聚企业文化、弘扬艰苦奋斗精神成为制胜法宝

习近平总书记多次指出，要以人民为中心，牢牢把握人民群众对美好生活的向往，坚定不移贯彻共享等新发展理念，努力使发展成果更多更公平惠及全体人民。在实施林业现代化的过程中，原山林场把维护与发展职工利益放在首位。

1. 弘扬使命至上、艰苦奋斗的优良作风

始终把"生态优先"和"以林为本"作为全场工作的重中之重。建场之初，原山林场森林覆盖率不足2%，到处是荒山秃岭，全部家当只有"百把镐头百张锨、一辆马车屋漏天"，生产生活条件极其艰苦。几代林场人发扬"先治坡后治窝，先生产后生活"的奉献精神，在石坡上凿坑种树，从悬崖上取水滴灌，战天斗地，石缝扎根，60多年来一张蓝图绘到底，使座座荒山披上了绿装，成为鲁中地区不可或缺的一道生态屏障。

2. "一家人"理念成为"场训"

原山林场重视文化建设，凝练了"一家人"理念。其概念的内涵是，5个事业单位和1家企业的职工同在一个平台上，虽然身份不同，但是待遇一样。原山林场前党委书记孙建博多次在不同场合讲过，"一家人"理念不是你讲我不讲，不是我讲你不讲，而是我们原山这个大家庭需要共同遵循的"家风""家训""场训"。集体主义和爱岗敬业精神在原山蔚然成风。

3. "双联"网络深入人心

原山林场制定了"双联"网络管理制度。出台了《关于加强场党委、场委会与职工代表联系及职工代表与职工联系工作的通知》，要求每名班子成员联系6~7名职工代表和中层以上党员干部，每名职工代表和中层以上党员干部联系3~6名普通职工，将包括离退休人员在内的全体职工都纳入"双联"网络里，架起了1000余座林场家庭的"彩虹桥"，强化情感管理。

职工在工作、生活上有任何诉求，都可直接找到自己的联系点，全场上下联系渠道畅通，问题可以及时得到解决。

（三）夯实基础条件成为重要保障

1. 推动林业产业加快发展

通过大力发展森林旅游，加快新旧动能转换，推进产业转型升级，形成了各产业协调发展、齐头并进的局面。按照"发展大旅游、开拓大市场、形成大产业"的总体战略，原山国家森林公园坚持以人为本，实施科学管理，大力培植生态旅游业，促进了森林旅游景区质量档次和服务水平的整体提升。通过旅游品牌的带动作用，原山绿化、餐饮服务、旅游、生态文化等产业应运而生，快速发展。

2. 持续培育和管护森林资源

始终坚持把森林资源保护放在各项工作的首位。根据森林防火工作实践，原山林场在全国创造性地提出了原山山脉大区域防火理念。在资源管理方面，完成了森林资源"二类"调查、全省林业有害生物普查、林地变更调查、第九次全国森林资源连续清查等。2014年，与五台山林业局合作进行场外造林10万亩，增大了森林面积，增加了森林资源。

3. 把林场改革经验化为教育活动

原山林场成为全国林业战线改革和现代化建设的一面旗帜。2017年5月10日，全国绿化委员会、国家林业局做出了《关于开展向山东省淄博市原山林场学习活动的决定》，对原山林场建场60多年来所取得的"山绿、场活、人富、林强"成就给予高度评价，对原山"一家人一起吃苦、一起干活，一起过日子，一起奔小康，一起为国家做贡献"的"一家人"理念以及原山林场"一场两制"改革所取得的丰硕成果给予充分肯定。为进一步推广原山林场改革创新经验，建成了山东艰苦创业教育基地。该基地被中央和国家机关党校纳入首批12家全国党性教育基地。2019年，国家林业和草原局管理干部学院原山分院、中共国家林业和草原局党校原山分校先后在教育基地成功挂牌设立。2019年11月，全国第二处"自然学校"和"绿水青山干部培训学院"在原山授牌和挂牌，为培养新时代林业系统干部队伍做出贡献。

四　推动高质量发展与林业现代化有机融合

（一）以思想解放推动高质量发展

原山林场按照十九届五中全会关于认真制定"十四五"发展规划与2035年远景规划的基本要求，正在着手制定原山林场"十四五"发展规划及2035年远景规划。其核心内容就是突出高质量发展与林业现代化有机融合。千里之行始于足下。2021年初，原山林场党委书记、场长高玉红在党员干部培训班上做了题为《加快思想转变、切实担当作为、以思想解放推进全场高质量发展》的工作讲话，就如何推动高质量发展与林业现代化有机融合、实现绿色发展等进行了阐述。其主要措施与工作步骤，一是加快转变思想，不断提升综合素质；二是切实认清形势，迅速调整工作状态；三是主动担当作为，齐心协力攻坚克难。

（二）把大力发展林下经济作为重要抓手

全面落实十九届五中全会精神，开创高质量发展和林业现代化新局面。2021年初以来，原山林场多次召开林下经济发展现场会，深入良庄、岭西、樵岭前和石炭坞等四个营林区，实地查看各营林区林下经济产业，安排调度林下经济发展计划，确定各营林区发展方向和重点保障措施，实地解决各营林区在发展林下经济产业中遇到的困难。根据自身优势开展农产品种植、特色蔬菜、特色养殖、绿化苗木培育、营林区"森林人家"经营等，充分挖掘自身条件，创新林下经济发展。通过大力发展林下经济、推动林场各产业融合发展，为林业现代化打牢关键基础。

（三）继续做生态保护与绿色发展的排头兵

2020年11月，中国林场协会2020年部分省区国有林场年会在原山林场召开。全国人大代表、林业英雄、原山林场发展战略委员会主任孙建博做了题为《坚持以新时代原山精神为引领、做生态保护绿色发展的排头兵》的发言。重点内容如下：一是坚持党的建设走在前列，保持对党绝对忠诚，是共产党人的政治本色；二是坚持生态高质量，全力守护绿水青山，无私奉献金山银山，是我一生的追求；三是坚持为民履职走在前列，做一名勇于担当的人大代表和忠诚的共产主义战士。深刻阐述了原山人永远跟党走，坚持解放思想、艰苦创业，不断推进国有林场改革步伐，永葆全国林草战线旗帜地位的艰辛历程和坚定信念。这既是孙建博的个人体会，更是原山林场全体职工的共同心愿。

Abstract

Forests are the main body of terrestrial ecology and play an irreplaceable role in achieving China's carbon peak and carbon neutral goals. 2021 is the first year of the "14th Five-Year Plan" and is a new stage in which China's ecological construction and economic development will turn to high-quality development. Under the brand-new concept of building a green China and a beautiful China, China's forest ecological protection has made a series of achievements that have attracted worldwide attention. Constructing an ecological forestry that can reflect the development and change trend of various contents of ecological forestry and comprehensively evaluate it with a reasonable method is the prerequisite work for formulating ecological forestry development policies and carrying out ecological forestry academic research.

In the general report, the results of the revision and implementation of the new forest law during the "13th Five-Year Plan" period, the reform of state-owned forest areas, and forestry poverty alleviation and industrial development were summarized. A comprehensive evaluation of the development of ecological forestry is conducted based on the latest statistical data. In 2018, the China Forestry Development Index further improved. In 2018, it increased by 2. 38 compared with 2017, and the growth rate was 4. 6%. The construction of nature reserves promoted the national forest ecological development index to increase from 7. 30 in 2017 to 7. 78 in 2018, an increase of 6. 5%, the largest increase since 2013. In 2018, China's forestry output index further increased rapidly, from 15. 64 in 2017 to 17. 92 in 2018, an increase of 14. 58%. According to the results of the comprehensive evaluation, suggestions are given to fully implement the new "Forest Law" during the "14th Five-Year Plan" period, focus on high-quality ecological construction, and promote ecological civilization construction and forestry development such as rural revitalization in forest and grass areas.

In the education topics, it summarizes and summarizes the effectiveness of young people's participation in the construction of ecological civilization, and conducts special research on the research system of the bright forestry education activity of "300 million young people in the country". Discuss the reform and innovation of forestry higher education from the perspective of civilization.

In the topical reports, conduct research on the overall issues of China's ecological governance and its optimization methods; build a modern forestry governance system, improve the forest ecological benefit compensation system, integrate high-quality forest and grass development, and China's forest and grass international cooperation and exchanges Conducted in-depth theoretical research.

In the special topics, the current situation, problems and countermeasures of China's forest rights laws and regulations, to achieve full coverage of natural forest protection, state-owned forest farms to expand and strengthen the ecological forestry industry and products, forestry ecological poverty alleviation effects, problems and non-poverty responses, industry associations In the promotion of the high-quality development of the forest and grass industry and the status quo of forestry ecological construction in border areas, it summarizes and gives policy recommendations.

In the case topics, the successful experience cases of establishing the Wuyishan National Park system in the southern collective forest area, afforestation in Youyu County of Shanxi, the Kubuqi Desert management and the intensive use of water resources in the Yellow River Basin are analyzed, and the models, practices and effects are summarized.

In general, the book summarizes and implements a comprehensive evaluation of the comprehensive development of China's ecological forestry in the areas of environmental protection, industrial development, poverty alleviation and international exchanges during the "13th Five-Year Plan" period. During the period, we further carried out high-quality development of ecological forestry, provided overall development suggestions and conducted special studies. It provides a reference for experts, scholars, management departments, and various forestry enterprises and institutions to study and formulate ecological forestry development plans.

Keywords：Forestry; Comprehensive Evaluation; Ecological Civilization; Ecological Construction

Contents

I General Report

Abstract: Forests are the main body of terrestrial ecology and play an irreplaceable role in achieving China's carbon peak and carbon neutral goals. 2021 is the first year of the "14th Five-Year Plan" and is a new stage in which China's ecological construction and economic development will turn to high-quality development in an all-round way. The report summarized the achievements in the revision and implementation of the new forest law during the "13th Five-Year Plan" period, the reform of state-owned forest areas, and forestry poverty alleviation and industrial development. Based on the latest statistical data, a comprehensive evaluation of the development of ecological forestry was conducted. In 2018, the China Forestry Development Index further improved. In 2018, it increased by 2. 38 compared with 2017, and the growth rate was 4. 6% . China's forest ecological status continued to improve. The construction of nature reserves promoted the national forest ecological development index to increase from 7. 30 in 2017 to 7. 78 in 2018, an increase of 6. 5% , the largest increase since 2013. In 2018, China's forestry output index further increased rapidly, from 15. 64 in 2017 to 17. 92 in 2018, an increase of 14. 58% . According to the comprehensive evaluation results, during the "14th Five-Year Plan" period, suggestions are given to fully implement the new "Forest Law", focus on high-quality ecological construction, and promote the construction of ecological civilization and forestry development such as rural revitalization in forest and grass areas.

Keywords: Green Water and Green Mountains; Ecological Forestry; Forest Protection; Comprehensive Ecological Evaluation

Ⅱ Education Topics

B.2 Research on Effectiveness of Young People's Participation in the Construction of Ecological Civilization

Yao Li, Tie Zheng, Guo Yifan, Xiu Huishuang and Li Song / 039

Abstract: Young people are not only the object of ecological civilization education, but also the main force involved in the construction of ecological civilization, and they are also the beneficiaries of the achievements of ecological civilization construction. Educating and cultivating young people's understanding, cognition and practical ability of ecological civilization construction is not only the top priority for advocating public participation in the construction of ecological civilization, but also the necessary way to realize the construction of a beautiful China. Through schools, governments, and social organizations continue to carry out the construction of ecological civilization, to promote the improvement of the ecological environment, enhance social influence, and contribute to the effectiveness of ecological scientific research wisdom. Finally, put forward four suggestions for young people to participate in the construction of ecological civilization.

Keywords: Youth; Ecological Civilization Construction; Public Participation; Beautiful China

B.3   Research on Educational Activity System of
         Three Million Youths Going to the Forest

Qin Guowei / 054

Abstract: The research and education activity system of "300 million young people in the country entering the forest" is an important carrier and an important starting point for the construction of ecological civilization, the inheritance of ecological culture, and the development of ecological civilization education in the new era. On the basis of expounding the connotation and significance of the activity system, this report fully grasps the current status and deficiencies of the "National 300 Million Youth Entering the Forest" activity in China, and aims at the existence of mixed research and study travel market players, insufficient development of the research system, and research and education talents. Lack, parents and some teachers lagging behind the concept of research and education, and incomplete research and education evaluation system. From the aspects of top-level design, promotion measures and safeguard measures, it is proposed to improve the "entry into the forest" in an all-round way according to the law of students' physical and mental development and the law of education and teaching. The connotation and quality of research and education activities, the establishment of a number of "into the forest" nature research and education activity bases and camps, and build a number of regional or industry exemplary nature education and research camp education quality routes, and form a reasonable layout and interconnection of research and education The network has introduced more policies and invested more resources to further improve the organization and management of natural science research, base construction, personnel training, safety insurance and other policies and measures.

Keywords: Youth; Forest; Studies and Educational Activity

B. 4   Forestry Higher Education Reform and Innovation from the
　　　　Perspective of Ecological Civilization

Tian Yang, *Yang Jinrong*, *Sai Jiangtao and Zhang Shaoquan* / 067

Abstract: Strengthen forestry higher education reform and innovation, comprehensively improve forestry's high-level talents and high-level technology supply capabilities, provide strong support for the construction of ecological civilization and a beautiful China, and promote the implementation of new requirements for the construction of a high-quality education system. Summarize the typical cases of domestic forestry higher education reform and development, and put forward suggestions to take root in China, deepen teaching reform and innovation in an all-round way, and strengthen policy collaborative innovation.

Keywords: Higher Education; Forestry Discipline; Higher Education Reform

Ⅲ   Topical Reports

B. 5   China's Ecological Governance Issues and
　　　　Optimization Thinking　　　　　　　　　*Xu Haiyan* / 088

Abstract: Ecological governance is also a systematic project involving many aspects. In ecological overall coordination and governance, an asymmetrical interdependent relationship has been formed between the government and social organizations. It is characterized by the fact that the government is in a strong position, while other subjects of governance are in a relatively weak position. From the perspective of resource dependence, the powers and responsibilities of the party and government entities in ecological governance have increased simultaneously, and the governance responsibilities of the "critical minority" have become more prominent. The status and role of social organizations in ecological governance need to be strengthened urgently, and competition for sustainable development agenda innovation demonstrations The district has not yet been able to break through the limitations of the "circulation within the system". The optimization path of ecological governance under the asymmetric relationship is to adhere to the party's all-round leadership, create a market-based competition mechanism and environment for ecological governance, and explore the construction of a mechanism that transforms from one-way input to strategic complementarity. Ultimately, under the leadership of the party and the government, we will continue to improve the overall coordination mechanism in the field of ecological civilization and continuously improve the effectiveness of ecological governance.

Keywords: Ecological Governance; Planing and Coordination System; Ecological Civilization

B.6 Constructing Modern Forestry Governance System to Promote High-quality Transformation and Sustainable Development of Forestry

Li Ye, Chen Yiyan / 102

Abstract: The high-quality transformation and sustainable development of forestry are the necessary conditions to solve the existing problems in the forestry system, break through the old framework constraints, optimize the layout of forestry, and promote the evolution and innovation of forestry. This report first introduces the social inevitability, economic inevitability and scientific inevitability of constructing modern forestry governance system, then expounds the current situation of Chinese domestic forestry development, and discusses the problems and challenges of Chinese domestic forestry development. For reference, the characteristics of forestry development in Malaysia, Japan, Germany, Sweden and other countries with high forest coverage are enumerated. Finally, based on the practice, this report puts forward political suggestions on how to construct modern forestry governance system and promote the high-quality transformation and sustainable development of forestry.

Keywords: Modern Forestry Management System; High Quality Transformation; Sustainable Development

B.7 Improve the Compensation System of Forest Ecological

Benefits and Promote the High-quality Management

and Protection of Forest *Mao Yuting* / 119

Abstract: In order to improve the compensation system of forest ecological benefits and promote the high-quality management and protection of forest, after learning from the relatively mature cultivated land compensation policy, this paper studies from the "separation of three rights" of forestry. It is believed that the separation of ownership, contracting right and management right can better implement the compensation system, and the responsibility of forestry protection should be assigned to people, followed by the compensation sources of government, market and government Other regions; for the government, it is necessary to mobilize all kinds of third-party intermediary agencies, strictly define all kinds of forest land, and formulate policies and compensation plans on the basis of confirming the nature of forest land; for forestry operators, through large-scale production and information sales, fully stimulate the market recognition of forest products, tap the potential market value, and create more value At the same time, as forest resources are the assets of the whole body, how to redistribute the ecological and economic benefits among regions is also very important. In order to promote the distribution of compensation funds among the main bodies, the government also needs to further increase the market construction, use financial institutions and government service agencies to speed up the flow of woodland ownership and management rights, let the market play a value discovery function, and better improve the compensation system of forest ecological benefits.

Keywords: Compensation for Forest Ecological Benefits; Separation of Rights; Source of Funds; Value Discovery; Rebalancing

B.8   Report on High-quality Promotion of International
Cooperation and Exchange in the Field of
Forestry and Grass with China   *Liu Pingkuo*, *Lu Cunyu* / 132

Abstract: On promoting the high-quality international cooperation and exchange of forestry and grass industry for China, the development situation and policy environment in the field of forestry and grass are summarized. The strengths, weaknesses, opportunities and challenges of promoting the international cooperation and exchange of forestry and grass industry are studied by using SWOT strategic analysis method. At the same time, four dimensions (role orientation, field selection, development mode and talent exchange) are selected to design a high-quality mechanism to promote international cooperation and exchange. The analysis shows that: at present, there are good conditions for China to carry out international cooperation and exchange for the field of forestry and grass, and it is of distinct necessity and important strategic significance to promote the high-quality construction and ecological civilization construction of forestry and grass through international cooperation; in promoting the high-quality international cooperation of forestry and grass, China has certain advantages and opportunities not only, but also needs to overcome some weaknesses and address some challenges, actively exploring new development space and constantly improving the level of international cooperation and exchange; as far as the current international cooperation and exchange mechanism of forestry and grass is concerned, China should scientifically defines the role orientation, reasonably selects the cooperation sub-field, designs the supporting development mode, and organizes the talent exchange efficiently. Finally, some suggestions are put forward.

Keywords: High-quality Development; Forestry and Grass Industry; International Cooperation

B.9 Promoting High-quality Development of

Forest and Grass Integration   *Tang Yun* / 154

Abstract: Under the background of large agriculture, large ecology and large forests and grasses, it analyzes the status quo and existing problems of the environmental protection of forest and grass resources in China, summarizes the experience of forest and grass management in the United States, France, Australia, Japan, and Germany, and puts forward suggestions based on the new development pattern. Combining with the rural revitalization strategy, in-depth use of digital technology, enhancing market orientation and improving market mechanisms, using the forest (grass) growth system as the starting point to comprehensively coordinate and sustainably promote the high-quality development of China's forest-grass fusion high-quality development of China's forest-grass fusion high-quality development Suggestions for countermeasures.

Keywords: Forest and Grass Integration; High-quality Development; Ecological Governance

IV Special Topics

B.10 The Current Situation of China's Forest Rights Laws

and Regulations, Problems and Countermeasures

Dong Yiming, Deng Chenchao, Shi Jing / 166

Abstract: In recent years, China has carried out the reform of collective forest right system, and achieved great results. Combined with the international development of green energy tide and the policy direction of China's land greening action and forestry economic construction focusing on the current situation of the relevant laws, regulations and systems of forest right, analyzing the problems of forest right transfer transaction, forest right transfer supervision, ecological benefit compensation and so on, and putting forward the countermeasures are the fundamental measures to further promote the reform and innovation of forest right and promote the high-quality development of forestry where is it.

Keywords: Transfer of Forest Rights; Ecological Benefits; Market Mechanism

B.11 Policy Suggestions for Realizing Full Coverage of Natural Forest Protection *Dong Jie* / 181

Abstract: Natural forest is the main body of the forest resources in China, and plays an important role in ecological construction. In fact, China's practice in the protection of natural forest has gone through a long period of time. Correspondingly, the natural forest protection policy, acting as the guiding document for the construction of natural forest, has also undergone various reforms. First of all, the general situation of natural forest resources in China were summarized. And the forestry policy system of China was carded in order to explored deeply the formulation process. Finally, trying to protect all the natural forests, five policy recommendations were identified in the paper.

Keywords: Natural Forest; Protection and Restoration; Forestry Policy

B.12 Policy Suggestions on Expanding and Strengthening the Ecological Forestry Industry and Products of State-Owned Forest Farms *Si Haiping, Min Suqin* / 193

Abstract: To enlarge and strengthen the ecological industries and products of state-owned forest farms can promote the healthy and sustainable development of state-owned forest farms, promote local employment and improve local economy. This report finds that the ecological industry and products of some state-owned forest farms in China are developing well at the present stage, but in general, China's forest farms have not caught up with the forestry development process of developed countries in terms of providing ecological products. By analyzing the reasons, it is found that China's state-owned forest farms have some problems, such as imperfect forestry industry chain, weak infrastructure and shortage of talents. On this basis, this report puts forward some policy Suggestions such as optimizing the layout of forest ecological products, strengthening the construction of infrastructure and enhancing the quality of personnel in state-owned forest farms.

Keywords: State-owned Forest Farm; Forestry Industry Upgrading; Forest Farm Reform

B.13 Forestry Ecological Poverty Alleviation Benefits, Problems and Non-Poverty Response Policies

Sun Yong / 202

Abstract: Forestry ecological poverty is mainly under the government-led, exert forestry ecological system, the development, the mining resources, especially in remote impoverished mountainous area forestry ecological environment resources, through the industry, products of the forestry ecosystem ecological value and economic value, to carry on the market, to the local farmers out of poverty. Forestry ecological poverty alleviation contributes to the construction of national ecological security barrier, helps improve people's lives in poor areas. At present, China's forestry ecological poverty alleviation has achieved important results, such as improving the supporting capacity of ecological poverty alleviation, designated poverty alleviation projects were successfully implemented and so on. However, there are also some problems. For example, the financial support for forestry ecological poverty alleviation needs to be improved, and the poverty alleviation methods need to be improved. Therefore, we should take certain policies and measures to ensure and consolidate the achievements of forestry ecological poverty alleviation.

Keywords: Forestry Ecology Poverty Alleviation; Poverty Alleviation Effect; Ecological Forestry

Contents ◣

　　Abstract: The Forest Industry Association is an important mechanism for linking forestry enterprises, forestry authorities with scientific research and production departments. This report introduces the development of representative forestry associations such as China Forestry Ecological Legal System Promotion Association, China Forestry Industry Federation, and Forestry Industry Trade Union, their main functions and their role in promoting the development of the forestry industry. It is believed that the forestry industry associations currently carry out industry self-regulation, implement national policies, and play a role as a bridge to promote industrial development. Industry associations should absorb scientific and technological elements, guide the optimization of industrial layout, accelerate forestry reform and innovation, actively advise and provide suggestions and expand service capabilities to promote the high-quality development of the forestry and grass industry.

　　Keywords: Forestry Industry Association; Ecological Forestry; High-quality Development

　　Abstract: Forestry is the main body of ecological construction and the main front for the construction of ecological civilization. The total forest stock of the border area is 10. 261 billion cubic meters, accounting for 58. 44% of the country's forest stock. The border area is an important ecological barrier of the country, and the ecological strategic position is extremely important. Forestry ecological construction in border areas has an unsound forest resource management system, the mass forest farmers' concept and awareness are relatively backward, the development and utilization of forest resources are backward, the resource structure is relatively single, there is a lack of effective policy support, the level of forestry industrialization production is low, and the scientific and technological gold content needs to be improved Thisreport proposes to improve the management system, increase investment in forestry ecological construction, improve the level of science and technology, strengthen the organization of scientific and technological research, establish a dialectical concept of ecological development, and improve the level of social civilization.

Keywords: Frontier Regions; Forestry Resources; Ecological Construction

V   Case Topics

B.16   The Pilot Model, Practice and Effect of Establishing the Wuyishan National Park Aystem in the Southern Collective Forest Area

Jia Weiguo, Wu Tianyu, Wang Qianwen and Qin Tiannan / 239

Abstract: The collective land area of the Wuyishan National Park System Pilot Area is 666.90 square kilometers, accounting for 66.60%. The collective land has a large proportion and belongs to a typical southern collective forest area. Through the establishment of a two-level management system of "Administration Administration-Management Station", three teams of talents were formed, and the division of powers and responsibilities was clearly defined. The national park management agency and the local government implemented cross-employment. Measures such as the development of franchising, the expansion of green industries, the improvement of ecological compensation mechanisms, the optimization of community planning and construction, and the formation of a new concept of ecological civilization. The new management system, governance system, management and protection model, development mechanism, and civilization concept, etc. Significant results were achieved in five areas.

Keywords: National Park System; Wuyishan National Park; Collective Forest Area Reform

B.17 Case Analysis of Successful Afforestation
in Youyu County, Shanxi Province   *Wang Jing* / 252

Abstract: This article analyzes and compares the tremendous changes that have taken place in the economic development, people's livelihood, and ecological environment in Youyu County, Shanxi before and now, combing through the basic process of afforestation since the founding of the People's Republic of China, and summarizing the persistence promotion mechanism, overall work plan, reform and innovation. , Cultural connotation and other aspects of the main practices and successful experience, put forward to follow the laws of nature, optimize the promotion mechanism, increase investment, copy and promote experience and other enlightenments.

Keywords: Forestry Construction; Ecological Civilization; New Development Concept

B.18 Methods, Modelsand Experiences of Kubuqi Desert
Management   *Peng Bingqi* / 272

Abstract: Kubuqi is the seventh largest desert in China, with an area of about 18600 square kilometers. Due to historical and natural reasons, the ecological environment of this place is seriously damaged, and the harsh natural environment seriously threatens the production and life of the local people. Under the joint guidance of the green development concept and the innovative development concept, Kubuqi opens the "Kubuqi Model" with technology-led desertification control, industrial desertification control to promote development, and multi-development of "ecology-industry-people's livelihood" as the core . The

"Kubuqi Model" coordinated the interests of the government, enterprises, farmers and herdsmen in an all-round way, enabling all parties to adopt policies, increase investment, and active participation, combined with continued technological innovation, to create a win-win situation for all parties. The results of this work have provided China's experience in preventing and fixing sand in the world.

Keywords: Desertification Control by Science and Technology; Industrial Desertification Control; Green and Rich; Kubuqi; Management of Desert

B. 19　Coordinate and Promote Research on the Conservation and Intensive use of Water Resources in the Yellow River Basin　　　*Qin Guangyuan* / 289

Abstract: The Yellow River Basin has a very important position in my country's economic and social development and ecological security. Since the 18th National Congress of the Communist Party of China, the Party Central Committee has focused on the overall situation of ecological civilization construction, and has clarified the water management thinking of "water saving priority, spatial balance, systematic governance, and two-handed effort". The economic and social development of the Yellow River Basin and the lives of the people have undergone great changes. Variety. Considering the water resources status of the Yellow River Basin and the challenges it faces, it is proposed to start from the top-level design to ensure the long-term stability of the Yellow River, fundamental changes in the ecological endowment of the Yellow River Basin, and sustainable economic and social development as the fundamental goals. The preparation of the entire Yellow River Basin water resources protection and utilization plan ; In the protection of water resources in the Yellow River Basin, we adhere to overall overall planning, based on the positioning of the main functional areas of the nine provinces of the Yellow River Basin in the national main functional zone plan, and implement protection in different regions; in the use of water resources in the Yellow River Basin, we adhere to fair opportunity and water rights. Based on the principle of equality, explore the establishment of a sound water resource utilization system with classification of purposes and consumption levels; suggestions for strengthening the research and development of technology for the conservation and intensive utilization of water resources in the Yellow River Basin and the talent reserve.

Keywords: Yellow River Basin; Water Resources Protection; Drainage Basin Management

B. 20   Innovative Methods for Basic Modernization of
            Yuanshan Forest Farm in Zibo City,
            Shandong Province   *Li Chuanzhang* / 299

Abstract: Yuanshan Forest Farm in Zibo City, Shandong Province earnestly implements the spirit of "two mountains". By insisting on forest protection, green industry development, improving modern governance capabilities and strengthening infrastructure construction, it has realized the modern management of the forest farm and achieved improved competitiveness and increased employee income. The results summarized the experience of the original mountain forest farm in building a modern system, building the forest farm's corporate culture and infrastructure construction, and made suggestions for the high-quality development of forest modernization.

Keywords: Forestry Modernization; Yuanshan Forest Farm; High-quality Development

社会科学文献出版社

皮 书

智库报告的主要形式
同一主题智库报告的聚合

✤ 皮书定义 ✤

皮书是对中国与世界发展状况和热点问题进行年度监测，以专业的角度、专家的视野和实证研究方法，针对某一领域或区域现状与发展态势展开分析和预测，具备前沿性、原创性、实证性、连续性、时效性等特点的公开出版物，由一系列权威研究报告组成。

✤ 皮书作者 ✤

皮书系列报告作者以国内外一流研究机构、知名高校等重点智库的研究人员为主，多为相关领域一流专家学者，他们的观点代表了当下学界对中国与世界的现实和未来最高水平的解读与分析。截至2021年，皮书研创机构有近千家，报告作者累计超过7万人。

✤ 皮书荣誉 ✤

皮书系列已成为社会科学文献出版社的著名图书品牌和中国社会科学院的知名学术品牌。2016年皮书系列正式列入"十三五"国家重点出版规划项目；2013~2021年，重点皮书列入中国社会科学院承担的国家哲学社会科学创新工程项目。

中国皮书网

（网址：www.pishu.cn）

发布皮书研创资讯，传播皮书精彩内容
引领皮书出版潮流，打造皮书服务平台

栏目设置

◆**关于皮书**

何谓皮书、皮书分类、皮书大事记、
皮书荣誉、皮书出版第一人、皮书编辑部

◆**最新资讯**

通知公告、新闻动态、媒体聚焦、
网站专题、视频直播、下载专区

◆**皮书研创**

皮书规范、皮书选题、皮书出版、
皮书研究、研创团队

◆**皮书评奖评价**

指标体系、皮书评价、皮书评奖

◆**皮书研究院理事会**

理事会章程、理事单位、个人理事、高级
研究员、理事会秘书处、入会指南

◆**互动专区**

皮书说、社科数托邦、皮书微博、留言板

所获荣誉

◆2008 年、2011 年、2014 年，中国皮书
网均在全国新闻出版业网站荣誉评选中
获得"最具商业价值网站"称号；
◆2012 年，获得"出版业网站百强"称号。

网库合一

2014 年，中国皮书网与皮书数据库端口
合一，实现资源共享。

中国皮书网

权威报告·一手数据·特色资源

皮书数据库
ANNUAL REPORT(YEARBOOK)
DATABASE

分析解读当下中国发展变迁的高端智库平台

所获荣誉

- 2019年，入围国家新闻出版署数字出版精品遴选推荐计划项目
- 2016年，入选"'十三五'国家重点电子出版物出版规划骨干工程"
- 2015年，荣获"搜索中国正能量 点赞2015""创新中国科技创新奖"
- 2013年，荣获"中国出版政府奖·网络出版物奖"提名奖
- 连续多年荣获中国数字出版博览会"数字出版·优秀品牌"奖

成为会员

通过网址www.pishu.com.cn访问皮书数据库网站或下载皮书数据库APP，进行手机号码验证或邮箱验证即可成为皮书数据库会员。

会员福利

- 已注册用户购书后可免费获赠100元皮书数据库充值卡。刮开充值卡涂层获取充值密码，登录并进入"会员中心"—"在线充值"—"充值卡充值"，充值成功即可购买和查看数据库内容。
- 会员福利最终解释权归社会科学文献出版社所有。

社会科学文献出版社 皮书系列
SOCIAL SCIENCES ACADEMIC PRESS (CHINA)

卡号：859676999358
密码：

数据库服务热线：400-008-6695
数据库服务QQ：2475522410
数据库服务邮箱：database@ssap.cn
图书销售热线：010-59367070/7028
图书服务QQ：1265056568
图书服务邮箱：duzhe@ssap.cn

S 基本子库
UB DATABASE

中国社会发展数据库（下设 12 个子库）

整合国内外中国社会发展研究成果，汇聚独家统计数据、深度分析报告，涉及社会、人口、政治、教育、法律等 12 个领域，为了解中国社会发展动态、跟踪社会核心热点、分析社会发展趋势提供一站式资源搜索和数据服务。

中国经济发展数据库（下设 12 个子库）

围绕国内外中国经济发展主题研究报告、学术资讯、基础数据等资料构建，内容涵盖宏观经济、农业经济、工业经济、产业经济等 12 个重点经济领域，为实时掌控经济运行态势、把握经济发展规律、洞察经济形势、进行经济决策提供参考和依据。

中国行业发展数据库（下设 17 个子库）

以中国国民经济行业分类为依据，覆盖金融业、旅游、医疗卫生、交通运输、能源矿产等 100 多个行业，跟踪分析国民经济相关行业市场运行状况和政策导向，汇集行业发展前沿资讯，为投资、从业及各种经济决策提供理论基础和实践指导。

中国区域发展数据库（下设 6 个子库）

对中国特定区域内的经济、社会、文化等领域现状与发展情况进行深度分析和预测，研究层级至县及县以下行政区，涉及省份、区域经济体、城市、农村等不同维度，为地方经济社会宏观态势研究、发展经验研究、案例分析提供数据服务。

中国文化传媒数据库（下设 18 个子库）

汇聚文化传媒领域专家观点、热点资讯，梳理国内外中国文化发展相关学术研究成果、一手统计数据，涵盖文化产业、新闻传播、电影娱乐、文学艺术、群众文化等 18 个重点研究领域。为文化传媒研究提供相关数据、研究报告和综合分析服务。

世界经济与国际关系数据库（下设 6 个子库）

立足"皮书系列"世界经济、国际关系相关学术资源，整合世界经济、国际政治、世界文化与科技、全球性问题、国际组织与国际法、区域研究 6 大领域研究成果，为世界经济与国际关系研究提供全方位数据分析，为决策和形势研判提供参考。

法律声明

"皮书系列"（含蓝皮书、绿皮书、黄皮书）之品牌由社会科学文献出版社最早使用并持续至今，现已被中国图书市场所熟知。"皮书系列"的相关商标已在中华人民共和国国家工商行政管理总局商标局注册，如LOGO（ ）、皮书、Pishu、经济蓝皮书、社会蓝皮书等。"皮书系列"图书的注册商标专用权及封面设计、版式设计的著作权均为社会科学文献出版社所有。未经社会科学文献出版社书面授权许可，任何使用与"皮书系列"图书注册商标、封面设计、版式设计相同或者近似的文字、图形或其组合的行为均系侵权行为。

经作者授权，本书的专有出版权及信息网络传播权等为社会科学文献出版社享有。未经社会科学文献出版社书面授权许可，任何就本书内容的复制、发行或以数字形式进行网络传播的行为均系侵权行为。

社会科学文献出版社将通过法律途径追究上述侵权行为的法律责任，维护自身合法权益。

欢迎社会各界人士对侵犯社会科学文献出版社上述权利的侵权行为进行举报。电话：010-59367121，电子邮箱：fawubu@ssap.cn。

社会科学文献出版社